Was find ich in den Alpen?

KOSMOS NATURFÜHRER

Alois Kosch / Hanns Sachße

Was find ich in den Alpen?

Tiere · Pflanzen · Gesteine

Über 700 Farbbilder von
Wilfried Weigel

Neu herausgegeben von Dr. Hanns Sachße
unter Mitarbeit von Prof. Dr. Richard Beatus,
Prof. Dr. Otto von Frisch und Gerhard Göke

Kosmos
Gesellschaft der Naturfreunde
Franckh'sche Verlagshandlung
Stuttgart

Umschlag von Georg Lechler
unter Verwendung eines Farbfotos von Paula Kohlhaupt
Das Bild zeigt einen Blick auf die Sella Gruppe, im Vordergrund
Zirbelkiefer und Alpenrosen
Textzeichnungen von Wilfried Weigel

CIP-Kurztitelaufnahme der Deutschen Bibliothek

Kosch , Alois
Was find ich in den Alpen? : Tiere, Pflanzen,
Gesteine / Alois Kosch ; Hanns Sachße. Neu
hrsg. von Hanns Sachße unter Mitarb. von
Richard Beatus . . .
(Kosmos-Naturführer)
ISBN 3-440-04272-3
NE: Sachße , Hanns

12. Auflage/108.—127. Tausend
Franckh'sche Verlagshandlung, W. Keller & Co., Stuttgart / 1976

Printed in Italy / Imprimé en Italie
LH 14 dö / ISBN 3-440-04272-3
Gesamtherstellung: Artilitho, Trento/Italien

WAS FIND ICH IN DEN ALPEN?

VORWORT

Von der Entstehung der Alpen, von ihren Gesteinen, Versteinerungen und Mineralien, von der Vielfalt der Pflanzen und Tiere, aber auch von ihrer Lebensweise will dieses Buch berichten. Als vor nunmehr fast 40 Jahren die erste Ausgabe dieses KOSMOS-Naturführers erschien, war es noch ein verhältnismäßig kleiner Kreis zünftiger Bergsteiger, denen das Bergerlebnis Freude und unvergleichliche Eindrücke schenkte. Heute, im Zeitalter moderner Verkehrserschließung, sind viele Menschen hinzugekommen, denen bisher mancher Weg zu schwierig und viele Höhen zu steil waren. Und besonders ihnen seien zwei unserer Bergsteiger-Grundsätze ans Herz gelegt. Sie lauten: „Sehen — schauen — lernen!" und „Die Natur schützen!" Die Welt unserer Berge ist einer der wenigen uns noch verbliebenen natürlichen Landschaftsräume. Ihrer Tier- und Pflanzenwelt gilt unser besonderer Schutz. Wir, die wir mit ganzem Herzen an diesem Stück Erde hängen, haben die Verantwortung, sie zu erhalten. Und dann gibt es noch einen alten Gebirglergruß: Zeit lassen! Wieviel reicher wird doch das Erlebnis, wenn wir mit offenen Sinnen durch unsere Bergwelt wandern und unser Wissen von der Natur, die Freude an ihr und ihren Geschöpfen vertiefen können.
Dieses Buch kann nur einen Einblick und Überblick geben von der Mannigfaltigkeit; zu groß ist besonders bei den Spinnentieren und Insekten der Formenreichtum. Oft muß es dem Wissenschaftler vorbehalten bleiben, seine Geheimnisse zu ergründen. Wir schildern die häufigsten und auffälligsten Arten, die dem Bergsteiger sicher zuerst begegnen. Es fehlen auch die Tiere und Pflanzen der Tallagen unter 1000 m; von ihnen berichten die anderen Bände der KOSMOS-Naturführer-Reihe.
Prof. Dr. R. BEATUS verfaßte den botanischen, G. GÖKE den geologischen Teil. Prof. Dr. O. VON FRISCH bearbeitete die Spinnentiere, Tausendfüßler, Insekten, Lurche und Kriechtiere. Alle Textzeichnungen fertigte W. WEIGEL. Er erhielt hierfür zahlreiche Originale und wertvolle Anregungen in der Zoologischen Staatssammlung München. Ihnen allen gilt der aufrichtige und herzliche Dank des Herausgebers für ihre Mitarbeit.

Dr. Hanns Sachße

WICHTIGE ABKÜRZUNGEN UND ZEICHENERKLÄRUNGEN

Br	=	Breite, Schalendurchmesser (bei Schnecken)
f.	=	forma = Abart
H	=	Schalenhöhe (bei Schnecken)
H—	=	Hinter— (z. B. Hrand)
juv.	=	Jungtiere (juvenilis = jugendlich)
KK	=	Kopf-, Körperlänge (ohne Schwanz)
L	=	Gesamtlänge des Körpers
Mdg.	=	Mündung (bei Schnecken)
Munds.	=	Mundsaum (bei Schnecken)
os	=	oberseits, Oberseite
Pfl.	=	Pflanze
S	=	Schwanz(länge)
SH	=	Schulterhöhe
Sp	=	Spannweite
ssp.	=	Subspezies = Unterart
U	=	Umgänge (bei Schnecken)
us	=	unterseits, Unterseite
V—	=	Vorder— (z. B. Vrand)
♂	=	Männchen
♀	=	Weibchen
♪	=	Stimme, Laut
△	=	geschützt (mindestens in einem der Alpenländer)
±	=	mehr oder weniger

Bei Pflanzen: Römische Ziffern bedeuten die Blütezeit

Bei Fischen: Mund endständig: Unter- und Oberkiefer gleich lang
Mund unterständig: Unter- kürzer als Oberkiefer
Barteln sind fadenförmige Kieferanhänge

Bei Vögeln: Jahresvogel: dauernd im Brutgebiet
Teilzieher: im Winter zieht ein Teil der Vögel südlicher
Zugvogel: nur im Sommer im Brutgebiet

BESTIMMUNGSSCHLÜSSEL DER ALPENPFLANZEN

Die Bezeichnung der Pflanzen mit lateinischen oder latinisierten Namen geht auf den schwedischen Naturforscher CARL V. LINNÉ (1707—1778) zurück. In dem von ihm geschaffenen System der Natur werden die Lebewesen mit lateinischen Namen versehen, nach trennenden und gemeinsamen Merkmalen untersucht und in bestimmten Gruppen zusammengefaßt. Auf diese Weise ist die Aufstellung von Bestimmungsschlüsseln möglich. Die damals benannten Kategorien sind heute noch die Grundlagen der Systematik. Die unterste, nach LINNÉ naturgegebene Einheit ist die Art oder species, ihr folgen aufsteigend die Gattung (genus) und Familie (familia). Noch höhere Einheiten lassen wir hier außer acht. Im wissenschaftlichen Sprachgebrauch wird jede Pflanze mit zwei Namen belegt. Auch diese doppelte Namensgebung verdanken wir LINNÉ. Dabei nennt der erste Name die Gattung, der zweite die Art. Unter Umständen kann eine Art noch in Unterarten (subspecies) aufgeteilt werden.

Anleitung zum Gebrauch des Bestimmungsschlüssels

Der Schlüssel bezieht sich nur auf die Familien, bzw. Gattungen oder Arten, die in dem vorliegenden Buch abgebildet und beschrieben sind. Der Alpenwanderer wird sicher auch Pflanzen finden, die an dieser Stelle nicht genannt sind und sich auch nicht nach unserem Schlüssel bestimmen lassen. Hier kann nur eine größere Flora (SCHMEIL-FITSCHEN, Flora von Deutschland; ROTHMALER, Exkursionsflora; OBERDORFER, Pflanzensoziologische Exkursionsflora für Süddeutschland; SCHINZ und KELLER, Flora der Schweiz; PITSCHMANN, REISIGL, SCHIECHTL, Bilderflora der Südalpen) zum Ziel führen. Der Schlüssel ist in Tabellen gegliedert. Er führt im allgemeinen zur Familie, in welche die zu bestimmende Pflanze gehört. Die Gattung und Art muß durch genaue Überprüfung und Vergleich mit den Abbildungen und dem beschreibenden Text festgelegt werden. Ist eine Familie nur durch eine Gattung oder Art vertreten, so geht die Bestimmung bis zu dieser Gattung oder Art.
Die Bestimmungsmethode ist einfach. Man hat stets zwischen zwei Möglichkeiten zu entscheiden. Der gegensätzliche Text besteht aus Zeilen oder Zeilengruppen, die mit gleichen Ziffern versehen sind (z. B. 2 und 2+ oder 7 und 7+). Die Merkmale der noch unbekannten Pflanze stimmen mit der einen oder der anderen Zeilengruppe überein. Am Ende des zutreffenden Textes steht rechts eine Zahl, die auf zwei weitere Möglichkeiten verweist. Auch hier hat der Beobachter wieder zu wählen, welche der angegebenen Merkmale richtig sind. Die rechts stehende Ziffer führt in der Bestimmung fort. Nach dieser Methode verfahren wir so lange, bis am Schluß einer passenden Zeile oder Zeilengruppe der Name der Familie, Gattung oder Art und die Seitenzahl auftritt, auf der dieser Name zu finden ist. Die jeweils weiterführende Ziffer braucht nicht unmittelbar an die vorhergehende anzuschließen. Es

werden oft mehrere Zahlen übersprungen. Merkt der Beobachter, daß er sich beim Bestimmen geirrt hat, so muß er auf die Ausgangsziffer zurück, zumindest aber bis zu der Zeilengruppe, bei der Zweifel aufgetreten sind. Um bei einem längeren Bestimmungsweg leichter zurückzufinden, ist mitunter einer Zahl eine zweite in Klammern beigefügt. So bedeutet z. B. 7 (1+), daß man in der betreffenden Tabelle zu der Zahl 7 von der Zeilengruppe 1+ gekommen ist.
Tabelle I führt zu den Hauptgruppen der Gewächse. Bei den Farnpflanzen und Nacktsamern wird sogleich auf die Textseite verwiesen, auf der die Vertreter dieser beiden Gruppen zu finden sind. Hier muß dann an Hand der Abbildungen und des Textes durch Vergleich weiter bestimmt werden. Bei den Einkeimblättrigen gibt Tabelle II unten über die Familien Aufschluß. Bei den Zweikeimblättrigen kommt man über Tabelle III S. 11 zu Tabelle IV S. 11, Tabelle V S. 12 und Tabelle VI S. 14 zum Ziel.

Tabelle I. Bestimmung der Hauptgruppen

1	Pflanzen ohne Blüten und Samen. Vermehrung durch Sporen in Sporenkapseln. Farnpflanzen, *Pteridóphyta*	Seite 112
1+	Pflanzen mit Blüten und Samen	2
2	Samenanlagen liegen offen auf den Fruchtschuppen. Holzgewächse. Blätter nadel- oder schuppenförmig. Nacktsamige Pflanzen, *Gymnospérmae. Coniférae*	Seite 36
2+	Samenanlagen in einen Fruchtknoten eingeschlossen. Bedecktsamige Pflanzen, *Angiospérmae* Seite 38	3
3	Blätter ungeteilt, ganzrandig. Blattnerven parallel oder bogig. Blüten meist 3-zählig. Pflanzen oft grasartig. Einkeimblättrige, *Monocotyledóneae* Seite 38 Tabelle II,	Seite 10
3+	Blätter ungeteilt oder geteilt und mit Netznervatur (Ausnahme: Wegerich, Grasnelke). Blüten 4-, 5- oder mehrzählig. Zweikeimblättrige, *Dicotyledóneae* Seite 48 Tabelle III	Seite 11

Tabelle II. Einkeimblättrige (Monocotyledóneae)

1	Blüten ohne Hülle, von spelzenartigen Hochblättern umgeben. Pflanzen grasartig	2
1+	Blütenhülle einfach oder doppelt. Kelch und Krone gleich oder verschieden gefärbt, zuweilen trockenhäutig	3
2	Stengel rund, mit Knoten. Blattscheiden offen, seltener ± geschlossen. Echte oder Süßgräser, *Gramíneae*	Seite 38
2+	Stengel meist ± scharf 3-kantig, ohne Knoten. Blattscheiden geschlossen. Sauer- oder Riedgräser, *Cyperáceae*	Seite 40
3	Fruchtknoten oberständig	4
3+	Fruchtknoten unterständig, häufig gedreht. Blüten unregelmäßig, 2-lippig. Knabenkrautgewächse, *Orchidáceae*	Seite 46
4	Blütenhülle unscheinbar, trockenhäutig. Fruchtknoten mit 1 Griffel und 3 Narben. Binsengewächse, *Juncáceae*	Seite 42
4+	Blütenhülle kronartig gefärbt. Liliengewächse, *Liliáceae*	Seite 44

Tabelle III. Zweikeimblättrige (Dicotyledóneae)

1	Blütenhülle stets unscheinbar. Kein grüner Kelch und andersfarbige Krone, oft auch fehlend. Kronenlose, *Apétalae* Tabelle IV,	Seite	11
1+	Blütenhülle deutlich mit grünem Kelch und andersfarbiger Krone. Kelch zuweilen früh abfallend	2	
2	Kronblätter frei. Freikronblättrige, *Dialypétalae* Tabelle V,	Seite	12
2+	Kronblätter verwachsen, zuweilen tief gespalten und nur am Grunde verbunden. Verwachsenkronblättrige, *Sympétalae* Tabelle VI,	Seite	14

Tabelle IV. Kronenlose (Apétalae)

In diese Tabelle sind auch Pflanzen aufgenommen, die systematisch nicht hierher gehören, nach Bestimmungsmerkmalen aber hier genannt werden müssen. Entsprechendes gilt auch für Tabelle V und VI.

1	Holzgewächse, Bäume, Sträucher oder Zwergsträucher	2	
1+	Krautige Pflanzen	7	
2	Stengel windend oder kletternd. Blüten blau, 4-blättrig. Blätter gegenständig. Alpenrebe, *Clématis alpína*	Seite	58
2+	Stengel nicht windend oder kletternd	3	
3	Niederliegender Zwergstrauch. Blätter nadelförmig. Blüten klein, 3-zählig, hell-dunkelrosa. Schwarze Krähenbeere, *Émpetrum nigrum*	Seite	82
3+	Blätter nicht nadelförmig	4	
4	Blüten endständig gebüschelt, 4-zipflig, hellrot, fein gestreift. Blätter dünn, lederig. Zwergstrauch. Gestreifter Seidelbast, *Dáphne striáta*	Seite	78
4+	Blüten anders gestaltet	5	
5	Pflanzen 2-häusig (getrenntgeschlechtlich). Blüten in Kätzchen. Samen mit Haarschopf. Weidengewächse, *Salicáceae*	Seite	48
5+	Pflanzen 1-häusig. Auf derselben Pflanze sind ♂ und ♀ Blüten	6	
6	♂ Kätzchen hängend über den ♀ Blüten. ♀ Blüten grün, später verholzend und lange stehenbleibend; oder ♀ Blüten in hopfenähnlichen Fruchtzäpfchen. Birkengewächse, *Betuláceae*	Seite	50
6+	♂ Kätzchen gebüschelt, aufrecht, dünn, walzlich. ♀ Blüten am Grunde der ♂ Kätzchen. Frucht mit stacheliger, verholzter Hülle. Echte Kastanie, *Castánea sativa*	Seite	50
7(1+)	Staubblätter kürzer als Blütenhüllblätter	8	
7+	Staubblätter länger. Blütenhülle unscheinbar oder früh abfallend	9	
8	2 bis viele Fruchtknoten, oft köpfchenförmig zusammen. Blüten groß. Hahnenfußgewächse, *Ranunculáceae*	Seite	56
8+	Blüten mit 1 Fruchtknoten	10	
9	Blüten violett, grünlich oder gelb. Hülle 4- bis 5-zählig, früh abfallend. Blätter 2- bis 3-fach gefiedert. Wiesenraute, *Thalíctrum*	Seite	60
9+	Blüten dichtährig. Hülle unscheinbar trockenhäutig. 4 lange Staubblätter. Blätter grundständig. Alpenwegerich, *Plantágo alpína*	Seite	100
10	Fruchtknoten unterständig	11	
10+	Fruchtknoten oberständig	15	
11	Blätter gegenständig oder quirlig	12	

11+	Blätter wechselständig	13	
12	Blätter quirlig. Blüten 4-zählig, Kelch undeutlich oder früh abfallend. Labkraut, *Gálium*	Seite	100
12+	Blätter gegenständig. Kelch undeutlich. 3 Staubblätter. Früchtchen mit Haarkrone. Baldrian, *Valeriána*	Seite	102
13	Blätter schmal, Blüten klein, 4-zipflig, auf das Tragblatt gerückt. Pflanze gelbgrün. Alpen-Leinblatt, *Thésium alpinum*	Seite	50
13+	Blätter gefiedert, gelappt oder gefingert. Blüten in Dolden, Köpfchen oder in lockeren Knäueln	14	
14	Blätter 7—9-zählig gefingert, Nebenblätter. Blüten klein, grünlich, 4-zählig, in lockeren Knäueln. Frauenmantel, *Alchemilla*	Seite	70
14+	Blätter gefiedert (gefingert bei Sterndolde S. 78, ungeteilt bei Hasenohr S. 80). Blüten in Dolden, 5-zählig, 2 Griffel. Einzelblüte ohne deutlichen Kelch. Doldenblütler, *Umbelliferae*	Seite	78
15(10+)	Blätter gegen- oder grundständig	16	
15+	Blätter wechselständig	17	
16	Blätter gegenständig, derb. Kelch 5-blättrig, hellgrün. Krone fehlend oder klein, fädlich. Pflanze bildet moosähnliche Polster. Zwergmiere, *Minuártia sedoídes*	Seite	56
16+	Blätter grundständig. Pflanzen mit Milchsaft. 2 Kelchblätter früh abfallend. Mohn, *Papáver*	Seite	60
17	Blätter mit tutenförmiger, stengelumfassender Scheide, meist geschlossen und ± trockenhäutig. Knöterichgewächse, *Polygonáceae*	Seite	52
17+	Blätter fingerig, fiederig oder gelappt, mit Nebenblättern. Rosengewächse, *Rosáceae*	Seite	68

Tabelle V. Freikronblättrige (Dialypétalae)

1	Holzpflanzen, Bäume, Sträucher oder Zwergsträucher	2	
1+	Krautige Pflanzen	12	
2	Blüten nicht mit grünem Kelch und andersfarbiger Krone	3	
2+	Blüten mit Kelch und Krone	4	
3	Stengel windend oder kletternd. Blüten blau, 4-blättrig. Früchtchen mit langem, bärtigem Griffel. Alpenrebe, *Clématis alpina*	Seite	58
3+	Zwergstrauch, Blätter dünn, lederig. Blüten gebüschelt, 4-zipflig, hellrot, feingestreift. Gestreifter Seidelbast, *Dáphne striata*	Seite	78
4	Blüten klein, grünlich, grünlichgelb oder rötlich. Blüten zwittrig oder nur Staub- oder Stempelblüten	5	
4+	Blüten mit deutlichem Kelch und deutlicher Krone	7	
5	Blätter nadelförmig. ♂ Blüten rosa, ♀ Blüten purpurn. Zwitterblüten selten. Schwarze Krähenbeere, *Émpetrum nigrum*	Seite	82
5+	Blätter nicht nadelförmig	6	
6	Blüten 5-zählig, grünlichbraun, Staubblätter zwischen den Kronblättern stehend. Frucht karminrot. Breitblättriges Pfaffenhütchen, *Evónymus latifólia*	Seite	76
6+	Blüten 4-(5)-zählig. Staubblätter vor den Kronblättern stehend (klein, Lupe!). Zweige oft verdornt. Kreuzdorn, *Rhámnus*	Seite	76
7(4+)	Fruchtknoten oberständig	8	
7+	Fruchtknoten unterständig	11	

8 Blüten schmetterlingsförmig. 2 seitliche Kelchblätter groß, flügelartig, gelb oder purpurn. Blätter immergrün. Buchsblättrige Kreuzblume, *Polýgala chamaebúxus* Seite 74

8+ Blüten regelmäßig, strahlig 9

9 Blüten gelb, 1 Griffel. Stengel nur am Grunde verholzt. Sonnenröschen, *Heliánthemum* Seite 76

9+ Fruchtknoten und Griffel zahlreich 10

10 Blüten rosarot. Blätter meist 3-zählig, seidenhaarig filzig. Nebenblätter groß. Dolomiten-Fingerkraut, *Potentilla nitida* Seite 70

10+ Blüten weiß, meist 8-blättrig. Blätter gekerbt, am Rande umgerollt, unterseits weiß. Silberwurz, *Drýas octopétala* Seite 70

11 Fruchtknoten mit Blütenboden verwachsen. 2—5 Griffel. Blätter ungeteilt, Nebenblätter. Zwerg-Vogelbeere, *Sórbus chamaeméspilus* Seite 68

11+ Blütenboden krugförmig, Fruchtknoten und Griffel zahlreich, Blätter unpaarig gefiedert. Alpen-Heckenrose, *Rósa pendulína* Seite 72

12(1+) Fruchtknoten unterständig. Blüten regelmäßig 13

12+ Fruchtknoten oberständig 15

13 1 Griffel. Blüten 4-teilig. 8 Staubblätter. Samen mit Haarschopf. Weidenröschen, *Epilóbium* Seite 78

13+ 2 Griffel, 5 oder 10 Staubblätter 14

14 Blüten in Dolden. Blätter meist mehrfach gefiedert (s. Sterndolde S. 78, Hasenohr S. 80). Doldenblütler, *Umbelliferae* Seite 78

14+ Blüten in Trauben oder Rispen, 10 Staubblätter. Blätter wechsel-, selten gegenständig, oft in Rosetten. Steinbrechgewächse, *Saxifragáceae* Seite 66

15 Fruchtknoten 2—viele, jeder mit 1 Griffel oder 1 Narbe 16

15+ Fruchtknoten 1 18

16 Blätter dick, fleischig, oft in Rosetten. Kelchblätter mitunter verwachsen. Staubblätter etwa doppelt soviele wie Kronblätter. Dickblattgewächse, *Crassuláceae* Seite 64

16+ Blätter dünn, mitunter jedoch derb, lederig (Christrose) 17

17 Blätter gefiedert, 3-zählig oder gefingert, Nebenblätter. Kelchblätter verwachsen, oft Nebenkelch. Staubblätter auf dem Kelchrand. Kronblätter meist 5. Rosengewächse, *Rosáceae* Seite 68

17+ Blätter oft handförmig geteilt, ohne Nebenblätter. Kelch frei, Staubblätter auf dem Blütenboden. Hahnenfußgewächse, *Ranunculáceae* Seite 56

18(15+) Blüten unregelmäßig, 2-seitig symmetrisch 19

18+ Blüten regelmäßig, strahlig 21

19 Blüten gelb oder blau, mit Sporn. Veilchen, *Viola* Seite 76

19+ Blüten ohne Sporn 20

20 Blüten schmetterlingsförmig. Kelch deutlich verwachsen. Alle 10 Staubblätter zu einer Röhre verwachsen oder 9 verwachsen und eins frei. Schmetterlingsblütler, *Papilionáceae* Seite 72

20+ Blüten schmetterlingsförmig, Kelch freiblättrig, davon 3 klein, 2 seitliche groß und kronblattartig gefärbt. 8 Staubblätter, je 4 verwachsen. Kreuzblume, *Polýgala* Seite 74

21 Staubblätter 12—zahlreich 22

21+ Staubblätter 2—10 24

22 Kelchblätter verwachsen, Kelch 5-zipflig. Blätter mit Nebenblättern. Rosengewächse, *Rosáceae* Seite 68

22+	Kelchblätter frei, mitunter früh abfallend	23	
23	Kelchblätter 2, abfallend. Pflanzen mit Milchsaft. Mohn, *Papáver*	Seite	60
23+	Kelchblätter 5, bleibend. Blüten gelb. Blätter ungeteilt. Stengel an der Basis verholzend. Sonnenröschen, *Heliánthemum*	Seite	76
24	Griffel 1, Narbe meist einfach	25	
24+	Griffel 2—3 oder 1 Griffel mit 2 oder mehr Narben	26	
25	Kelch und Krone 4-zählig, 4 lange und 2 kurze Staubblätter. Frucht eine Schote oder Schötchen. Kreuzblütler, *Cruciferae*	Seite	62
25+	Kelch und Krone 5-zählig. 10 Staubblätter. Blätter ungeteilt, meist rosettig. Wintergrün, *Pýrola*	Seite	82
26	Blätter handförmig geteilt oder gefiedert	27	
26+	Blätter einfach, ungeteilt	28	
27	Blätter handförmig geteilt. 10 Staubblätter. 5 Teilfrüchtchen, jedes mit langem Schnabel. Storchschnabel, *Geránium*	Seite	74
27+	Blätter grundständig, einfach bis doppelt gefiedert. Pflanzen mit Milchsaft. Mohn, *Papáver*	Seite	60
28	Blätter in grundständiger Rosette und nur 1—2 stengelständige	29	
28+	Stengel reich beblättert. Blätter sitzend	30	
29	Blätter nur in grundständiger Rosette, grasähnlich. Blüten rosa, in Köpfchen. Grasnelke, *Arméria*	Seite	88
29+	Blätter grundständig und 1—2 stengelständige, herzförmige. Blüten einzeln. Sumpf-Herzblatt, *Parnássia palústris*	Seite	66
30	Blätter wechselständig. Blüten 5-zählig, hellblau. Alpenlein, *Línum alpínum*	Seite	74
30+	Blätter gegen- oder quirlständig. Staubblätter meist 10. Blüten meist 4—5-zählig. Kelch frei- oder verwachsenblättrig. Oft Nebenkelch und -krone. Nelkengewächse, *Caryophylláceae*	Seite	52

Tabelle VI. Verwachsenkronblättrige (Sympétalae)

1	Holzpflanzen, Stengel oft nur am Grunde verholzt	2	
1+	Krautige Pflanzen, Stengel auch am Grunde nie holzig	7	
2	Kron- oder Kelchblätter unscheinbar oder fehlend	3	
2+	Blüten mit Kelch- und Kronblättern	4	
3	Blüten rosa, fein gestreift, 4-zipflig, endständig gehäuft. Zwergstrauch. Gestreifter Seidelbast, *Dáphne striáta*	Seite	78
3+	Blüten 3-zählig, getrenntblättrig, hell-dunkelrosa. Blätter nadelförmig. Schwarze Krähenbeere. *Émpetrum nígrum*	Seite	82
4	Fruchtknoten unterständig	5	
4+	Fruchtknoten oberständig	6	
5	Staubblätter 5. 2 Blüten auf gemeinsamem Stiel. Die 2 Fruchtknoten fast völlig verwachsen. Strauch. Heckenkirsche, *Lonícera*	Seite	100
5+	Staubblätter 4. 2 Blüten auf langem Stiel, nickend, trichterförmig-glockig. Stengel zart, schwach verholzt, kriechend. Nordisches Moosglöckchen, *Linnǽa boreális*	Seite	100
6	Blüten schmetterlingsförmig. 2 seitliche Kelchblätter groß, flügelartig, kronblattartig gefärbt. Buchsblättrige Kreuzblume, *Polýgala chamaebúxus*	Seite	74
6+	Blüten regelmäßig, 4—5-zählig, glockig. Staubblätter 8—10. Blätter häufig immergrün, lederig, flächig oder nadelförmig. Heidekrautgewächse, *Ericáceae*	Seite	82

7(1+) Viele Blüten in einem Körbchen, Köpfchen oder walzlichen Ähre, von einer gemeinsamen Hülle (Hüllkelch) umgeben 8
7+ Blüten anders angeordnet, wenn gehäuft, ohne gemeinsame Hülle 12
8 Fruchtknoten oberständig, Blätter in grundständiger Rosette 9
8+ Fruchtknoten unterständig 10
9 Blüten rosa, in Köpfchen. Hüllblätter bräunlich. Blätter grasartig. Grasnelke, *Arméria* Seite 88
9+ Blüten blau mit 4—5 schmalen, ungleich langen Zipfeln, in Köpfchen. 4 Staubblätter, 1 Griffel. Kugelblume, *Globulária* Seite 100
10 Staubblätter 4, Krone 5-spaltig. Kelch borstig. Außenkelch becher- oder schüsselförmig. Glänzende Skabiose, *Scabiósa lúcida* Seite 102
10+ Staubblätter 5 11
11 Staubbeutel frei. Kronzipfel schmallinealisch, röhrig verbunden, später von unten her sich trennend. Blüten blau oder violett. Teufelskralle, *Phytéuma* Seite 104
11+ Staubbeutel der 5 Staubblätter zu einer Röhre verwachsen. Einzelblüte mit 5 kleinen, gleichmäßigen Zähnen oder ein Blütenzipfel zu einer „Zunge" verlängert. Kelch häufig als Haarkrone. Vorherrschende Blütenfarbe gelb. Körbchenblütler, *Compósitae* Seite 104
A. Scheibenblüten röhrenförmig, Randblüten zungenförmig Seite 104
B. Alle Blüten des Köpfchens nur röhrenförmig, die randständigen oft größer Seite 108
C. Alle Blüten des Köpfchens nur zungenförmig Seite 110
12(7+) Fruchtknoten unterständig 13
12+ Fruchtknoten oberständig 16
13 Zwergsträucher, Stengel wenigstens am Grunde verholzt. Heidekrautgewächse, *Ericáceae* Seite 82
13+ Kräuter 14
14 Blätter quirlständig. Blüten klein, radförmig, 4-zipflig, 4 Staubblätter. Labkraut, *Gálium* Seite 100
14+ Blätter gegenständig oder wechselständig 15
15 Blätter gegenständig. Staubblätter 3. Blütenstand doldig. Früchtchen mit Haarkrone. Baldrian, *Valeriána* Seite 102
15+ Blätter wechselständig. Krone glockig, meist blau oder violett, seltener blaßgelb. Glockenblume, *Campánula* Seite 102
16(12+) Blütenblätter ungleich, Blüten meist 2-seitig symmetrisch 17
16+ Blütenblätter gleich. Blüten sternförmig, radförmig, stieltellerförmig, trichterförmig oder glockig 23
17 Fruchtknoten bereits zur Blütezeit 4-teilig 18
17+ Fruchtknoten einfach 19
18 Blätter meist kreuzgegenständig, Stengel 4-kantig. Blüten mit Ober- und Unterlippe (Günsel sehr kurze Oberlippe, Gamander tief gespaltene Oberlippe). 2 lange und 2 kurze Staubblätter. Lippenblütler, *Labiátae* Seite 94
18+ Blätter wechselständig. Blüten fast regelmäßig, 5-teilig. 5 Staubblätter. Pflanzen meist rauhhaarig (Wachsblume kahl). Rauhblattgewächse, *Boragináceae* Seite 94
19 Blüten schmetterlingsförmig. 8 Staubblätter in 2 Bündeln zu je 4 verwachsen. 3 Kelchblättchen klein, die beiden seitlichen größer und kronblattartig gefärbt. Kreuzblume, *Polýgala* Seite 74

19+ Staubblätter 2—4 20
20 Blüten gespornt 21
20+ Blüten nicht gespornt 22
21 Blätter in grundständiger Rosette, Rand nach oben umgerollt. Blüten blauviolett oder weiß. Fettkraut, *Pinguícula* Seite 98
21+ Stengel mit 3—4-zähligen Blattquirlen, zwischen Schutt kriechend. Blüten violett mit orangegelbem Gaumen. Alpen-Leinkraut, *Linária alpína* Seite 96
22 4 Staubblätter, Blüten oft ähnlich einer Lippenblüte, aber nie mit 4-teiligem Fruchtknoten. Stengel meist rund, Blätter wechsel- oder gegenständig. Rachenblütler, *Scrophulariáceae* Seite 96
22+ 2 Staubblätter, Krone radförmig, tief gespalten, nur am Grunde verwachsen. Blätter gegen- oder wechselständig. Ehrenpreis. *Verónica* Seite 96
23(16+) Blüten einzeln oder in Trauben, sehr tief gespalten. 10 Staubblätter, Blätter wintergrün, in Rosette. Wintergrün, *Pýrola* Seite 82
23+ Blüten mit weniger als 10 Staubblättern, meist 5 oder 4 24
24 5 Staubblätter oder soviele wie Kronzipfel 25
24+ 4 Staubblätter. Blätter grundständig oder quirlig 26
25 5 Staubblätter, vor den Kronzipfeln stehend. Blüten röhrig oder glockig. Blätter meist rosettig. Schlüsselblumengewächse, *Primuláceae* Seite 84
25+ Staubblätter soviel wie Kronzipfel (meist 5), aber zwischen den Kronzipfeln stehend. Blätter gegenständig. Blüten blau, seltener purpurn oder gelb. Enziangewächse, *Gentianáceae* Seite 90
26 Blätter in grundständiger Rosette, schmallinealisch, dicklich. Blüten in dichter Ähre, Krone trockenhäutig, unscheinbar. 4 lange Staubblätter. Alpenwegerich, *Plantágo alpína* Seite 100
26+ Blätter quirlständig. Krone radförmig, 4-teilig, 4 Staubblätter, Fruchtknoten unterständig. Labkraut, *Gálium* Seite 100

Ammoniten, Gehäuse urweltlicher Meerestiere

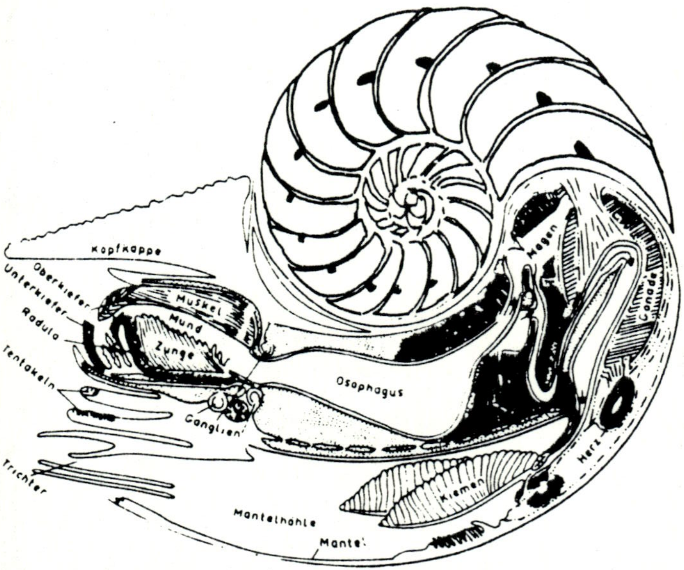

Schematischer Querschnitt durch einen rezenten Nautilus

Von jeher haben Funde von Ammoniten, im Volksmund als Ammonshörner bezeichnet, dem Menschen Bewunderung abverlangt und seine Phantasie erregt.

Ammoniten haben ihren Namen vom Sonnengott und König der Götter des altägyptischen Theben, Ammon.

Ammoniten sind fossile Schalen vorzeitlicher Kopffüßer. Die Gehäuseform wird durch das eingedrungene, erstarrte Sediment überliefert. Kerne aus goldglänzendem Schwefelkies ($Fe\ S_2$) entstehen in tonigen Ablagerungen.

Es sind über 3000 Gattungen fossil überlieferter Kopffüßer bekannt, nur eine Gattung, der Nautilus, ist bis heute erhalten geblieben. Alle anderen sind aus bisher ungeklärten Gründen vor etwa 80 Millionen Jahren ausgestorben.

Ihre Blütezeit hatten die Ammoniten in der Jurazeit, besonders das Liasmeer, welches in Süddeutschland, Frankreich und Norditalien reiche Ammonitenablagerungen geliefert hat. Ihr Alter beträgt ca. 135 – 190 Millionen Jahre. Die größten gefundenen Ammoniten stammen aus der Kreidezeit und haben einen Durchmesser von über zwei Meter.

Die Ammoniten unterscheiden sich im Innenaufbau der Gehäuse. Arten mit besonders schönem Innenbau, wobei die Kammern mit Calcit, Aragonit und Kalziumphosphat ausgefüllt sind, eignen sich zur Herstellung von Ammoniten-Schmuckstücken.

DIE ENTSTEHUNG DER ALPEN

Die Falten-Architektur der Alpen und der Einfluß der vielen Gesteinsarten auf das Relief des Gebirges sind für den aufmerksamen Wanderer so eindrucksvoll, daß er unwillkürlich nach dem „Wie" des Geschehens fragt und über die Vorgänge nachdenkt, die im Laufe der Erdgeschichte zur Bildung dieses gewaltigen Hochgebirges geführt haben. Wir wollen die Hauptzüge im Entstehen des Alpenkörpers erläutern und seinen erdgeschichtlichen Werdegang rekonstruieren. Wer tiefer in dieses Gebiet eindringen will, kann auf Fachliteratur nicht verzichten. Eine verständliche Einführung in die Geologie und die Erklärung geologischer Begriffe findet der interessierte Leser in den KOSMOS-Büchern „Geologie" von K. BEURLEN und „Geologie für Jedermann" von K. v. BÜLOW.

Die Geschichte der Alpen reicht weit zurück in die Vergangenheit der Erde. Im sogenannten Archaikum, der Urzeit der Erde, vor mehr als 540 Millionen Jahren existierten bereits Gebirge, Ebenen und Meere. Wie die Erdoberfläche zu dieser Zeit im einzelnen aussah, wissen wir nicht. Im Paläozoikum, in der Erdaltzeit, bestand ein großes zentrales Mittelmeer, das von den Geologen die „Tethys" genannt wird. Die „Grauwackenzone" der Kitzbüheler Schieferberge ist eine über 250 Millionen Jahre alte Ablagerung dieses Meeres. Etwa zu der Zeit, als sich unsere Steinkohlen bildeten, wurde der Boden des zentralen Mittelmeeres über die Wasseroberfläche gehoben und durch gewaltige tektonische Bewegungen aufgefaltet. Die „jungpaläozoischen Hochalpen" wurden geboren. Dieses Gebirge bestand jedoch nicht sehr lange. Bald brach es zusammen und versank im Meer. Vulkanische Ergüsse begleiteten das Geschehen und bildeten Gesteine, wie wir sie z. B. im Bozener Porphyrstock finden. Im Mesozoikum, der Mittelzeit der Erde, wurde das zentrale Mittelmeer, die „mesozoische Tethys" zur Wiege der Kalkalpen. Trias, Jura und Kreidezeit ließen in dem Kalkalpenmeer mächtige Ablagerungen entstehen. Vom Norden nach Süden kamen vier große Gesteinszonen nebeneinander zur Entwicklung, die der Geologe als „helvetische, penninische, ostalpine und dinarische Bereiche" unterscheidet. In den Kalken, Mergeln und Tonschiefern dieser Formationen finden wir eine Fülle versteinerter Tiere: Korallen, Armfüßler, Muscheln, die als Ammoniten bekannten Kopffüßler, stellenweise sogar Fische und Reste von höheren Wirbeltieren. Das sind die Zeugen eines einstmals reichen Lebens, welches in der mittelzeitlichen Tethys zur Entfaltung kam.

In der Trias, vor 200 Millionen Jahren begann der Aufbau der mächtigen Schichtenfolge, die heute einen Großteil der Alpen ausmacht. Während dieser 25 Millionen Jahre dauernden erdgeschichtlichen Epoche wurden die verschiedenartigsten Sedimente auf dem Boden des zentralen Mittelmeeres abgelagert. Reste der Tierwelt dieses Meeres finden wir im Hallstätter Kalk, der bei Berchtesgaden und Hallstatt besonders reich an Armfüßlern und Ammoniten ist. Etwa gleichalterig ist der Dachsteinkalk. Diese Schichten werden zur norischen Stufe der alpinen Trias gerechnet.

Die ladinische Stufe enthält ebenfalls sehr fossilreiche Sedimente, von denen die Wengener-, St. Kassianer- und Partnachschichten am bekanntesten sind. Auch die mächtigen riffartigen Kalk- und Dolomitmassen, die als Wetterstein-, Arlberg- und Esinokalk oder Ramsau- und Schlerndolomit bezeichnet werden, gehören hierzu. Das Alter der lichtgrauen Kalke und Dolomite, wie der Rekoarokalk und Mendola-Dolomit, entspricht etwa dem des deutschen Muschelkalkes. Während die Gesteine der alpinen Trias Ablagerungen des offenen Ozeans sind, hat sich der Muschelkalk der sogenannten „germanischen Trias" aus einem großen Binnenmeer abgesetzt. In der Jura- und Kreidezeit haben sich die vielen Kalke, Mergel, Tonschiefer und schieferig-sandsteinartigen Schichten der Westalpen gebildet. In den Ostalpen überwiegen die Gesteine der Trias. Die Ablagerung der jurassischen Schichten begann vor etwa 175 Millionen Jahren und dauerte 35 Millionen Jahre an. Charakteristische und zum Teil fossilreiche Gesteine dieser Epoche sind die zum unteren Jura (Lias) zählenden sogenannten Fleckenmergel oder Allgäuschichten, die roten Ammonitenkalke von Adnedt und die lichten Brachiopodenkalke von Hierlatz. Besonders fossilreich sind auch die Vilserkalke des mittleren Jura (Dogger) bei Füssen im Allgäu. Charakteristische Schichten der Kreidezeit, die vor etwa 140 Millionen Jahren begann, sind die sogenannten Hippuritenkalke der Gosaukreide, die mit einer Fülle von Versteinerungen auch an einzelnen Punkten der bayerischen Alpen auftreten, z. B. am Untersberg bei Salzburg und am Hinteren Sonnenwendjoch. Die Ablagerung der Schichten in der mesozoischen Tethys, dem Kalkalpenmeer, dauerte etwa 70 Millionen Jahre an. Sie sind viele tausend Meter mächtig.
In der Mitte der Kreidezeit vor 100 bis 120 Millionen Jahren vollzog sich im Raum des alpinen Meeres eine tiefgreifende Umwälzung. Der Meeresboden hob sich, er wanderte und schob sich zusammen. Die Alpen der Kreidezeit wurden geboren, wobei das Kalkalpenmeer ausgepreßt wurde. Immer weiter mußte das Meer zurücktreten, immer höher wuchsen die Alpen. Die nebeneinander abgesetzten Gesteinsmassen wurden übereinandergeschoben. Im Osten war der Alpenkörper schon gegen Ende der Kreidezeit Land, im Westen erst im Alttertiär. Das Gebirge wurde im Eozän vor etwa 60 Millionen Jahren ringsum vom Meer umspült. An seinem Saum wurde in Randseen der sogenannte Flysch abgelagert, eine Serie von Trümmergesteinen aus Ton, Sand und Konglomeraten. Diese Flyschzone ist im Osten älter als im Westen. Daran ist zu erkennen, daß die Ostalpen etwas früher aus dem Kalkalpenmeer aufgetaucht sind. Später wurde die Flyschzone von den Alpen überschoben und in den Bau des Gebirges einbezogen. Im Miozän, vor 40 bis 50 Millionen Jahren folgte eine weitere Serie von Schuttbildungen auf den Flysch: die Molasse. Flysch und Molasse sind zum großen Teil wenig verfestigte, tonige, sandige und kieselige Sedimente, die stellenweise neben vielen Versteinerungen auch mikroskopisch kleine Organismenreste wie Foraminiferen und Muschelkrebsschalen enthalten.
Welche Vorgänge haben ein so gewaltiges Geschehen wie diese Gebirgsbildung (Orogenese) ausgelöst? Diese Frage ist Gegenstand vieler Theorien. Wir müssen uns einen langgestreckten, flachen Meerestrog vorstellen, eine Mulde im Meeresboden, deren Boden sich über einen langen Zeitraum hinweg stetig senkte. Dieser Trog wurde gleichzeitig mit Ablagerungen der benachbarten Kontinente und mit reinen Meeressedimenten, z. B. Foraminiferen- und Radiolarienschlamm, ausgefüllt. Hinzu kamen Korallenriffe auf der Oberfläche des Meeresbodens und die verschiedensten kalkschaligen Tierreste, die ebenfalls allmählich in die Tiefe sanken. So konnte der sich senkende Meerestrog nie zur Tiefsee werden. Er wurde immer wieder aufgefüllt. Die Wissenschaft nennt solche Tröge „Geosynklinalen". Das Meer, in dem sich die „alpine Geosynklinale" befand, war 600 bis 1200 km breit. Die Entstehung des Tro-

ges muß auf tektonische Bewegungen der Erdrinde zurückgeführt werden. In der Mitte der Kreidezeit änderten sich diese Bewegungen einschneidend. Die älteren Schollen der Erdrinde, Eurasien und der afrikanische Block, rückten zusammen und übten auf den sedimentgefüllten Meerestrog einen gewaltigen Druck aus. Der afrikanische Block drückte nach Norden, und die dabei frei werdenden Kräfte fanden in der alten „böhmischen Masse", nördlich der heutigen Alpen, ein Widerlager. Die „alpine Geosynklinale", der mit vielen tausend Meter dicken Ablagerungen randvolle Meerestrog, wurde zwischen den beiden Urkontinenten wie zwischen den Backen eines riesigen Schraubstockes zusammengepreßt. Die Größe dieses Geschehens können wir daran erkennen, daß der Boden des einstmals 600 bis 1200 km breiten Meeres auf etwa 100 km Breite (Zürich—Bellinzona) zusammengeschoben wurde. Um diese Differenz ist die alpine Zone verengt worden. Im Kampf um den Raum entstand allmählich ein Gebirge. Gewaltige Schübe beförderten ganze Schichtpakete aus weit südlicher gelegenen Wurzelzonen über 100 km nordwärts. Nebeneinander liegende Schichten wurden Decke für Decke übereinandergeschoben, zerteilt, steil aufgestellt, verbogen und gefalten. Die alttertiären Alpen, wie sie vor 50 bis 60 Millionen Jahren bestanden, waren keineswegs ein Hochgebirge. Wir müssen sie uns vielmehr als Mittelgebirge vorstellen. Erst im Pliozän, vor etwa 15 Millionen Jahren, wuchsen die Alpen zum Hochgebirge empor. Das Meer verschwand. Die großen horizontalen Schübe hörten auf. Eine bizarre Gebirgslandschaft war entstanden, das Resultat eines rhythmischen Pulsierens, eines Auf und Ab der Erdrinde.

In jüngster Zeit brach ein neuer Umformer über die geschilderte Alpenlandschaft herein: Die Eismassen der Eiszeit. Als Folge einer Klimaverschlechterung stauten sich die Schneemassen höher und höher an, verwandelten sich in körnigen Firn und später in Gletschereis. Wie ein riesiger Hobel glitt das Eis an den Felswänden herab, arbeitete die Täler aus und formte die Vorländer. Mulden beliebiger Herkunft füllten sich mit Firn. Auf dem Grunde größerer Mulden bildeten sich Gletscher, die sich langsam abwärts bewegten und dabei den Boden ausschürften. Starke Frostwirkung verwandelte sanfte Hänge in Steilwände. So entstanden die Kare der Alpen. Während das Eis die Gesteine der Hochregion abtrug, häufte es in den voralpinen Ebenen große Mengen Schutt an. Nach dem Abschmelzen der Eismassen hatte sich das Bild der alpinen Landschaft völlig verändert. Das Eis hatte die Täler ausgearbeitet, hatte die Hänge unterschnitten und durch Frostsprengungen wild zerklüftet. Von den Steilflanken, denen jetzt die Druckstütze des Eises fehlte, bröckelten durch die Wirkung des Wasser große Partien ab. Rutschungen großen Ausmaßes und Bergstürze waren die Folgen der Ausgleichsbewegung nach der Eiszeit, die heute immer noch nachklingt. Die Gletscher der Alpen sind die letzten Zeugen dieser erdgeschichtlichen Epoche.

Das Landschaftsbild der Alpen wird heute allein durch die Wirkungen des Wassers, der Atmosphäre und der Temperaturschwankungen langsam verändert. Bäche und Flüsse zerfurchen das Gebirge und fressen tiefe Täler in die Gesteinsmassen. Der geringe Kohlensäuregehalt der Luft wird vom Regenwasser aufgenommen und wirkt dann auflösend auf die Gesteine der Kalkalpen. Karsterscheinungen und Höhlenbildungen sind die Folgen. Sonne und Frost zermürben den härtesten Granit. Das Wasser dringt in feinste Spalten des Gesteins ein. Wenn es gefriert, werden durch die Kraft der Eissprengung große Gesteinsstücke zerkleinert.

So wechselvoll wie die Geschichte der Alpen, so verschiedenartig zeichnen die an ihrem Aufbau beteiligten Gesteine das Antlitz der Berge. Das kristalline Gestein, wie wir es im Zentralmassiv der Schweiz finden, gibt Zeugnis von der tiefgreifenden Entblößung des Bodens. Die Granite sind sogenannte Plutonite, Tiefengesteine, die sich bereits in der Altzeit der Erde mehrere tausend Meter unter der Erdoberfläche ver-

festigten. Gleichzeitig entstanden die kristallinen Schiefer oder „metamorphen" Gesteine. Granite und kristalline Schiefer sind die Träger der Mineralvorkommen, die wir später besprechen werden. Das Gebiet um den St. Gotthard ist ein schönes Beispiel für das aus Graniten und kristallinen Schiefern aufgebaute Gebirgsmassiv. Die Schichten der Steinkohlenzeit, wie wir sie in den Kitzbüheler Schieferbergen finden, bilden sanftere Hänge. Das Landschaftsbild der West- und Ostalpen wird von den Kalken, Dolomiten und Tonschiefern der Erdmittelzeit geprägt. Kühne Gipfelformen wechseln ab mit gerundeten Bergen, sanften Hängen und weiten Tälern. Der Flysch erzeugt in der Regel weiche Bergformen. Wo harte Konglomerate überwiegen, gibt es auch im Flysch bizarre Berge. Sogar die Molasse mit ihren feinen, tondurchsetzten und wenig verfestigten Sandsteinen kann neben sanftem Relief auch starke Massive hervorbringen. Als Beispiel sei der Rigi genannt, wo harte Konglomerate stark hervortreten. Flysch und Molasse bezeugen die allgemeine Hebung des Gebirges. Die damit verbundene Steigerung des Gefälles bewirkte eine heftige Flußnagung (Erosion), die zur Landschaftsformung beitrug und die mächtigen Schwemmkegel in Basisnähe der Berge schuf.
Wir haben die Entstehung der Alpen, ihre wechselvolle Geschichte und ihren geologischen Aufbau in knapper Form beschrieben. Viele Fragen können von der Wissenschaft heute noch nicht beantwortet werden; auf viele Einzelheiten konnten wir nicht näher eingehen. Wer offenen Auges durch die Bergeinsamkeit wandert, wird das Gewaltige des geologischen Geschehens erkennen und die Größe des Zeitraumes ahnen, auf den die Bergriesen zurückblicken können.

GESTEINE, VERSTEINERUNGEN UND MINERALIEN DER ALPEN

Die Berge der Zentralalpen bestehen zum größten Teil aus Granit und granitähnlichen Gesteinen. Der Granit und seine Verwandten, z. B. Diorit, sind tief unter der Erdoberfläche erstarrte Glutflüsse. In ihrer Nähe kommen auch die „metamorphen", d. h., durch Hitze und Gebirgsdruck umgewandelten Gesteine vor. An einem abgeschlagenen Stück Granit erkennen wir die körnige Struktur des Gesteins, ein buntes Gemenge weißer und farbiger Mineralkörner. Im wesentlichen sind es nur drei Mineralien, die den Granit zusammensetzen: Feldspat, Quarz und Glimmer; bei einigen Varietäten tritt noch Hornblende hinzu. Die spiegelnden weißen, grauen, manchmal rötlichen Mineralkörner von oft beträchtlicher Größe sind Feldspäte. Die milchigweißen Körner bestehen aus Quarz und geben dem Granit seine große Härte. Die glänzenden Schuppen sind Glimmer. Hornblende heißen die länglichen schwarzen und grünlichen Kristalle, die mitunter im Granit auftreten. In manchen Zonen eines Granitmassives fallen uns sehr grobkörnige Granite auf. Der Feldspat ist in besonderer Größe und vollkommener Kristallumgrenzung in dem sonst gleichmäßig körnigen Gestein zu erkennen. Man spricht hier von einem Granit mit porphyrartiger Struktur. Die Granite sind von zahlreichen und vielgestaltigen kristallinen Gesteinen, ihrer sogenannten Ganggefolgschaft begleitet. Man beobachtet häufig Gesteine, die in einer feinkörnigen Grundmasse größere Kristalle von Quarz, Feldspat und Glimmer zeigen. Das ist der Granitporphyr, der in mächtigen Gängen das Massiv durchsetzt oder in seiner Randfazies vorkommt. Eine andere augenfällige Gesteinsart ist der Pegmatit, der aus extrem großen Mineralkörnern besteht. Quarz- und Feldspatkristalle von Kubikmetergröße sind bekannt geworden.

Die Erscheinungen der „Kontaktmetamorphose" werden im Anschluß an den Granit am besten verständlich. Wenn das glutflüssige Magma auf bereits vorhandene Gesteine trifft, so werden diese durch die hohe Temperatur, durch den gewaltigen Druck und durch chemische Reaktionen verändert. Grauwacken und Sandsteine werden dabei in sehr harte Hornfelse umgewandelt. Tone und Schiefer werden zu vielgestaltigen Gesteinen verändert, die man als „Fleckenschiefer", „Fruchtschiefer" und „Knotenschiefer" bezeichnet. Kalkstein wird in körnigen Marmor umgewandelt. Aus kalkig-sandigen Sedimenten entsteht der Wollastonitfels. Die Vielgestaltigkeit dieser „Kalksilikatfelse" ist so groß, daß wir sie nicht im einzelnen besprechen können.

Der Gneis ist ein „Kristalliner Schiefer", der aus denselben Gemengteilen wie der Granit besteht. Viele Gneise sind zweifellos Abkömmlinge vom Granit, die unter gewaltigem Druck geschiefert wurden. Die tafeligen Kristalle des Glimmers rufen das schiefrige Gefüge hervor. Man spricht in diesen Fällen von „Orthogneisen". Im Gegensatz dazu entsprechen die „Paragneise" den Sedimentgesteinen, die durch Druck und Temperatur in kristalline Schiefer umgewandelt wurden. Der Name Gneis ist ein Sammelbegriff, unter dem viele einander ähnliche Gesteine zusammengefaßt werden. Ebenso ist die Bezeichnung „Glimmerschiefer" ein Sammelbegriff für eine

Gruppe von Gesteinen, die sich vom Gneis durch das Zurücktreten von Feldspat unterscheiden. Sie gehören der Herkunft nach zu den Paragesteinen. In erstaunlicher Vielgestaltigkeit finden wir die Gneise und Glimmerschiefer im St. Gotthard-Massiv und am Matterhorn.
Die kristallinen Gesteine enthalten eine große Zahl von Mineralien, die zum Teil auf Klüften vorkommen und wunderbar ausgebildet sind, zum Teil als Einsprenglinge im Gestein auftreten. Ein typisches Kluftmineral im Granitmassiv ist der Quarz oder Bergkristall, der in herrlichen Stufen und zentnerschweren Einzelkristallen auf Klüften und Spalten gefunden wird. Reicher an Mineralien sind die metamorphen Gesteine, doch handelt es sich hier größtenteils um Einsprenglinge. Ein an diese Gesteine gebundenes typisches Mineral ist der Granat, der früher in einigen Alpenländern zu wunderschönen Schmuckstücken verarbeitet wurde. Es ist für den Naturfreund interessant zu wissen, daß es in der Schweiz sogenannte „Strahler" gibt, die gewerbsmäßig alpine Mineralien sammeln und diese an Privatsammler und Museen verkaufen. Der Beruf wird über Generationen weitergegeben. Das „Strahlen" ist eine schwere und gefahrvolle Arbeit, die neben hohem bergsteigerischem Können eine gute Kenntnis der geologischen und geographischen Verhältnisse voraussetzt. Wen der Weg einmal nach Göschenen am St. Gotthard führt, sollte sich im Laden der Familie Indergard die schönen alpinen Kristalle ansehen. Auch ohne etwas kaufen zu müssen wird ihm dort die im Besitz der Strahlerfamilie befindliche Bergkristallstufe gezeigt, eines der größten und schönsten Stücke, die je aus einem „Kristallkeller" geborgen wurden. Die häufigsten alpinen Mineralien werden auf den Seiten 28 und 29 beschrieben und abgebildet.
Während das Magma in der Tiefe zu körnigem Granit erstarrte, bildete es bei vulkanischen Ergüssen an der Erdoberfläche Gesteine von anderer Struktur, die jedoch in ihrer chemischen Zusammensetzung dem Granit gleichen. Es sind die Quarzporphyre, Gesteine, deren feinkörnige Grundmasse Einsprenglinge von Quarz und Feldspat, manchmal auch Glimmer und Hornblende enthält. Bei der Verwitterung zerfällt dieses Gestein in kleine scharfkantige Bruchstücke. Bekannte Vorkommen sind der bereits erwähnte Bozener Porphyrstock und der Porphyr von Lugano.
Die Sedimentgesteine bestehen aus einem Material, das durch Wasser, Wind und Gletschereis bewegt und abgelagert wurde. Wie wir bereits gezeigt haben, sind die Sedimentgesteine der Alpen größtenteils Absätze des Kalkalpenmeeres. Hauptsächlich handelt es sich um Kalksteine, Ablagerungen von kohlensaurem Kalk, der entweder deutlich kristallin ist oder als außerordentlich feinkörniges Aggregat auftritt. Im Meerwasser ist die Konzentration von kohlensaurem Kalk so gering, daß ihn nur Meerestiere verschiedenster Art als Schalen- oder Skelettsubstanz ausscheiden können. Das tun nicht nur die größeren Meerestiere, sondern auch die vielen mikroskopisch kleinen Organismen, die wesentlich am Aufbau der kalkigen Sedimente beteiligt sind. Der in allen Formationen häufige, feinkörnige dichte Kalkstein enthält gewöhnlich viele Reste kalkschaliger Tiere, die wir als Versteinerungen bei unseren Wanderungen finden. Auf den Seiten 24—27 werden die häufigsten Versteinerungen der Alpen beschrieben und abgebildet. — Durch Zufuhr von Magnesiumsalzen entsteht aus dem Kalkstein, insbesondere aus dem Korallenkalk, der Dolomit, ein feinkörniges dichtes Aggregat von Dolomitspat und Kalkspat. Der Dolomit sieht dem Kalkstein sehr ähnlich, ist jedoch härter und schwerer als dieser. Er ist oft zuckerkörnig und fühlt sich dann sandig an. Der Dolomit bildet einen Teil der Tiroler Alpen, die Dolomiten, deren schroffe Abstürze auf die größere Widerstandsfähigkeit des Dolomits zurückzuführen sind. Schieferton ist erhärteter, schiefrig gewordener Ton von meist dunkler Farbe. Tonschiefer sind schiefrige, harte, meist dunkel gefärbte Gesteine mit mattem Bruch. Mergel sind Gemenge von Kalk oder Dolomit mit Ton. Sie zerfallen

an der Luft. Die Mergel enthalten oft viele Versteinerungen und eine Unmenge winziger fossiler Organismen, sogenannte Mikrofossilien. Im offenen Meer bildet sich auch heute noch ein Sediment, das Radiolarienschlamm genannt wird und aus winzigen Kieselgehäusen von Radiolarien oder Strahlentierchen besteht. Die braunen und rötlichen hornsteinartigen Lagen in den jurassischen Kalken der Alpen sind verfestigter Radiolarienschlamm des Kalkalpenmeeres, sogenannter Radiolarit.

Die Gesteinswelt der Alpen ist so vielgestaltig, daß wir nachfolgend nur einen kleinen Teil der hier vorkommenden Mineralien und Versteinerungen besprechen können. Die Bilder sollen einen Eindruck von den Formen vermitteln, die den interessierten Naturfreund in den Bergen erwarten. Wer sich eine kleine Sammlung alpiner Mineralien und Versteinerungen anlegen will, findet viele Anregungen im „KOSMOS-Mineralienführer", „KOSMOS-Steinführer" sowie in den KOSMOS-Büchern „Minerale bestimmen", „Welcher Stein ist das?", „Welche Versteinerung ist das?" und „Der Petrefaktensammler". In all diesen Büchern ergänzen zahlreiche Abbildungen den beschriebenen Text und machen es dem Interessierten leicht, seine eigenen Funde zu bestimmen.

Versteinerungen

1. *Arcéstes cymbifórmis.* Runde, nur mit einzelnen Einschnürungen versehene glatte Schalen von 5—7 cm Durchmesser. Die Umgänge sind übereinandergelegt. Es handelt sich hier um einen Kopffüßler (Cephalopoden), der einer ausgestorbenen Gruppe von Tintenfischen, den sogenannten Ceratiten, angehört. Wir finden immer nur die Schale des Tieres, die mit dem Gehäuse des heute in der Südsee lebenden Nautilus vergleichbar ist. Die Ceratiten erlebten in der Erdmittelzeit den höchsten Punkt ihrer Entwicklung und gehören zu den häufigsten Versteinerungen. *A. cymbifórmis* kommt in den für ihre reiche Ceratitenfauna bekannten Hallstätter Kalken (nach Hallstatt) des Salzburger und Berchtesgadener Landes vor.

2. *Ptychítes stúderi.* Ein 5—7 cm großer Ceratit mit flacher Schale und Sichelrippen. Er ist für die unteren Hallstätter Kalke charakteristisch.

3. *Cladiscites tornátus.* Sehr engnabelige Schale mit abgerundet vierkantigen Umgängen und feiner Radialstreifung. Der 5—10 cm große Ceratit ist in den Hallstätter Kalken zu finden.

4. *Trachýceras áon.* Ein hübscher, zierlich kleiner Ceratit mit geperlten Rippen, die auf dem Rücken eine Furche frei lassen. Die Art ist in den Cassianer Mergeln (nach St. Cassian in den S-Alpen) sehr häufig. In den Kalken kommen große verwandte Arten vor, von denen hier *Tr. austriacum* und *Tr. aonoides* genannt seien.

5. *Choristóceras márshi.* 2—3 cm großer, stark gerippter Ceratit. Der letzte Umgang ist abgelöst. Die Art kommt in den Kössener Schichten (nach Kössen in Nordtirol) vor.

6. *Ceratites cassiánus.* Kräftig gerippte, bis zu 5 cm große Schale. Auf den Rippen befinden sich starke Knoten. Der Ceratit kommt in den Cassianer Schichten vor.

7. *Terebrátula vulgáris.* Eiförmige, bis 4 cm lange Schalen mit glatter Oberfläche und schwacher Buchtung. Der „Schnabel" der größeren Schale ist durchbohrt. Terebrateln sind Armfüßler (Brachiopoden), die nur im Meer leben. Als kalkliebende Tiere finden sie sich in allen Kalk- und Mergelablagerungen. *T. vulgáris* ist in der alpinen Trias und im deutschen Muschelkalk sehr häufig.

8. *Terebrátula gregária.* Diese Art ist etwas höher aufgebläht als *T. vulgáris* und hat eine stärkere Bucht. Sie wird 2—4 cm groß und ist charakteristisch für das alpine Rhät. In den grauen bis rötlichweißen Zwischenlagen des Dachsteinkalkes ist sie besonders zahlreich.

9. *Gervilleia sociális.* Schief verlängerte, ungleichklappige Muschel mit kräftigem Schloßrand. Die bis zu 5 cm langen Schalen sind im Virgloria- und Rekoarokalk sowie im Mendola-Dolomit zu finden.

10. *Lithodéndron clathrátum.* Durch Selbstteilung entstehen ästige Korallenstöcke. Die langen bündelförmigen Stöcke haben einen gewaltigen Umfang und sind ein wesentlicher Bestandteil der alpinen Korallenkalke (Lithodendronkalk). Ausgewitterte Äste und angewitterte Kalkblöcke zeigen den Aufbau der Koralle recht deutlich.

Arcestes cymbiformis

Cladiscites tornatus

Ptychites studeri

Trachyceras aon

Ceratites cassianus

Choristoceras marshi

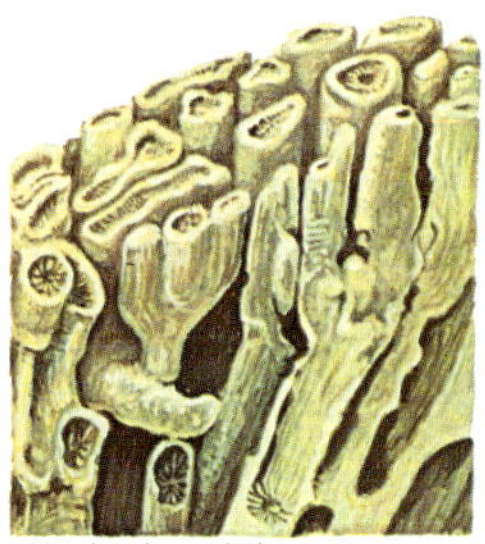

Lithodendron clathratum

Terebratula vulgaris

Gervilleia socialis

Terebratula gregaria

11. Amalthéus margaritátus. Ein flacher Ammonit (Kopffüßler) mit einfachen Sichelrippen und perlschnurartigem Kiel, der in vielen Varietäten im mittleren Lias (Schwarzjura) überaus häufig ist. Die Amaltheen haben gewöhnlich einen Durchmesser von 2—5 cm.

12. Oxynotíceras oxynótum. Dieser Ammonit aus dem mittleren Lias (Schwarzjura) ist den Amaltheen ähnlich. Er hat eine engnabelige, flache, nahezu glatte Schale und einen scharfen Rücken, bleibt jedoch mit 1—2 cm Durchmesser kleiner als *A. margaritátus.*

13. Leióceras opalínum. Ein leitender Ammonit aus dem mittleren Dogger (Braunjura) mit flacher Schale, sichelförmig gebogenen Rippen und scharfem Kiel. Der Schalendurchmesser beträgt gewöhnlich 2—5 cm.

14. Stepheóceras humphriesiánum. Dicker Ammonit mit scharfen, nach außen mehrfach gespaltenen Rippen, die über den runden Rücken wegsetzen. Die Art ist im mittleren Dogger (Braunjura) leitend und kann größer als 10 cm sein.

15. Belemnítes paxillósus. Stattliche, zigarrenähnliche, glatte Formen von rundem Querschnitt. Es handelt sich hier um den Hartkörper eines echten Tintenfisches (Cephalopoden) mit 10 Fangarmen. Im dicken Ende ist ein gekammerter konischer Zapfen (Phragmokon) eingesenkt. Nächst den Ammoniten sind die Belemniten charakteristisch für die Jura- und Kreideformation.

16. Purpuroidéa subnodósa. Große, dickschalige, riffbewohnende Schnecke des oberen Jura. Gewöhnlich findet man von den Purpuroideen nur die ausgewitterten Steinkerne.

17. Díceras bubalínum. Die Diceraten sind eine eigenartige, auf die Erdmittelzeit beschränkte Gruppe von riffbewohnenden Muscheln. Die etwas ungleichklappigen Schalen haben beiderseits einen ausgezogenen und nach vorn gekrümmten Wirbel. Die Einzelschale ist bis zu 6 cm lang. Wir finden gewöhnlich die Steinkerne.

18. Actaeonélla gigántea. Dickschalige konische Schnecke der Gosauformation (Obere Kreide). Die spiraligen Querschnitte ihrer plumpen, etwa 5 cm langen Gehäuse findet man oft im Gestein. Sie sind als „Wirfelsteine“ bekannt und finden als Heilmittel gegen die Drehkrankheit des Viehs Verwendung.

19. Hippurítes gosaviénsis. Sehr große, lang kegelförmige Schalen, auf die deckelförmig eine durch große Zähne verzapfte flache Kappe aufliegt. Auf der Außenseite beobachten wir Längsriefen und drei kräftige Längsfurchen. Es handelt sich um fremdartig aussehende Muscheln, sog. Rudisten, die mit der Unterseite festgewachsen sind und riffähnliche Formen bilden. Wir finden ausgewitterte Exemplare zusammen mit Korallen in der Gosaukreide.

20. Cyclolítes unduláta. Einfache, scheibenförmige, hoch aufgewölbte Kelche von Korallen (Thamnastraeiden). Die Basis ist mit runzeligem Epithek überzogen. Die Kelche haben einen Durchmesser bis zu 6 cm und sind sehr häufig und charakteristisch für die Gosaukreide.

Belemnites paxillosus

Amaltheus margaritatus

Leioceras opalinum

Oxynoticeras oxynotum

Diceras bubalinum

Stepheoceras humphriesianum

Cyclolites undulata

Actaeonella gigantea

Purpuroidea subnodosa

Hippurites gosaviensis

Wil

Verschiedene Kristallformen

21. Orthoklas. Monokliner Kalifeldspat ist das häufigste Mineral im Granit und seinen Verwandten. Der gemeine Feldspat ist trüb, weiß, grau, rötlich oder grünlich. Gut ausgebildete Kristalle findet man in Granitdrusen, z. B. bei Baveno am Lago Maggiore. Die Abbildung zeigt einen *Adular*-Einzelkristall, eine Abart des Orthoklases, die man häufig auf Klüften alpiner Silikatgesteine findet.

22. Plagioklas. Isomorphe Mischung von Natronfeldspat *(Albit)* und Kalkfeldspat *(Anorthit).* Die Kristallform des Albit ist der vom Orthoklas sehr ähnlich. Man findet das weiße bis farblos durchsichtige, glasglänzende Mineral auf Klüften von Granit und im Pegmatit.

23. Quarz (Bergkristall). Nach den Feldspäten ist Quarz das häufigste und verbreitetste Mineral. Es kommt in allen Gesteinsgruppen vor. Die Kombination des sechsseitigen Prismas mit der scheinbaren Bipyramide ist die häufigste Kristallform, doch ist die Tracht der alpinen Quarze außerordentlich formenreich. Nach der Farbe unterscheidet man klaren *Bergkristall,* hell- bis dunkelbraunen *Rauchquarz,* fast schwarzen *Morion,* violetten *Amethyst* und gelben *Citrin.*

24. Granat. Man vereinigt unter diesem Namen eine große Gruppe von Mineralien, die für die metamorphen Gesteine typisch sind. So finden wir z. B. am St. Gotthard den bläulichroten *Almandin* (Eisentongranat) und bei Monzoni in Südtirol den gelbgrünen *Grossular* (Kalktongranat). In den S-Alpen kommt der gelbrote *Hessonit* oder Kaneelstein (ebenfalls Kalktongranat) vor. An manchen Stellen hat der Granat Schmucksteinqualität.

25. Sphen. Es handelt sich hier um das Mineral *Titanit,* das in monoklin-holoedrischen Kristallen (briefkuvertförmig) zusammen mit *Quarz, Epidot* und *Chlorit* auf Klüften in den alpinen Eruptivgesteinen vorkommt.

26. Chlorit. Unter dieser Bezeichnung faßt man wieder eine Gruppe von Mineralien zusammen. In den Alpen findet man auf Klüften den bläulichgrünen *Pennin,* ein Magnesium-Aluminiumsilikat. Als bekannter Fundort sei die Rimpfischwänge bei Zermatt genannt.

27. Vesuvian. Auf Klüften kristalliner Schiefer und in kalkigen metamorphen Gesteinen sind gut ausgebildete tetragonale, dick- und kurzsäulige Kristalle dieses Silikates häufig. Die Farbe ist gewöhnlich braun bis grün. Schöne Kristalle kommen von Monzoni bei Predazzo.

Orthoklas
Plagioklas
Quarz
Sphen
Granat
Chlorit
Vesuvian
Wil

DIE PFLANZENWELT DER ALPEN

Für die Pflanzenverbreitung sind in erster Linie klimatische Faktoren verantwortlich. Unter ihnen ist keiner so bedeutungsvoll und in seiner Auswirkung so augenscheinlich wie die Temperaturabnahme mit zunehmender Höhe über dem Meeresspiegel. Der Alpenwanderer kann in wenigen Stunden, ob er von Süden oder Norden kommt, aus der Region des Weinstocks oder der Äcker durch Laub-, Misch- und Nadelwälder zur Waldgrenze und weiter über Matten in die Region des ewigen Schnees aufsteigen. Die Vegetation ist nicht einheitlich, sondern läßt sich in einzelne Zonen gliedern, die gürtelartig aufeinanderfolgen.

Die Abbildung auf Seite 31 stellt diese Verhältnisse schematisch dar. Das auffälligste Merkmal ist die Veränderung des Waldbildes. In der Ebene gedeiht Laubwald, der in höheren Lagen mehr und mehr vom Nadelwald verdrängt wird. In der hochmontanen Stufe ist noch geschlossener Hochwald vorhanden, in der subalpinen Stufe wird die Waldgrenze erreicht. Sie liegt örtlich sehr verschieden, im Säntisgebiet etwa bei 1800 m, in den Zentralalpen sind noch in 2200—2400 m Höhe Lärchen- und Zirbelkieferbestände, in den südlichen Randgebieten der Alpen steigt der Wald etwa 2000 m hoch. Neben der Waldgrenze spricht man häufig noch von der Baumgrenze. Jeder Alpenwanderer kennt die Zone des Kampfes, in der die letzten Bäume stehen, verkrüppelt und vom Wetter zerzaust.

Mit der Wald- bzw. Baumgrenze beginnt landschaftsmäßig und ökologisch die alpine Stufe, der eigentliche Bereich der alpinen Flora. Auf den Krummholzgürtel mit höchstens noch zwei Meter hohen Holzgewächsen folgt die Region der Zwergsträucher, Almwiesen, Matten und schließlich die der Polsterpflanzen. Mit der klimatischen Dauerschneegrenze, in den Zentralalpen etwa bei 3100 m, setzt die nivale Stufe ein. Aber auch hier herrscht noch Leben, es macht selbst vor den höchsten Gipfeln nicht halt. Für viele Alpenpflanzen reicht die für das Wachstum günstige Zeit gar nicht aus, den gesamten Entwicklungsablauf von der Keimung bis zur Samenreife durchzumachen. Eine Höhenzunahme um 100 m verkürzt im allgemeinen die Vegetationszeit um 6—7 Tage. Deshalb sind 1- und 2-jährige Gewächse selten. Pflanzen, die in der Ebene 1-jährig sind, werden im Gebirge mehrjährig (Póa vulgáris), oder es tritt neben die Vermehrung durch Samen die vegetative Fortpflanzung durch Brutknöllchen (Polýgonum vivíparum, Lílium bulbíferum). Bei Póa vivípara wachsen die Ährchen zu Pflänzchen aus, die abfallen und als Stecklinge Wurzeln schlagen. Viele alpine Pflanzen treiben und blühen sehr früh, oder die Reifezeit der Samen ist kürzer als in der Ebene. Auf das Zusammenspiel und die Wirkung anderer Faktoren sei nur hingewiesen. So kommt dem Bodenrelief eine besondere Bedeutung zu, denn es ist nicht gleichgültig, unter welchem Winkel die Sonnenstrahlen auftreffen. Bodennahe Luftschichten erwärmen sich stärker; 20—30 cm über dem Erdboden ist es meist um einige Grad wärmer als in 2 m Höhe. Zwergsträucher, Polster- und Rasenpflanzen leben so in einem günstigen Mikroklima, viele von ihnen nutzen dazu

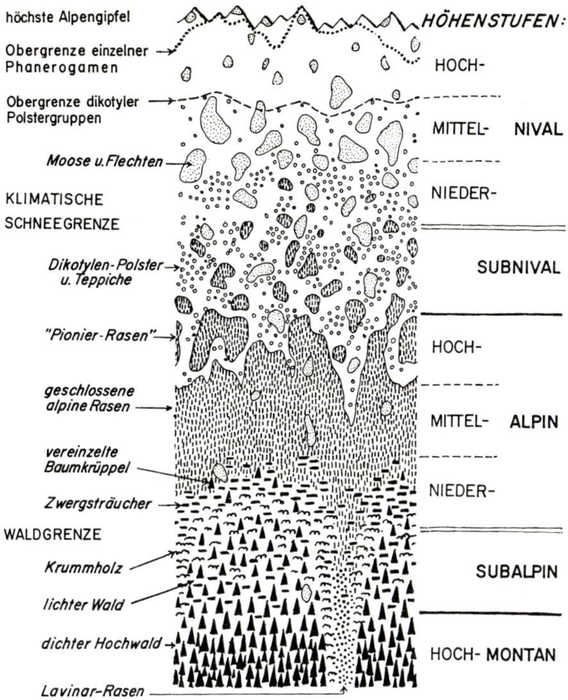

Schema des Formations-Mosaiks in der oberen montanen, subalpinen, alpinen, subnivalen und nivalen Stufe der Alpen. In Anlehnung an Reisigl und Pitschmann (1958); aus H. Ellenberg, Vegetation Mitteleuropas mit den Alpen. Eugen Ulmer, Stuttgart 1963.

noch die Wärmekapazität des Gesteins aus. Durch die dünnere Luft wird aber auch die Ausstrahlung des Bodens erhöht. Nachtfröste während der Vegetationszeit sind keine Seltenheit. Tiefe Nachttemperaturen verringern die Umwandlung des Assimilationszuckers in Stärke, der hohe Zuckergehalt erhöht andererseits die Kälteresistenz und fördert die Anthozyanbildung. Das ist der Grund, warum viele Alpenpflanzen blau oder rot überlaufen sind. Ebenso schützt Schnee vor dem Erfrieren. Unter einer mehrere dm hohen Schneedecke sinkt die Temperatur selten unter 0° C. Schnee erlaubt den Gasaustausch und ist bei nicht zu großer Mächtigkeit lichtdurchlässig. Die meisten alpinen Rasen bleiben unter dem Schnee immergrün (Futter für Gemsen und Steinböcke!).

Einer Erwähnung bedürfen auch die vom Menschen getätigten Eingriffe Holzeinschlag, Mahd, Weidewirtschaft oder mechanische Faktoren wie Wind, Feuer, Blitzschlag und Lawinen, die einen Standort oft tiefgreifend verändern können.

So sind die alpinen Pflanzen mit ein klassisches Beispiel für Anpassung und Abhängigkeit vom Standort.

Erklärung wichtiger Fachausdrücke

I. Das Blatt

A. Gliederung des Blattes

1 2 3 4 5

1 Blatt, a: Spreite, b: Stiel, c: Grund mit Nebenblättern (Nb); 2 Grasblatt, a: Spreite, b: offene Blattscheide, h: Blatthäutchen; 3 Blatt sitzend; 4 stengelumfassend; 5 herablaufend

B. Blattstellung

6 7 8 9

6 wechselständig: Blätter einzeln in ungleicher Höhe am Stengel; 7 gegenständig: 2 Blätter gegenüber in gleicher Höhe; 8 kreuzgegenständig: 2 aufeinanderfolgende Blattpaare kreuzen sich rechtwinklig; 9 wirtelig oder quirlständig: mehr als 2 Blätter in gleicher Höhe

C. Blattformen

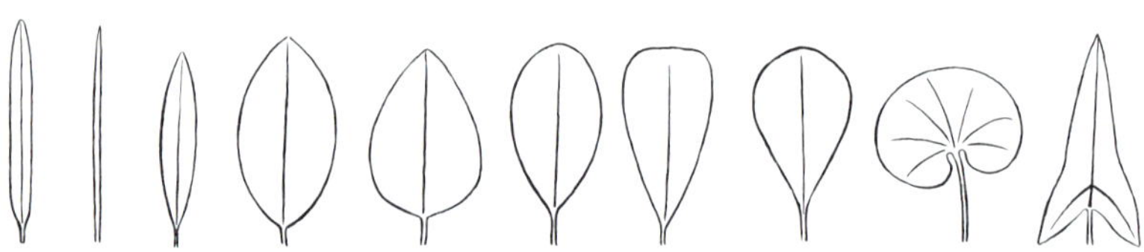

10 11 12 13 14 15 16 17 18 19

10 linealisch: Ränder fast parallel; 11 binsenförmig: lang und fast stielrund; 12 lanzettlich: an beiden Enden verschmälert; 13 elliptisch: etwa doppelt so lang wie breit;

14 eiförmig: wie 13, im unteren Teil am breitesten; 15 verkehrt-eiförmig: wie 13, im oberen Teil am breitesten; 16 keilig: nach dem Grunde zu geradlinig verschmälert; 17 spatelig: vorn abgerundet, nach dem Grunde zu verschmälert; 18 nierenförmig: meist breiter als lang, am Grunde ein tiefer, abgerundeter Einschnitt; 19 pfeilförmig: Zipfel des spitzen Einschnittes nach abwärts gerichtet

20

21

22

23

24

25

20 spießförmig: wie 19, Zipfel waagerecht abstehend; 21 dreizählig gefiedert: E = End-, F = Fiederblättchen; 22 unpaarig gefiedert: mit Endblättchen; 23 paarig gefiedert: ohne Endblättchen; 24 doppelt gefiedert: Fiederblättchen wieder gefiedert; 25 gefingert: Blättchen gehen alle von einem Punkte aus

D. Form des Blattrandes

26

27

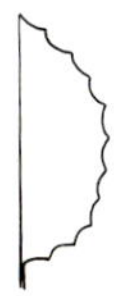

28

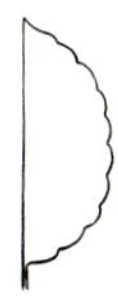

29

26 gesägt: Zähne spitz, bilden spitzen Winkel; 27 doppelt gesägt: Zähne mit Zähnchen; 28 gezähnt: Zähne spitz, bilden stumpfen Winkel; 29 gekerbt: Zähne stumpf, Winkel spitz

30

31

32

33

30 buchtig: Vorsprünge und Einbuchtungen abgerundet; 31 fiederspaltig: nicht zu tiefe Einschnitte laufen paarweise aufeinander zu; 32 fiederteilig: Einschnitte erreichen fast Mittelrippe; 33 handförmig: Einschnitte alle nach dem Grunde des Blattes gerichtet

II. Die Blüte

A. Blütenbau

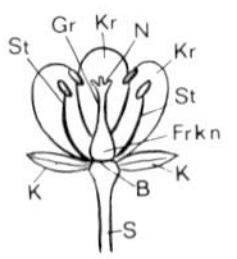

34

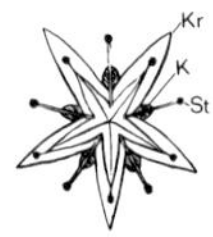

35

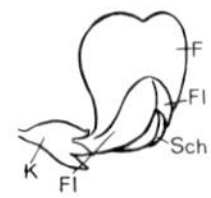

36

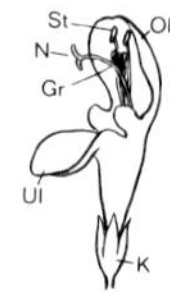

37

34 Blüte, S: Stiel, B: Boden, K: Kelch, Kr: Krone, St: Staubblätter, Frkn: Fruchtknoten, Gr: Griffel, N: Narbe; 35 regelmäßige, strahlige oder radiäre Blüte; 36 und 37 unregelmäßige Blüte: nur eine Schnittebene zerlegt die Blüte in zwei spiegelbildliche Hälften; 36 Schmetterlingsblüte, F: Fahne, Fl: Flügel, Sch: Schiffchen, K: Kelch; 37 Lippenblüte, Ol: Oberlippe, Ul: Unterlippe, sonst wie 34

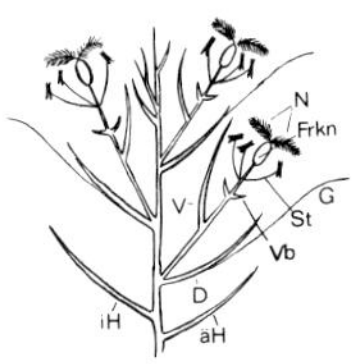

38

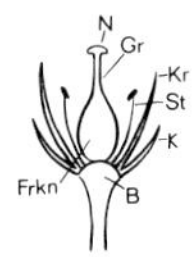

39

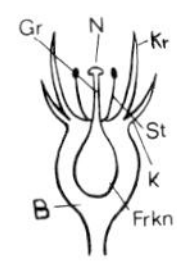

40

38 3-blütiges Grasährchen, äH und iH: äußere und innere Hüllspelze, D: Deckspelze mit G: Granne, V: Vorspelze, Vb: Vorblatt, sonst wie 34; 39 oberständiger und 40 unterständiger Fruchtknoten, sonst wie 34

B. Blütenstände

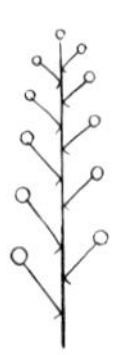
41

42

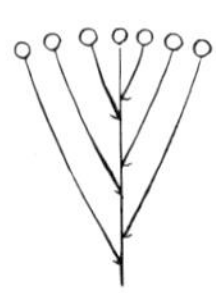
43

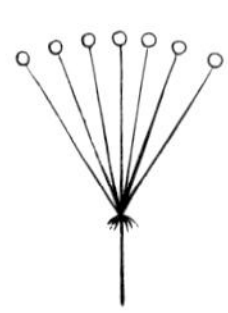
44

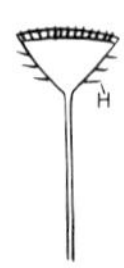

45

46

41 Traube: Hauptachse durchgehend, Blüten gestielt; 42 Ähre: Hauptachse durchgehend, Blüten sitzend; Kätzchen: wie Ähre, aufrecht oder hängend, meist als Ganzes abfallend; Zapfen: wie Ähre, nur ♀ Blüten, Achse und Tragblätter verholzend; 43 Doldentraube: Traube, alle Blüten fast in gleicher Höhe stehend; 44 Dolde: Hauptachse verkürzt, Blütenstiele entspringen alle in einem Punkt; 45 Körbchen:

Hauptachse verkürzt, am Ende verbreitert (Körbchenboden), darauf viele Blüten, Hochblätter (Hüllblätter) bilden eine Hülle H um das Körbchen; 46 Köpfchen: Hauptachse verkürzt und dick, viele Blüten sitzend oder sehr kurz gestielt

47

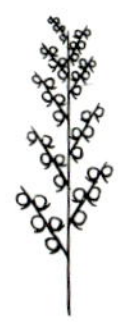

48

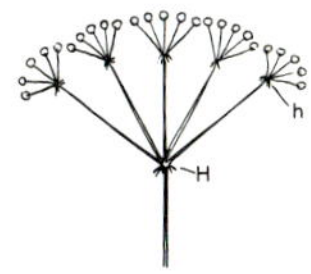

49

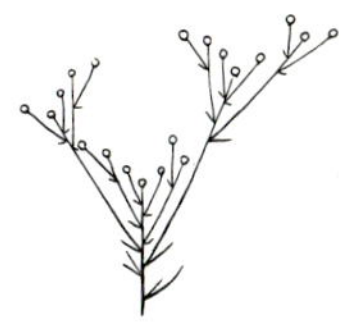

50

47 Rispe: Traube, Seitenachsen verzweigt und mehrblütig; 48 zusammengesetzte Ähre: an Stelle der Einzelblüte jeweils ein mehrblütiges Ährchen (Gräser!); 49 zumengesetzte Dolde: Dolde, ihre Doldenstrahlen mit kleineren Dolden, den Döldchen, Tragblätter der Dolde = Hülle H, die der Döldchen = Hüllchen h; 50 Spirre: rispiger Blütenstand, die unteren Zweige übergipfeln die oberen

III. Die Frucht

51

52

53

51 Hülse: öffnet sich an den beiden Verwachsungsnähten (Schmetterlingsblütler!); 52 Schote (mindestens 3mal so lang wie breit) und 53 Schötchen (höchstens 3mal so lang wie breit) springen mit 2 Klappen auf. Auf dem Fruchtstiel bleibt eine zarte Scheidewand stehen, an deren Rändern die Samen sitzen

Nacktsamige Pflanzen (Gymnospérmae)

Blüten ohne Hülle und Fruchtknoten. Samen frei auf dem Fruchtblatt. Holzpflanzen, meist einhäusig und immergrün. Blätter nadel- oder schuppenförmig.

Nadelhölzer (Coniférae)

Blüten in Kätzchen oder Zapfen; ♀ Zapfen meist groß, später verholzend.

Eibe, *Táxus baccáta.* — Zweihäusig. Samen schwarzbraun mit scharlachrotem Mantel. Baum oder Strauch. Nadeln einzeln, flach, gescheitelt, os dunkelgrün, glänzend, us hellgrün, matt. III—IV. Bis 15 m. — Im Unterholz schattiger Wälder bis 1600 m; selten. GIFTIG! Samenmantel giftfrei. △

Lärche, *Lárix decídua.* — ♀ Blütenzapfen klein, purpurrot. Reife Zapfen aufrecht, hellbraun, eiförmig. Baum. Hauptäste fast horizontal, Nebenäste hängend. Nadeln weich, hellgrün, zu 25—64 gebüschelt, im Herbst abfallend. IV—VI. Bis 50 m. — In Wäldern bis 2400 m; verbreitet. Besonders in den Zentralalpen, wo sie mit der Zirbelkiefer den obersten Waldgürtel bildet.

Bergkiefer, *Pínus múgo.* — ♂ Blüten goldgelb, ♀ dunkelrot. Junge Zapfen aufrecht, violett, ältere abstehend, glänzend braun. Rinde grauschwarz, nicht abblätternd. Je 2 Nadeln in schwärzlicher Scheide. V—VI. △

Spirke, *ssp. arbórea.* — Krone kegelförmig, einstämmig. Bis 25 m. — In Wäldern der W-Alpen von 1400—2000 m bis zum Inn und Berchtesgaden; kalkhold; bestandbildend.

Legföhre, Latsche, Knieholz, Krummholz, *ssp. prostráta.* — Mehrstämmig, niederliegend. Bis 3 m. — An trockenen Steilhängen, Felsbändern und Geröllhalden der O-Alpen bis zum Genfer See bis 2500 m; verbreitet; bestandbildend, oft zusammen mit Alpenrosen.

Zirbelkiefer, Arve, *Pínus cémbra.* — Zapfen kurzgestielt, 5—8 cm lang, 3—5 cm dick. Unreif violett, reif zimtbraun. Samen (Zirbelnüsse) eßbar. Baum, nie strauchig. Krone pyramidenförmig, später oft mehrgipflig. Nadeln 5—9 cm lang, 3-kantig, meist 5 zusammen. VI—VII. Bis 18 m. — An Berghängen von 1200—2850 m; kalkmeidend; verbreitet. Nur in trocken-warmem Klima, oft angepflanzt. △

Schwarzkiefer, *Pínus nigra.* — Zapfen sitzend, glänzend gelbbraun. Rinde grauschwarz, tief rissig. Nadeln 8—15 cm lang, dunkelgrün, 2 in einer Scheide. V—VI. Bis 30 m. — Bis 2000 m; kalkhold; waldbildend in den N- und SO-Alpen.

Weißtanne, *Ábies álba.* — Blütenzapfen hellgrün. Reife Zapfen aufrecht, zerblättern auf dem Baum, Spindeln bleiben stehen. Deck- länger als Fruchtschuppe. Rinde weißlich, glatt. Nadeln einzeln, flach, 2-reihig, us 2 weiße Streifen. V—VI. Bis 50 m. — Bis 2000 m; waldbildend. Häufige Erkrankungen: Mistel, Hexenbesen.

Fichte, Rottanne, *Pícea ábies.* — Reife Zapfen hängend, fallen als Ganzes ab. Rinde rotbraun. Nadeln 4-kantig, um den Zweig herumstehend. IV—VI. Bis 50 m. — Bis 2000 m; waldbildend.

Fichte
Weißtanne
Eibe ♀
Lärche
Zirbelkiefer
Schwarzkiefer
Bergkiefer

Zwergwacholder, *Juníperus sibírica.* — Zweihäusig. Blüten: ♀ unscheinbar, knospenähnlich, grün, ♂ 3—4 mm lange Kätzchen. Beerenzapfen blaubereift, 4—9 mm. Stengel niederliegend. Zweige kurz, dick, sparrig. Nadeln zu 2—3 quirlig, einwärts gekrümmt, wenig oder nicht stechend. *(J. commúnis:* Nadeln gerade abstehend, stechend.) V—VI. Bis 1 m. — An steinigen, sonnigen Abhängen und auf mageren Waldböden von 1600—3000 m; häufig. △

Sadebaum, *Juníperus sabína.* — Blätter teils nadel-, teils schuppenförmig. Beerenzapfen 5—6 mm dick, schwarzbraun, hängend. Zweige riechen zerrieben unangenehm! — An trockenen Felshängen bis 3000 m; zerstreut. GIFTIG!

Bedecktsamige Pflanzen (Angiospérmae)

Fruchtblätter zum Fruchtknoten verwachsen, der die Samenanlagen einschließt. Fruchtknoten mit Griffel oder wenigstens mit Narbe.

Einkeimblättrige Pflanzen (Monocotyledóneae)

Samen keimen mit nur 1 Keimblatt. Laubblätter oft ohne Stiel, einfach, ganzrandig, parallelnervig, langgestreckt, ohne Nebenblätter, aber oft mit Scheide. Blüten meist 3-zählig. Kelch und Krone oft gleich gestaltet und gleich gefärbt (Perigon).

Echte oder Süßgräser (Gramíneae)

Blüten ohne Hülle, von sog. Spelzen umgeben. Hüll- und Deckspelzen können begrannt sein, Vorspelzen nie begrannt. 1 bis viele Blüten in Ährchen vereinigt. Halm rund, hohl, knotig. Blatt mit Scheide, die den Halm umschließt. Blattscheiden fast immer offen. Am Grunde der Spreite ein zartes Blatthäutchen (Ligula).

Blaugras, *Sesléria coerúlea.* — Ährchen bläulich, 2—3-blütig. Scheinähre eilänglich, 0,5—2 cm lang. Deckspelze mit 2—4 borstlichen Zähnen, kurze Granne. Stengel am Grunde mit verwitterten Blattscheiden. Blätter 1—4 mm breit, plötzlich zugespitzt. Pfl. bildet lockere Horste. III—VIII. 10—40 cm. — An trockenen Hängen bis 3000 m; kalkhold; häufig.

Zweizeiliges Kopfgras, *Sesléria dísticha.* — Ährchen grünlich, blau gescheckt, oft goldig, 3—6-blütig. Rispe streng 2-zeilig, 1—1,5 cm lang. Mittelrippe der Deckspelze kurzstachelig. Stengel dünn, steif. Blätter haarfein, borstlich. Pfl. bildet dichte Horste. VII—IX. 10—20 cm. — Auf Felsen und Matten von 1900—3300 m; kalkmeidend; zerstreut.

Bunter Wiesenhafer, *Avéna versícolor.* — Ährchen violett, braun und gelb gescheckt, 5—6-blütig. Staubbeutel rot. Granne dunkel, bis 1 cm lang. Rispe kurz. Blätter linealisch, weißrandig. Pfl. rasenbildend. VII—VIII. 15—50 cm. — Auf kurzrasigen Wiesen von 1530—3000 m; kalkmeidend; verbreitet.

Alpen-Straußgras, *Agróstis alpína.* — Ährchen rotbraun, 1-blütig, 3,5—4 mm lang. Deckspelze am Grunde begrannt, an der Spitze 2-borstig. Rispenäste und -stiele rauhhaarig. Stengel mit 1—2 meist borstigen Blättern. Pfl. zierlich, lockerrasig. VII—IX. 10—30 cm. — Auf Matten und an grasigen Felshängen von 1600—3000 m; verbreitet.

Felsen-Straußgras, *Agróstis rupéstris.* — Ährchen grün, 2—3 mm lang. Deckspelze unterhalb der Mitte auf dem Rücken begrannt. Rispenäste und -stiele glatt. Pfl. bildet Horste. VII—VIII. 5—20 cm. — Auf Weiden und an felsigen Abhängen von 1800—3000 m; kalkmeidend; verbreitet.

Sadebaum
Zwergwacholder ♀
Blaugras
Bunter
Wiesenhafer
Felsen-
Straußgras
Zweizeiliges
Kopfgras
Alpen-Straußgras
Wil

Alpen-Lieschgras, *Phléum alpinum.* — Ährenrispe trübviolett, dick, wollig, bis 7 cm lang. Hüllspelzen so lang oder kürzer als die bis 3 mm lange Granne. Blätter flach, oberste Blattscheide stark aufgeblasen. VI—IX. 15—30 cm. — Auf Weiden und an feuchten Stellen bis 2900 m; verbreitet.

Rauhes Lieschgras, *Phléum hirsútum.* — Ährenrispe weißgrün, bis 7 cm lang. Granne der Hüllspelze 1—2 mm lang. Stengel mit kurzen Ausläufern. Blätter flach, linealisch. VII—VIII. 30—60 cm. — Auf sonnigen, steinigen Wiesen und Halden bis 2400 m; kalkhold; verbreitet.

Borstengras, *Nárdus stricta.* — Ährchen schieferblau, später gelb, 1-blütig. Ohne Hüllspelzen, Deckspelzen begrannt. Ähre einseitswendig, schmächtig. Stengel dünn, steif. Blätter steifborstlich. Pfl. graugrün, dichte Horste. V—VI. 10—30 cm. — Auf feuchten, moorigen Wiesen bis 3000 m; kalkmeidend; zerstreut.

Gemsenschwingel, *Festúca rupicaprína.* — Ährchen rotviolett, 3—5-blütig, 6 mm lang. Deckspelze kurz begrannt. Halm oberwärts kantig. Blätter borstlich, weich, lebhaft grün. Blattscheiden bis über 1/2 geschlossen. VII—VIII. 10—20 cm. — Auf Weiden, Matten und Felsen von 1600—3000 m; kalkhold; verbreitet.

Schöner Schwingel, *Festúca pulchélla.* — Ährchen meist braunrot, 3—4-blütig, 6 bis 8 mm lang, verkehrt-eiförmig, flach. Rispe abstehend, Spitze überhängend. Blätter 0,5—4 mm breit, Blattscheiden über 1/2 geschlossen. VI—IX. 20—50 cm. — Auf feuchten Matten und Schutt von 1500—2700 m; kalkhold; verbreitet.

Alpen-Rispengras, *Póa alpína.* — Ährchen grüngelb oder rotviolett, 5—10-blütig, meist vivipar (anstelle der Blüten kleine Pfl.). Rispenäste zur Blütezeit weit abstehend. Stengelgrund durch Blattscheiden zwiebelig verdickt. Blätter lang, schlaff, breit-linealisch, kurz zugespitzt. Pfl. grasgrün. V—IX. 3—50 cm. — Auf Geröllhalden und fetten Weiden von 1400—2500 m; verbreitet.

Ried- oder Sauergräser (Cyperáceae)

Blütenhülle fehlend, borsten- oder fadenförmig. Blüten in Ährchen oder Köpfchen, oft eingeschlechtig. Halm im Gegensatz zu den Süßgräsern meist nicht hohl, 3-kantig, ohne Knoten. Blattscheiden geschlossen. Bei der Gattung *Carex* ist der Fruchtknoten von dem verwachsenen Vorblatt („Schlauch") eingeschlossen.

Krumme Segge, *Cárex cúrvula.* — 1 endständiges Ährchen, dunkelbraun, eiförmig, oben ♂, unten ♀, 3 Narben. Hüllblätter klein. Stengel aufrecht. Blätter borstenförmig, Enden abgestorben, gelblich, lockig gekrümmt. Pfl. dicht ebenrasig, bestandbildend. VII—VIII. 3—20 cm. — Auf trockenen oder sumpfigen Hängen von 1750 bis 3000 m; kalkmeidend; verbreitet.

Immergrüne Segge, Horstsegge, *Cárex sempérvirens.* — 2—3 ♀ Ährchen, stets aufrecht, lockerfrüchtig, 3 Narben. 1 ♂ Ährchen, endständig, langgestielt. Stengel am Grunde mit braunem Faserschopf. Blätter kürzer als glatter Halm. Pfl. dicht horstförmig, bestandbildend. VI—VIII. 10—50 cm. — Auf Magerwiesen, Schutthalden, an sonnigen, trockenen Hängen von 1700—3000 m; verbreitet.

Rost-Segge, *Cárex ferruginea.* — 2—4 ♀ Ährchen auf dünnem Stiel nickend, 3 Narben. 1 ♂ Ährchen endständig. Halm fast rund, schlaff. Lange Ausläufer mit rostroten Blattscheiden. Blätter schmal-linealisch, schlaff, dunkelgrün. Unterste Blätter kurz, breit, stummelig. VI—IX. 30—60 cm. — Auf feuchten, steinigen Matten, in Legföhren- und Grünerlengebüsch bis 2680 m; häufig.

Alpen-
Lieschgras
Rauhes
Lieschgras
Alpen-Rispengras
Borstengras
Immergrüne
Segge
Krumme Segge
Rost-
Segge
Gemsenschwingel
Schöner
Schwingel

Schwärzliche Segge, Trauersegge, *Cárex atráta.* — 3—5 ♀ Ährchen, 3 Narben. Endständiges Ährchen oben ♀, unten ♂, alle dick, kurz. Deckspelzen schwarzviolett mit grünem Mittelstreifen. Stengel aufrecht, oben scharf 3-kantig. Blätter 3—7 mm breit, steif, grasgrün. Pfl. rasenbildend oder kurze Ausläufer. VI—VIII. 15—50 cm. — Auf Weiden, in Felsritzen, zwischen Geröll und Legföhrengebüsch von 1600—3100 m; kalkhold; verbreitet.

Polstersegge, *Cárex firma.* — 2 armblütige ♀, 1 endständiges ♂ Ährchen. Stengel stumpf 3-kantig, fast blattlos. Blätter rosettig, waagerecht abstehend oder dem Boden angedrückt, graugrün. Pfl. bildet derbe, halbkugelige Polster. VI—VIII. 5—20 cm. — Zwischen Geröll von 1600—3000 m; kalkhold; verbreitet.

Haarfeine Segge, *Cárex capilláris.* — 2 ♀ Ährchen fast gegenständig und endständiges ♂ Ährchen überragend, oft nickend. Stiele dünn. Deckspelzen hellbraun, weißhäutig berandet. Stengel glatt, dünn, fast rund. Blätter starr, schmal, spitz, kürzer als Stengel. Pfl. zierlich, rasenbildend, ohne Ausläufer. V—VII. 5—30 cm. — An Felsen und quelligen Hängen bis 2900 m; verbreitet.

Scheuchzers Wollgras, *Erióphorum scheúchzeri.* — 1 Ährchen endständig, kurzstielig. Perigonborsten nach der Blüte in Wollhaare auswachsend. Stengel rund, mit Ausläufern. Halmblätter etwas rinnig, oberste Blattscheide wenig aufgeblasen. VII—VIII. 10—35 cm. — An Tümpeln und Gräben von 1500—2600 m; zerstreut. Trägt zur Verlandung bei!

Binsengewächse (Juncáceae)

Einzelblüten unscheinbar, Perigon trockenhäutig. 6 Staubblätter, 1 Griffel mit 3 gewundenen Narben. Blütenstand meist eine Spirre. — *Juncus:* Stengel und Blätter stielrund. *Luzula:* Stengel stielrund, Blätter grasartig, oft zottig.

Jacquins Binse, *Júncus jacquínii.* — Blüten glänzend schwarzbraun, Staubbeutel schwefelgelb, Narben rot, korkenzieherartig. Spirre dicht, kopfig, 1—3 cm lang, gestielt. Hüllblätter deshalb von Spirre entfernt. Pfl. dichtrasig, borstiges Aussehen wegen der steifen, zahlreichen Stengel. VII—X. 10—25 cm. — An feuchten Orten von 1500—3000 m; kalkmeidend; zerstreut.

Dreispaltige Binse, *Júncus trífidus.* — Blüten kastanienbraun. Spirre 2—4-blütig. Hüllblätter 2—3, bis 10 cm lang, rinnig, überragen Spirre, an Ursprungsstelle ein geschlitztes Öhrchen. Stengel fadenförmig. Blätter schmal-rinnig. Pfl. bildet dichte, feste Horste. VII—VIII. 8—25 cm. — An Felsen, trockenen Halden, zwischen Geröll von 1700—3100 m in den Zentralalpen; kalkmeidend; verbreitet.

Einblütige, dreispaltige Binse, *ssp. monánthos.* — Hüllblätter kurz, Spirre meist 1-blütig. — In den O-Alpen verbreitet; kalkhold.

Dreispelzige Binse, *Júncus triglúmis.* — Blüten rotbraun, ± kurzgestielt, Narben rötlich. Köpfchen endständig, 3—5-blütig. Hüllblätter kürzer als Köpfchen, dicht angedrückt. Stengel steif, nur am Grunde mit Blättern, aber Blattspreiten und -scheiden hoch hinaufgehend. Blätter fast stielrund, am Grunde rinnig. Pfl. lockerrasig. VII—IX. 6—15 cm. — An feuchten Stellen, Sumpfwiesen und Flachmooren von 1300—2800 m; kalkmeidend; zerstreut.

Gelbe Hainsimse, *Lúzula lútea.* — Blüten gelb. Spirre endständig, Äste dünn. Stengel aufsteigend. Blätter kurz, lineal-lanzettlich, fast kahl bis schwach gewimpert, bläulichgrün. Blattscheiden graubraun bis rot. Pfl. lockerrasig. VII—VIII. 10 bis 20 cm. — Auf Weiden, zwischen Geröll von 1800—3200 m in den W- und Zentralalpen bis Tirol; kalkmeidend; zerstreut.

♂
♀
Scheuchzers Wollgras
Gelbe Hainsimse
Jacquins Binse
♂
♀
Dreispaltige Binse
Schwärzliche Segge
Haarfeine Segge
Dreispelzige Binse
Polstersegge
Wil

Braune Hainsimse, *Lúzula alpino-pilósa.* — Blüten kastanienbraun, meist zu 4. Spirre locker, länger als Hüllblätter. Blätter linealisch, 1—8 mm breit, am Rande spärlich bewimpert. Pfl. lockerrasig. VII—VIII. 10—25 cm. — Auf feuchtem Rasen, Geröllhalden, in Schneetälchen von 1200—3100 m; kalkmeidend; zerstreut.

Ährige Hainsimse, *Lúzula spicáta.* — Blüten braun bis kastanienbraun, 2—2,5 mm groß. Inneres Perianth stachelspitzig. Scheinähre bis 1 cm lang, oft knickend. Stengel dünn. Blätter 1—1,5 mm breit, rinnig, an der Scheidenmündung büschelig bewimpert. Pfl. dichtrasig. VI—VIII. 15—30 cm. — Auf Geröllhalden, feuchtem Rasen, an schattigen Felsen von 1450—3100 m; kalkmeidend; verbreitet.

Liliengewächse (Liliáceae)

Blüten meist groß, Blütenstand endständig. Perigon, 2 Staubblattkreise. Häufig mit Knollen, Zwiebeln oder Erdsprossen überwinternd.

Kelch-Liliensimse, *Tofiéldia calyculáta.* — Blüten gelblichweiß, 3—3,5 mm. Tragblätter lanzettlich. Traube zylindrisch. Stengel aufrecht, mitunter geschlängelt. Blätter schwertförmig, schmal, mehrnervig. Untere Stengelblätter gehäuft, obere ähnlich Tragblätter. VI—VIII. 10—30 cm. — Auf torfigen Wiesen, an quelligen Orten und steinigen Hängen bis 2600 m; kalkhold; verbreitet.

Sumpf-Liliensimse, *Tofiéldia pusilla.* — Tragblätter 3-lappig. Blätter grundständig, 3-nervig. — In Deutschland an der Reiteralpe, Berchtesgadener Alpen, Wetterstein (Weg zur Meiler Hütte); kalkmeidend; selten.

Weißer Germer, *Verátrum álbum.* — Blüten weiß oder gelblichgrün in Rispen. Stengel aufrecht, kräftig. Blätter wechselständig, tief längsgefaltet, us flaumig. VI—VIII. 50—150 cm. — Auf feuchten Wiesen, Flachmooren, in Hochstaudenfluren, bezeichnend für „Lägerflora" in der Umgebung der Sennhütten bis 2600 m; verbreitet. GIFTIG! (Pfl. vegetativ dem Gelben Enzian ähnlich; dieser hat aber gegenständige Blätter.)

Schneeweiße Trichterlilie, *Paradísia liliástrum.* — Blüten schneeweiß. Traube einseitswendig. Stengel aufrecht, unverzweigt. Blätter grundständig, grasartig. VI—VII. 30—50 cm. — Auf Matten, sonnigen Hängen, im Gebüsch von 1700—2400 m; zerstreut. In Deutschland fehlend; häufig in Südtirol, Autostraße zur Marmolata und am Gardasee, sonst W-Alpen bis Kärnten. △

Späte Faltenlilie, *Lloýdia serótina.* — Blüten weißlich, außen gelber Grund, innen 3 rötliche Streifen, meist einzeln. 2 grundständige, grasartige Blätter. Pfl. zierlich. VI—VIII. 7—10 cm. — Auf Matten, an Hängen von 1600—3100 m; kalkmeidend; zerstreut.

Allermannsharnisch, *Állium victoriális.* — Blüten weißlich, grünlichgelb, 3—5 mm. Scheindolde ± kugelig. Stengel aufrecht, unter der Mitte 2—3 breite, in kurzen Stiel verschmälerte Blätter. VII—VIII. 30—60 cm. — An kräuterreichen Stellen, unter Legföhren und auf Felsterrassen von 1700—2600 m; verbreitet.

Türkenbund-Lilie, *Lílium mártagon.* — Blüten hell purpurrot mit dunkleren Flecken, nickend. Perigonblätter aufwärts gerollt. Staubbeutel mennigrot. Traube 3—10-blütig. Stengel aufrecht, grün oder rot gefleckt. Obere und untere Blätter wechselständig, mittlere oft zu 5—6 quirlig, länglich zugespitzt. VII—VIII. 30—100 cm. — In krautreichen Wäldern, auf Fettwiesen und Matten zwischen Grünerlen und Alpenrosen bis 2000 m; kalkhold; zerstreut. △

Kelch-Liliensimse
Späte Faltenlilie
Braune Hainsimse
Ährige Hainsimse
Allermannsharnisch
Türkenbund-Lilie
Schneeweiße Trichterlilie
Sumpf-Liliensimse
Weißer Germer

Feuerlilie, *Lilium bulbiferum.* — Blüten leuchtend rot oder gelbrot, warzig rauh, geruchlos, aufrecht. Staubbeutel rot. Dolde 1—5-blütig. Stengel dicht beblättert, oben wollig flockig. Blätter wechselständig, linealisch, in den Achseln Brutknospen (bei einer südl. Rasse fehlend). V—VII. 20—90 cm. — Auf Wiesen, sonnigen Hängen, unter Alpenrosen bis 1900 m; zerstreut. In Deutschland wahrscheinlich ganz fehlend, Urwüchsigkeit umstritten. △

Knabenkrautgewächse (Orchidáceae)

Blüten 2-seitig. Perigon. Hinteres Blütenblatt des inneren Kreises, die Lippe, abweichend gestaltet, häufig mit Sporn. Durch Drehung des unterständigen Fruchtknotens um 180° kommt die Lippe nach vorn. Blütenstand ährig oder traubig, seltener 1-blütig. Blüten in Achseln von Tragblättern. Nur 1 oder 2 Staubblätter. Samen staubartig fein. Mit unterirdischer Grundachse oder Knolle überwinternd.

Frauenschuh, *Cypripédium calcéolus.* — Blüten schokoladenbraun, Lippe gelb bis goldgelb, schuhartig aufgeblasen. Stengel rundlich, 1—2(4)-blütig, am Grunde mit bräunlichen Schuppenblättern. Blätter breit-elliptisch, scheidig stengelumfassend. V—VII. 15—30 cm. — In lichten Wäldern bis 2000 m; kalkhold; selten. △

Rotes Waldvögelein, *Cephalanthéra rúbra.* — Blüten rosa oder rotlila, Lippe tief 3-lappig, von den zusammenneigenden Blumenblättern verborgen. Ähre 2—12-blütig. Tragblätter länger als Fruchtknoten. Stengel oberwärts kurzhaarig. Blätter länglich spitz. V—VI. 20—50 cm. — In trockenen Wäldern, an sonnigen, buschigen Abhängen bis 1800 m; kalkhold; zerstreut. △

Braunrote Sumpfwurz, *Epipáctis atrorúbens.* — Blüten rot bis violettbraun, nach Kakao duftend. Fruchtknoten ± flaumig, deutlich gestielt. Blätter etwas steif, eiförmig, zugespitzt, meist länger als Stengelglieder. Pfl. oft purpurn überlaufen. VI—VIII. 30 bis 60 cm. — In lichten Wäldern, an sonnigen, buschigen Hängen bis 2000 m; kalkhold; zerstreut. △

Großes Zweiblatt, *Lístera ováta.* — Blüten grünlich, Lippe tief gespalten. Traube vielblütig. Stengel nur mit 1 Paar fast gegenständiger elliptischer Blätter. V—VII. 20—50 cm. — In feuchten Laubwäldern, Gebüschen, auf Wiesen bis 2000 m; verbreitet. △

Zweiblättrige Kuckucksblume, *Platanthéra bifólia.* — Blüten weiß, stark duftend. Lippe ungeteilt, Sporn fädlich. Staubbeutelhälften ± parallel. Stengel aufrecht, hohl. Blätter kahl, hellgrün, glänzend, die 2 grundständigen Blätter oval-länglich, 1—3 Stengelblätter kleiner, tragblattartig. VI—VII. 20—45 cm. — In lichten Laubwäldern und Gebüschen bis 2300 m; zerstreut. △

Grüne Hohlzunge, *Coeloglóssum víride.* — Blüten grünlich, oft braunrot überlaufen. Blumenblätter helmförmig zusammengeneigt. Lippe 5—10 mm lang, herabhängend, 3-zähnig, Zähne 1—3 mm lang, stumpf. Sporn kurz, sackförmig, nach vorn gerichtet. Ähre locker. Stengel stumpfkantig. Blätter 3—5, eiförmig bis länglich, blaugrün. V—VI. 5—25 cm. — Auf kurzrasigen Wiesen bis 2700 m; zerstreut. △

Mücken-Händelwurz, *Gymnadénia conopéa.* — Blüten rotviolett, selten weiß, schwach unangenehm riechend. Lippe breiter als lang, 3 eiförmige, stumpfe, gleichlange Zipfel. Sporn fadenförmig, 1,5—2mal so lang wie Fruchtknoten. Stengel schlank, steif. Blätter lanzettlich, bläulichgrün. V—VIII. 25—60 cm. — Auf feuchten Wiesen und grasigen Hängen bis 2400 m; kalkhold; verbreitet. △

Rotes Waldvögelein
Braunrote Sumpfwurz
Mücken-Händelwurz
Zweiblättrige Kuckucksblume
Frauenschuh
Großes Zweiblatt
Grüne Hohlzunge
Feuerlilie
Wil

Wohlriechende Händelwurz, *Gymnadénia odoratíssima.* — Blüten hellrosa, violett oder weißlich, angenehm duftend. Lippe fast so breit wie lang, 3-spaltig, Mittelzipfel länger und spitzer. Sporn kürzer oder so lang wie Fruchtknoten. Stengel unten rund, oben kantig. Blätter fast 2-zeilig, schmal-lanzettlich, spitz, os etwas glänzend. VI—VIII. 15—30 cm. — Auf moorigen Wiesen, an feuchten Waldstellen bis 2200 m; kalkhold; zerstreut. △

Schwarzes Kohlröschen, *Nigritélla nígra.* — Blüten schwarzpurpurn, nach Vanille duftend. Lippe nach oben gestellt, so lang wie Perigonblätter. Sporn ca. 2 mm lang. Ähre gedrungen, ± kugelig bis eiförmig. Blätter zahlreich, grasartig, rinnig. VI—VIII. 8—20 cm. — Auf Bergwiesen bis 2500 m; kalkhold; zerstreut. △

Rosa Kohlröschen, *f. rósea.* — Blüten rosa. — An manchen Stellen vorherrschend. △

Weißzüngel, *Leucórchis álbida.* — Blüten weißlich, helmartig, klein, schwach duftend. Lippe 3-lappig, Mittellappen zungenförmig. Sporn abwärts gestellt, $^1/_2$—$^1/_3$ vom Fruchtknoten. Ähre walzlich, 2—6 cm lang. Tragblätter so lang oder länger als Fruchtknoten. Stengel steif aufrecht. Blätter länglich, eiförmig. VI—VIII. 10—30 cm. — Auf Wiesen und grasigen Abhängen bis 2300 m; kalkmeidend; zerstreut. △

Zwerg-Knabenkraut, *Chamórchis alpína.* — Blüten gelblichgrün bis braunrot, klein, helmartig. Lippe seicht 3-lappig, Mittellappen groß, ohne Sporn. Ähre sehr locker. Tragblätter linealisch, spitz, länger als Blüten. Stengel kantig. Blätter so lang wie Stengel, grasartig, rinnig. VI—VII. 6—12 cm. — Auf feuchten Weiden, steinigen Grasplätzen, in Felsspalten von 1900—2700 m; kalkhold; zerstreut. △

Kugel-Knabenkraut, *Traunsteinéra globósa.* — Blüten rosa, klein. Perigonblätter in eine vorn ± verbreiterte Spitze ausgezogen. Lippe dunkler punktiert, 3-lappig, Mittellappen größer, Sporn walzlich, $^1/_2$—$^1/_3$ vom Fruchtknoten. Ähre zuerst pyramidenförmig, dann ± kugelig. Stengel aufrecht, Stengelgrund mit 2—3 Blattscheiden. Blätter aufrecht abstehend, langscheidig, ungefleckt. V—VIII. 15—50 cm. — Auf feuchten Wiesen, in Krummholzgebüsch von 1000—2450 m; zerstreut. △

Zweikeimblättrige Pflanzen (Dicotyledóneae)

Samen keimen mit 2 Keimblättern. Laubblätter meist in Stiel und Spreite gegliedert, oft mit Nebenblättern, häufig zerteilt, netznervig. Blüten meist 5-zählig.

Kronenlose (Apétalae)

Blütenhülle unscheinbar (Ausnahme: Nelkengewächse), einfach (dann meist kelchartig), doppelt (dann beide Kreise gleichartig) oder fehlend, getrenntblättrig.

Weidengewächse (Salicáceae)

Blüten nackt, in Kätzchen, 2-häusig. Tragblätter schuppenartig. Samen mit Haarschopf. Holzpflanzen. Blätter wechselständig, Nebenblätter klein, bleibend oder abfallend.

Netzadrige Weide, *Sálix reticuláta.* — Kätzchen endständig, bis 3,5 cm lang, dünn zylindrisch, langgestielt. Tragblätter und unreife Staubbeutel rot. Stengel dem Boden anliegend, wurzelnd. Blätter langgestielt, elliptisch bis rundlich, am Rande umgerollt, ca. 3 cm lang, 2 cm breit, us weißlich, Adernetz stark hervortretend. VII—VIII. 10—40 cm. — An feuchten Felshängen, zwischen Geröll von 1300—3185 m; kalkhold; zerstreut.

Weißzüngel
Schwarzes Kohlröschen
Zwerg-Knabenkraut
Wohlriechende Händelwurz
Kugel-Knabenkraut
Netzadrige Weide
Wil

Krautige Weide, *Sálix herbácea.* — Kätzchen endständig, kopfig, 4—12-blütig. Tragblätter grünlichgelb. Staubbeutel unreif purpurrot, beim Verstäuben goldgelb. Stengel unterirdisch, nur die krautigen Zweigspitzen über der Erde. Blätter fast rund, fein gekerbt, beidseitig hellgrün. VI—VIII. 1—8 cm. — Auf feuchten Hängen, Rasen und in Schneetälchen von 1600—3350 m; verbreitet.

Stumpfblättrige Weide, *Sálix retúsa.* — Kätzchen endständig, eiförmig, 1—10-blütig. Stengel kriechend, knorrig gedreht, Zweige dunkel, wurzelnd. Blätter 5—15 mm lang, 2—6 mm breit, kurz gestielt, verkehrt-eiförmig bis spatelig, beidseitig grün, im Herbst goldgelb. VI—VIII. 10—30 cm. — Auf feinschuttreichen Schneeböden und an feuchten Felsen von 1700—2500 m; verbreitet.

Quendelblättrige Weide, *ssp. serpyllifólia.* — Wie vorige, aber kleiner, knorriger, dichtrasig. Blätter 4—8 mm lang, bis 3 mm breit. — Auf Schutt, an Felsblöcken; kalkhold; verbreitet.

Bäumchenweide, *Sálix waldsteiniána.* — Kätzchen seitenständig. Tragblätter behaart. Staubbeutel violettbraun, später gelb. Dichtbuschig, Äste warzig. Blätter 2—6 cm lang, 0,5—3 cm breit, elliptisch, gezähnelt, beidseitig zugespitzt, os dunkel-, us matt blaugrün. VI—VII. 10—50 cm. — An feuchten, steinigen Hängen von 1700—2700 m; zerstreut.

Birkengewächse (Betuláceae)

Grünerle, *Álnus víridis.* — ♂ Kätzchen lang walzlich, hängend; ♀ an diesjährigen Zweigen, mit Blättern aufblühend. Knospen ungestielt. Strauch vielästig, einhäusig. Blätter eiförmig-spitz, doppelt gesägt, herb duftend, us auf Nerven kurzhaarig. V—VI. 50—250 cm. — An schattigen, feuchten Abhängen von 1500—2430 m; kalkmeidend; zerstreut, aber bestandbildend. Vertritt auf Urgestein das Legföhrengebüsch.

Hopfenbuche, *Ostrýa carpinifólia.* — ♂ Blüten nackt, Staubfäden 2-teilig, ♀ Zäpfchen hängend, zuletzt hopfenähnlich. Baum oder Strauch. Blätter eiförmig, zugespitzt, gesägt, mit 11—19 Seitennervenpaaren. IV—VI. Bis 15 m. — Auf trockenen, warmen Hängen, an Felsen in den S- und SO-Alpen bis 1300 m; kalkhold; verbreitet.

Buchengewächse (Fagáceae)

Echte Kastanie, *Castánea satíva.* — ♂ Kätzchen aufrecht, dünn, walzlich, gebüschelt, bis 20 cm lang. ♀ Blüten am Grunde der ♂ Kätzchen. Fruchtbecher holzig, stachelig, mit 1—3 Früchten. Blätter 10—20(25) cm lang, bis 8 cm breit, scharf gesägt, derb, glänzend, wechselständig. VI. Bis 25 m. — Auf Weiden und steinigen Böden der S-Alpen bis 1200 m; kalkmeidend; verbreitet, oft kultiviert.

Leinblattgewächse (Santaláceae)

Alpen-Leinblatt, *Thésium alpínum.* — Blüten grün- bis weißlich. Hülle verwachsen, 4-zipflig, nach dem Verblühen an der Spitze eingerollt. Blüten mit 1 Trag- und 2 Vorblättern, sitzen auf Tragblättern. Rispe einseitswendig. Stengel aufsteigend. Blätter schmal-linealisch, 1-nervig. Pfl. erst gras-, dann gelbgrün. VI—VII. 10—25 cm. — Auf Weiden, kurzrasigen Abhängen und in lichten Wäldern bis 3000 m; zerstreut. Halbschmarotzer, sitzen mit Saugwärzchen auf den Wurzeln der Wirtspflanzen.

Quendelblättrige Weide
Krautige Weide
Bäumchenweide
Stumpfblättrige Weide
♂
♂
Hopfenbuch
♀
♀
Grünerle
♀
♂
♀
Alpen-Leinblatt
Echte Kastanie
Wil

Knöterichgewächse (Polygonáceae)

Blüten klein, 3—6-zählig. Frucht 2- oder 3-kantig, oft geflügelt. Stengel knotig. Blätter wechselständig, ungeteilt. Blattscheide tutenförmig und stengelumfassend.

Knöllchenknöterich, *Polýgonum vivíparum.* — Blüten weiß bis rosarot. Ähre unterwärts mit dunkelbraunen Brutknospen. Stengel unverzweigt, aufrecht. Blätter lanzettlich, am Rande umgerollt. VI—VIII. 15—25 cm. — Auf Wiesen, steinigen Matten, in Schneetälchen von 1000—3000 m; zerstreut.

Schlangenknöterich, *Polýgonum bistórta.* — Blüten rosarot, selten weiß. Scheinähre dicht, walzlich, bis 9 cm lang. Stengel aufrecht, Grundachse dick, schlangenartig. Blätter länglich-eiförmig, us bläulichgrün, Blattstiel geflügelt. Obere Blätter mit herzförmigem Grund sitzend. V—VII. 30—100 cm. — Auf feuchten Wiesen und im Umkreis von Sennhütten bis 2500 m; verbreitet.

Alpen-Sauerampfer, *Rúmex alpínus.* — Blüten grünlich, Rispe stark verzweigt. Stengel aufrecht, gefurcht. Grundständige Blätter sehr groß, bis 50 cm lang, 20 cm breit, rundlich-herzeiförmig, am Rande etwas wellig. Blattstiel os rinnig, Blattscheide groß, weißlich. VI—VIII. Bis 2 m. — „Lägerflora", um Sennhütten, in feuchten, nitratreichen Böden von 1200—2640 m; zerstreut.

Schildblättriger Ampfer, *Rúmex scutátus.* — Blüten grünlich, hängend, Stiele zart. Stengel zu mehreren aufrecht, oft etwas hin- und hergebogen. Blätter langgestielt, rundlich-spießförmig, blaugrün. V—VII. 10—50 cm. — Auf Geröllhalden, in Fels spalten, an sonnigen, steinigen Abhängen bis 2750 m; zerstreut.

Alpen-Säuerling, *Oxýria dígyna.* — Ähnlich voriger Art, aber Blüten 4-zählig (vorige 6-zählig), Frucht 2-flügelig, Flügel anfangs lichtgrün oder hellrot, später blutrot. Stengel ohne Blätter. Grundständige Blätter langgestielt, nierenförmig, ausgerandet. VI—VII. 5—15 cm. — Auf feuchten Schutthalden und Schneeböden von 1700 bis 3400 m; kalkmeidend; zerstreut.

Nelkengewächse (Caryophylláceae)

Kelchblätter frei oder verwachsen. Kronblätter 4, 5, 10 oder fehlend. Krone zuweilen mit Nebenkrone, Kelch mit Außenkelch. Stengel oberwärts gabelig verzweigt. Blätter gegenständig oder quirlig, ungeteilt, meist schmal.

A. Kelchblätter röhrenförmig oder glockig verwachsen, 5—6-zipflig.

Rotes Seifenkraut, *Saponária ocimoides.* — Blüten hellrot. Trugdolde locker. Krone mit 2-zähniger Nebenkrone. Kelch walzlich, rotbraun, drüsig. Stengel niederliegend bis aufsteigend, drüsig. Blätter verkehrt-eiförmig, in kurzen Blattstiel verschmälert. V—X. 10—35 cm. — Auf felsigen, sonnigen Hängen und Geröllhalden bis 2000 m; zerstreut. In den NO-Alpen fehlend.

Niedriges Seifenkraut, *Saponária pumílio.* — Blüten rot, groß. Nebenkrone 2-spitzig. Kelch aufgeblasen, kurzzottig, grün, oft rot überlaufen. Stengel kurz, 1-blütig. Blätter linealisch, nach vorn verbreitert. Pfl. dicht polsterförmig. VII—IX. Bis 4 cm. — Auf Matten und Erdabrissen von 1900—2600 m in den O-Alpen, Dolomiten und Sarntaler Alpen; kalkmeidend; zerstreut.

Stengelloses Leimkraut, *Siléne acaúlis.* — Blüten rot, später verblassend. Stengel kurz, 1-blütig. Blätter linealisch. Pfl. dicht polsterförmig, reichblütig. VI—IX. 1—2 cm. — Auf steinigen Weiden, felsigen Hängen, in Felsspalten von 1550—3600 m; verbreitet. △

Knöllchenknöterich
Schlangenknöterich
Alpen-Sauerampfer
Rotes Seifenkraut
Niedriges Seifenkraut
Alpen-Säuerling
Schildblättriger Ampfer
Stengelloses Leimkraut
Wil

Felsen-Leimkraut, *Siléne rupéstris.* — Blüten milchweiß bis rosarot. Kronblätter ausgerandet. Stengel aufsteigend. Blätter lanzettlich. Pfl. blaugrün. VII—VIII. 10 bis 25 cm. — In trockenen Felsspalten und auf Magerwiesen von 1600—2800 m; kalkmeidend; verbreitet.

Alpen-Pechnelke, *Viscária alpína.* — Blüten hellrot mit Nebenkrone. Kronblätter 2-spaltig. Blütenstand dicht kopfig. Stengel aufrecht, nicht klebrig, mit Blättern und Blattrosette. Blätter lanzettlich, sitzend, am Grunde etwas bewimpert. Pfl. kahl, rasig. VII—VIII. 5—15 cm. — Auf trockenen Weiden und zwischen Geröll von 1900 bis 3100 m in den W- und Zentralalpen; kalkmeidend; selten.

Kriechendes Gipskraut, *Gypsóphila répens.* — Blüten weiß oder rötlich. Kronblätter ausgerandet. Kelch 5-spaltig mit trockenhäutigen Streifen. Stengel kriechend oder aufsteigend. Blätter etwas fleischig, linealisch, spitz. Pfl. kahl, blaugrün, rasenbildend. V—VIII. 8—25 cm. — Zwischen Geröll und Felsen, auf steinigen Matten von 1800 bis 2700 m; kalkhold; verbreitet.

Vierzähniger Strahlensame, *Heliospérma quadridentátum.* — Blüten weiß, selten rosa. Nebenkrone kurz, 2-lappig. Kronblätter 4-zähnig. Stengel aufrecht, obere Stengelglieder und Blütenstiele klebrig. Blätter schmal-linealisch. VI—IX. 5—20 cm. — An feuchten Orten und Felsen von 1200—2500 m; kalkhold; häufig.

Gletschernelke, *Diánthus glaciális.* — Blüten fleischrot, ohne Sprenkelung und Streifung, klein, sonst ähnlich Alpennelke, aber dichtrasig. — In Graubünden bis zu den Niederen Tauern von 1900—2800 m; kalkmeidend; zerstreut.

Alpennelke, *Diánthus alpínus.* — Blüten fleischrot, weiß gesprenkelt, groß, Schlund purpurstreifig. Kronblätter vorn gezähnt, nie tief eingeschnitten. Stengel 1—2-blütig, 2—3 Blattpaare, mehrere grundständige Blattrosetten. Blätter lanzettlich, stumpf, 1-nervig. VI—VIII. 2—20 cm. — Auf Wiesen und Matten der O- und östl. Zentralalpen von 1000—2250 m; kalkhold; zerstreut.

Steinnelke, Wilde Nelke, *Diánthus silvéstris.* — Blüten rosarot bis hellpurpurn. Kronblätter vorn gezähnt. Außenkelch 2—3-blättrig. Blätter am Rande rauh, 1—2 mm breit, gras- oder meergrün. VI—VIII. 5—30 cm. — An sonnigen Stellen, Felsen, auf steinigen Wiesen, an buschigen Hängen bis 2800 m; zerstreut.

B. Kelchblätter frei, höchstens am Grund verwachsen, 4—5-zählig.

Wimper-Nabelmiere, *Moehríngia ciliáta.* — Blüten weiß, 5-zählig, etwas länger als Kelch. Blütenstiele ca. 1 cm lang. Stengel oberwärts fein behaart, nicht drüsig, 1—3-blütig (vgl. Frühlingsmiere). Sterile Triebe in Blattachseln, niederliegend bis aufsteigend. Blätter linealisch, dicklich, am Grunde bewimpert. Pfl. lockerrasig. VI—VIII. 5—20 cm. — Auf feuchtem Geröll und feuchten, steinigen Weiden von 1600—3100 m; kalkhold; häufig.

Moosartige Nabelmiere, *Moehríngia muscósa.* — Blüten weiß, 4-zählig, länger als Kelch. Stengel und Blätter fädlich. Blätter bis 3,5 cm lang. Pfl. dünnrasig. V—IX. 5—20 cm. — An schattigen, feuchten Stellen, im Schluchtwald bis 2300 m; zerstreut.

Frühlingsmiere, *Minuártia vérna.* — Blüten weiß, kaum länger als Kelch. Staubbeutel purpurrot. Blütenstiele sehr kurz, drüsig bewimpert. Stengel 3—8-blütig, nichtblühende Triebe gedrungen und dicht beblättert. Blätter linealisch, 3-nervig. Pfl. lockerrasig. V—VIII. 5—12 cm. — An trockenen Hängen, auf steinigem Rasen und Schutt von 1500—3200 m; verbreitet.

Felsen-
Leimkraut
Alpen-
Pechnelke
Kriechendes
Gipskraut
Vierzähniger
Strahlensame
Alpennelke
Steinnelke
Gletscher-
nelke
Moosartige Nabelmiere
Frühlingsmiere
Wimper-Nabelmiere

Zwergmiere, *Minuártia sedoídes.* — Blüten grünlich. Kronblätter fehlend oder fädlich, kürzer als hellgrüner Kelch. Blätter derb, rinnig, am Grunde paarweise verwachsen. Pfl. dicht polsterförmig. VII—VIII. 4—8 cm. — In Felsspalten, Schutt und Matten von 1800—3800 m; verbreitet.

Alpen-Mastkraut, *Sagína saginoídes.* — Blüten weiß, 5-zählig, nicht länger als Kelch. Stengel niederliegend oder aufsteigend. Blätter linealisch, kurz stachelspitzig. Pfl. rasig oder polsterförmig. VI—VIII. 2—10 cm. — In nassen, steinigen Matten, feuchten Felsspalten und Schutt von 1700—3000 m; zerstreut.

Breitblättriges Hornkraut, *Cerástium latifólium.* — Blüten weiß, 2—2,5mal so lang wie Kelch, 5 Griffel, Kronblätter 2-spaltig. Stengel 1—3-blütig, aufsteigend, nichtblühende Triebe kriechend. Blätter breit-eiförmig, spitz, sitzend. Pfl. kurzhaarig, drüsig. VII—VIII. 8—15 cm. — In Geröllhalden, Schutt und auf Felsen der W- und Zentralalpen bis zum Inn von 1700—3400 m; kalkhold; zerstreut.

Álpen-Hornkraut, *Cerástium alpinum.* — Blüten weiß. Kronblätter ausgerandet, 5 Griffel. Trugdolde 4—5-blütig. Spitze der Tragblätter schmal trockenhäutig. Stengel aufsteigend. Blätter eiförmig bis länglich-lanzettlich. Pfl. wollig graugrün. VII—IX. 6—20 cm. — Auf Felsen, in Geröll und steinigen Matten bis 2800 m; kalkmeidend; zerstreut.

Einblütiges Hornkraut, *Cerástium uniflórum.* — Blüten weiß, 5 Griffel. Stengel 1—3-blütig, unten dicht beblättert, viele sterile Triebe. Blätter spatelig, am Grunde verschmälert. Pfl. dichtrasig, zottig behaart. VII—IX. 3—8 cm. — In Geröll und Schutt von 1900—3200 m; kalkmeidend; selten.

Dreigriffeliges Hornkraut, *Cerástium cerastoídes.* — Blüten weiß, 12—18 mm breit, 3 Griffel. Trugdolde 1—3-blütig. Stengel mit Haarleiste, niederliegend, Äste aufsteigend. Blätter sitzend, lanzettlich. Pfl. lockerrasig. VII—VIII. 5—15 cm. — In Schneetälchen, an feuchten, steinigen Orten von 1700—3000 m; zerstreut.

Bewimpertes Sandkraut, *Arenária ciliáta.* — Blüten weiß, 2mal so lang wie Kelch. Stengel niederliegend, ästig. Triebe mit und ohne Blüten. Blätter eiförmig-lanzettlich, am Rande lang bewimpert. Pfl. rasig. VII—VIII. 3—10 cm. — In steinigen Matten und auf Felsen von 1800—3100 m; zerstreut.

Freikronblättrige (Dialypétalae)

Blütenhülle freiblättrig, meist mit grünem Kelch und andersfarbiger Krone.

Hahnenfußgewächse (Ranunculáceae)

Blüten strahlig oder 2-seitig. Krone häufig fehlend, Kelch und Honigblätter dann oft kronblattartig. Blätter wechselständig (*Clématis* gegenständig).

Trollblume, *Tróllius europǽus.* — 5—15 Blütenhüllblätter, goldgelb bis gelbgrün, kugelig zusammenneigend. Honigblätter 5—10, löffelförmig verbreitert. Stengel unverzweigt, 1-blütig. Blätter handförmig geteilt. V—VI. 10—60 cm. — In sumpfigen, moorigen Wiesen und Gräben bis 3000 m; zerstreut. △

Christrose, *Helléborus niger.* — Blüten weiß oder rosa, später grün oder purpurn. Honigblätter gelb, tütenförmig. Grundblätter überwinternd, lederig, 7—9-teilig. II—IV. 10—30 cm. — In lichten Wäldern und Legföhrengebüsch der nordöstlichen und südlichen Kalkalpen bis 1800 m; kalkhold; selten. GIFTIG! △

Einblütiges Hornkraut
Bewimpertes Sandkraut
Dreigriffeliges Hornkraut
Alpen-Hornkraut
Alpen-Mastkraut
Christrose
Trollblume
Breitblättriges Hornkraut
Zwergmiere
Wil

Dunkle Akelei, *Aquilégia atráta.* — Blüten braunpurpurn, langgestielt, nickend. Sporn der Honigblätter hakig gebogen. Staubblätter weit aus der Blüte herausragend. Grundblätter doppelt 3-zählig, obere Blätter einfacher, aber 3-teilig. V—VII. 40 bis 80 cm. — In lichten Wäldern, Gebüschen und auf schattigen Waldwiesen bis 2150 m; kalkhold; selten. △

Einseles Akelei, *Aquilégia einseleána.* — Blüten blauviolett. Sporn fast gerade. Stengel 1—3-blütig. Laubblätter zierlich, länglich bis eiförmig, oberste Blätter nie geteilt. VI—VII. 15—40 cm. — In Geröllhalden und Felsspalten von 1000—1800 m in den Berchtesgadener und den südl. Kalkalpen vom Luganer See ostwärts; kalkhold; selten. △

Gelber Eisenhut, *Aconitum vulpária.* — Blüten blaßgelb. Helm walzlich. Traube locker, einfach oder ästig. Blätter handförmig, 5—7-spaltig. VI—VII. 50—150 cm. — In feuchten, schattigen Wäldern, Grünerlen- und Legföhrengebüsch bis 2400 m; zerstreut. GIFTIG! △

Blauer Eisenhut, *Aconitum napéllus.* — Blüten tiefblau. Im Helm 2 langgestielte Honigblätter. Stengel aufrecht, kräftig. Blätter handförmig bis zum Grunde 5—7-teilig, os meist dunkel-, us hellgrün. VI—VIII. 50—150 cm. — An Viehlägern, Bachufern und in quelligen Hochstaudenfluren bis 3000 m; verbreitet. GIFTIG! △

Alpenrebe, *Clématis alpína.* — Blüten blau, 4-blättrig, achselständig. Honigblätter 10—12, weißfilzig, spatelig. Stengel windend. Blätter gegenständig, gestielt, einfach bis doppelt 3-zählig. V—VII. 1—2 m. — In lichten Wäldern, Felsen überwachsend, in Legföhren- und Alpenrosengebüsch bis 2000 m der W-Alpen von den Seealpen bis Savoyen und den O-Alpen von Graubünden ostwärts; selten.

Alpenanemone, Teufelsbart, *Anemóne alpína.* — Blüten einzeln, meist 6-zählig, flach ausgebreitet. Fruchtgriffel bis 5 cm lang, federig behaart. Grundblätter doppelt 3-teilig. Stengelblätter quirlständig, gestielt, 3-zählig. VI—VIII. 15—30 cm. — In steinigen Matten, Legföhrengebüsch und Felsbändern von 1500—2800 m. GIFTIG! △

Weiße Alpenanemone, *ssp. eu-alpína.* — Blüten weiß, außen rötlich oder bläulich überlaufen. — Kalkhold; verbreitet. △

Gelbe Alpenanemone, *ssp. sulphúrea.* — Blüten schwefelgelb. — In den W- und Zentralalpen; kalkmeidend; zerstreut. △

Frühlings-Küchenschelle, *Anemóne vernális.* — Blüten innen gelblichweiß oder blaßviolett, außen violett und seidig glänzend. Fruchtgriffel gelbhaarig, bis 4 cm lang. Grundständige Blätter überwinternd, einfach gefiedert, Fiederchen ± 3-spaltig. Stengelblätter quirlständig, sitzend, vielteilig, am Grunde verwachsen. Pfl. gelblichbraun behaart. III—VI. 5—15 cm. — In trockenen, ungedüngten Matten und Weiden bis 3600 m; kalkmeidend; zerstreut. GIFTIG! △

Narzissenblütiges Windröschen, Berghähnlein, *Anemóne narcissiflóra.* — Blüten weiß, außen rötlich, ausgebreitet, 5-zählig. Dolde 3—8-blütig. Grundblätter gestielt, handförmig, 3—5-teilig, oberste Blätter sitzend. Pfl. abstehend behaart. V—VII. 10 bis 50 cm. — In Matten, Hochstaudenfluren, Legföhrengebüsch und auf Felsbändern von 1500—2200 m; kalkhold; verbreitet. GIFTIG! △

Tiroler Windröschen, *Anemóne baldénsis.* — Blüten weiß, bis 4 cm breit, leicht nickend, 8—10-blättrig. Stengel aufrecht, 1-blütig. Grundblätter langgestielt, 3-teilig, Abschnitte gestielt. Pfl. behaart. VI—VII. 5—12 cm. — In steinigen Wiesen, Geröll und Felsspalten der S-Alpen von 1800—3000 m; zerstreut. GIFTIG! △

Dunkle Akelei
Alpenrebe
Einseles Akelei
Alpenanemone
Frühlings-Küchenschelle
Narzissenblütiges Windröschen
Tiroler Windröschen
Blauer Eisenhut
Gelber Eisenhut
Wib

Eisenhutblättriger Hahnenfuß, *Ranúnculus aconitifólius.* — Blüten weiß. Kelch früh abfallend. Stengel vielblütig, verzweigt, aufrecht. Grundblätter langgestielt, handförmig, 3—7-teilig. Abschnitte tief gesägt. obere Blätter ungestielt. V—VII. 20—50(120) cm. — An Bachufern, in Quellsümpfen, nassen Wiesen und staudenreichen Wäldern bis 2600 m; zerstreut.

Alpen-Hahnenfuß, *Ranúnculus alpéstris.* — Blüten reinweiß, 5-zählig, Kronblätter ausgerandet. Kelch grün. Stengel meist 1-blütig. Grundblätter langgestielt, 3—5-spaltig, Stengelblätter 0—2, schmal, meist ungeteilt. V—IX. 5—10 cm. — An feuchten, grasigen Stellen, in Schneetälchen und Karen von 1500—2700 m; kalkhold; verbreitet.

Gletscher-Hahnenfuß, *Ranúnculus glaciális.* — Blüten weiß, oft rötlich, beckenförmig. Kelch grün, rostbraun behaart. Stengel ± aufrecht, meist mehrblütig. Grundblätter gestielt, 3-zählig, dicklich, dunkelgrün, obere Blätter geteilt und sitzend. VII—VIII. 4—15 cm. — In feuchtem Felsschutt und Grusmulden von 2000—4000 m; kalkmeidend; zerstreut. In Deutschland nur in den Allgäuer Alpen.

Berg-Hahnenfuß, *Ranúnculus montánus.* — Blüten goldgelb. Kelch und Blütenboden fein behaart. Blütenstiele rund, nicht gefurcht. Stengel 1—3-blütig, aufrecht, nicht hohl, 1—2 sitzende, tief geteilte Blätter. Grundständige Blätter 3—5-spaltig. IV—VIII. 8—15 cm. — In Weiden, Lägern, in Geröll- und Schneeböden von 1000—2950 m; häufig.

Bastard-Hahnenfuß, *Ranúnculus hýbridus.* — Blüten goldgelb. Stengel wenig verzweigt. Blätter derb, blaugrün, grundständige Blätter meist 2, langgestielt, nierenförmig, vorn hahnenkammartig gezähnt. Obere Blätter 3—5-zähnig, oberste ganzrandig. VI—VIII. 5—12 cm. — In Schuttfluren und Felsspalten der O-Alpen, westl. bis zum Gardasee, im Karwendel und den Berchtesgadener Alpen von 1600—2500 m; kalkhold; selten. GIFTIG!

Zwerg-Hahnenfuß, *Ranúnculus pygmǽus.* — Blüten blaßgelb, klein. Stengel aufrecht, 1—2-blütig. Grundblätter 3—7-teilig, langgestielt. Stengelblätter meist 2, tief 3-spaltig. VII—VIII. 1—4 cm. — In Moosschneetälchen der östl. Zentralalpen, im Unterengadin bis Oberkärnten von 1800—2600 m; kalkmeidend; sehr selten.

Akeleiblättrige Wiesenraute, *Thalíctrum aquilegifólium.* — Blüten hellviolett, selten weiß. Krone fehlend, Kelch hinfällig. Rispe locker, vielblütig. Blätter 3-fach gefiedert, Fiederchen rundlich. V—VII. 40—100 cm. — In Hochstaudenfluren und Gebüsch bis 1940 m; zerstreut.

Kleine Wiesenraute, *Thalíctrum minus.* — Blüten grünlich oder gelb, ± hängend. Blütenhülle 4-blättrig. Laubblätter mehrfach gefiedert. Blättchen verschieden groß. V—VIII. 30—150 cm. — An steinigen Abhängen, Waldrändern und auf trockenen Wiesen bis 2450 m; kalkhold; zerstreut.

Mohngewächse (Papaveráceae)

Kelch früh abfallend. Pflanzen steifhaarig, mit Milchsaft. Blätter fiederschnittig.

Weißer Alpenmohn, *Papáver sendtnéri.* — Blüten reinweiß oder am Grunde grünlichgelb bis schwärzlich. Kelch schwärzlich behaart. Stengel 1-blütig, gelb behaart. Grundständige Blätter einfach fiederteilig. VII—VIII. 5—20 cm. — In Geröll und Karen der nördl. Kalkalpen von 2000—2600 m; kalkhold; zerstreut.

Bündner Alpenmohn, *Papáver rhǽticum.* — Blüten goldgelb. Laubblätter einfach fiederteilig, vorn mit 2—3-lappigen, breiten Zipfeln. Pfl. stark behaart. VII—VIII. 5—15 cm. — In Geröllhalden von 1800—3040 m; kalkhold; zerstreut. In den N-Alpen fehlend.

Zwerg-Hahnenfuß
Alpen-Hahnenfuß
Gletscher-Hahnenfuß
Bastard-Hahnenfuß
Eisenhutblättriger Hahnenfuß
Berg-Hahnenfuß
Weißer Alpenmohn
Akeleiblättrige Wiesenraute
Kleine Wiesenraute
Bündner Alpenmohn
Wil

Kreuzblütler (Crucíferae)

Blütenhülle 4-zählig, 4 lange und 2 kurze Staubblätter. Frucht eine Schote oder Schötchen (Schötchen höchstens 3mal so lang wie breit). Blätter wechselständig.

Brillenschötchen, *Biscutélla laevigáta.* — Blüten hellgelb. Schötchen brillenartig. Grundständige Blätter rosettig, keilförmig-länglich, in Blattstiel verschmälert, buchtig gezähnt, ± steifhaarig. Obere Blätter schmal, sitzend. V—VIII. 15—30 cm. — An sonnigen Hängen und Felsbändern bis 2800 m; kalkhold; häufig.

Steintäschel, *Aethionéma saxátile.* — Blüten rötlich oder weiß, klein, in dichter Traube. Schötchen rundlich, geflügelt, vorn ausgebuchtet. Pfl. vom Grunde an vielästig. Blätter dicklich, blaugrün, ganzrandig, länglich-linealisch. IV—VI. 5—20 cm. — In Schutt und Grobgeröll, an steinigen Abhängen bis 1900 m; kalkhold; zerstreut.

Rundblättriges Hellerkraut, *Thláspi rotundifólium.* — Blüten hellviolett in Doldentrauben. Schötchen kurzgestielt. Pfl. mit fertilen und sterilen Trieben. Grundblätter fleischig, rundlich-eiförmig, bläulichgrün. Stengelblätter geöhrt. VI.—IX. 5—15 cm. — In Schutthalden und Geröllfluren bis 3400 m; kalkhold; verbreitet.

Alpen-Gemskresse, *Hutchínsia alpína.* — Blüten weiß, klein, in kurzer Traube. Schötchen lanzettförmig, in den Griffel zugespitzt. Blätter alle grundständig, dicklich, gefiedert. VI—VIII. 5—12 cm. — In feuchtem Schutt und in Felsspalten von 1600 bis 3400 m; kalkhold; zerstreut.

Steinschmückel, *Petrocállis pyrenáica.* — Blüten hellila. Schötchen 3—6 mm lang, kahl. Blätter rosettig, keilförmig, 3—5-spaltig, bewimpert. Pfl. bildet steinbrechartige Polster. VI—VII. 2—8 cm. — Auf Felsen und Geröll besonders in den nördl. Kalkalpen von 1700—3400 m; kalkhold; selten. In den Zentralalpen fehlend.

Kugelschötchen, *Kernéra saxátilis.* — Blüten weiß. Lange Staubblätter knieförmig gebogen. Schötchen ± kugelig, bis 3 mm lang. Stengel dünn, wenig beblättert. Grundständige Blätter rosettig, spatelig, stengelständige lineal-lanzettlich. V—VII. 10 bis 30 cm. — In Felsspalten und an sonnigen Felsen bis 2700 m; kalkhold; verbreitet.

Immergrünes Felsenblümchen, *Drába aizoídes.* — Blüten goldgelb, Traube fast doldig. Schötchen 6—13 mm lang. Blätter rosettig, hellgrün, starr, schmal, bewimpert. Pfl. dichtrasig, mit blühenden und nichtblühenden Rosetten. IV—VIII. 5—10 cm. — An sonnigen Felsen, in Felsspalten von 1600—3400 m; kalkhold; zerstreut.

Filziges Felsenblümchen, *Drába tomentósa.* — Blüten weiß, bis 4 mm lang. Schötchen breit-elliptisch, bis 1 cm lang, ± behaart. Stengel 1—2-blättrig, übrige Blätter rosettig, breit-elliptisch. Pfl. ± dicht flaumig. VI—VIII. 3—10 cm. — An sonnigen Felsen von 1700—3400 m; kalkhold; zerstreut.

Fladnitzer Felsenblümchen, *Drába fladnizénsis.* — Blüten weiß, bis 2 mm lang. Kelch kahl. Schötchen 3—6,5 mm lang, 1,5—2,5 mm breit. Stengel kahl. Blätter ± lanzettlich, stumpflich, am Rande bewimpert. Pfl. polsterförmig. VI—VIII. 1—8 cm. — In Felsspalten und Feinschutt von 1600—3400 m; kalkmeidend; in den W-Alpen ostwärts bis zu den Norischen Alpen zerstreut, in den N-Alpen ostwärts bis zum Allgäu selten.

Rundblättriges Hellerkraut
Steinschmückel
Steintäschel
Brillenschötchen
Alpen-Gemskresse
Filziges
Felsenblümchen
Wil
Fladnitzer
Felsenblümchen
Kugelschötchen
Immergrünes
Felsenblümchen

Finger-Zahnwurz, *Cardámine pentaphýllos.* — Blüten rotviolett, selten weiß. Kelchblätter grün mit violettem Hautrand. Stengel aufrecht, unverzweigt, mit 3—4 Blättern, 5-zählig gefingert. Grundständige Blätter stets fehlend. Waagerechte Grundachse mit zahnartigen Blattschuppen. IV—VI. 25—50 cm. — In krautreichen Buchen- und Schluchtwäldern bis 1700 m; zerstreut.

Resedablättriges Schaumkraut, *Cardámine resedifólia.* — Blüten weiß, klein. Schoten 1,2—2,2 cm lang. Stengelblätter 5—7-zählig, fiederteilig. Grundblätter rautenförmig, ungeteilt. VI—VIII. 5—15 cm. — An feuchten Felsen und in Steinschutt von 1500 bis 3280 m; kalkmeidend; verbreitet.

Alpen-Schaumkraut, *Cardámine alpina.* — Blüten weiß. Schoten 1—1,5 cm lang. Blätter ungeteilt oder die oberen seicht gelappt, dicklich. VII—VIII. 2—10 cm. — In feuchten Böden und Schneetälchen von 1450—3330 m; kalkmeidend; verbreitet.

Alpen-Gänsekresse, *Árabis alpina.* — Blüten weiß, 6—8 mm lang. Schoten abstehend, 2,5—6 cm lang. Stengelblätter herzförmig umfassend, übrige Blätter länglich, grob gesägt bis gekerbt. Pfl. graugrün, rauhaarig, mit nichtblühenden Rosetten. V—IX. 6—40 cm. — In feuchten Felsspalten und Geröll, an quelligen Stellen bis 3200 m; kalkhold; verbreitet.

Zwerg-Gänsekresse, *Árabis púmila.* — Blüten weiß, 5—7 mm lang. Schoten aufrecht abstehend, bis 4 cm lang. Stengelblätter 1—3, sitzend, höchstens halbumfassend, grundständige Blattrosette. Blätter rauhhaarig, ganzrandig oder 1—2-zähnig. VI—VIII. 5—15 cm. — In feuchtem Schutt, Felsspalten und Bachgeröll von 1900—2860 m; kalkhold; zerstreut.

Dickblattgewächse (Crassuláceae)

Blüten 4—5- oder 6—30-zählig. Blätter fleischig, flach bis stielrund, ungeteilt, oft mit grundständigen Rosetten.

Dunkle Fetthenne, *Sédum atrátum.* — Blüten weiß oder grünlich, 5-zählig. Blütenstand gedrungen, endständig. Blätter kurz walzlich, sitzend. Pfl. blaßgrün, oft rotbraun überlaufen. VII—VIII. 3—8 cm. — In Felsschutt, Felsspalten und Rasenbändern von 1000—3100 m; kalkhold; verbreitet.

Rosenwurz, *Sédum rósea.* — Blüten gelb- oder rötlich, 4-zählig. Pfl. zweihäusig. Stengel aufrecht, dick. Blätter wechselständig, lanzettlich, flach, vorn gesägt. Grundachse rosenartig duftend. VI—VIII. 10—35 cm. — In feuchten Felsspalten, Grünerlen- und Wacholdergebüsch der Zentral- und S-Alpen sowie der N-Alpen ostwärts der Enns von 1600—3000 m; kalkmeidend; selten.

Gelbe Hauswurz, *Sempervivum wulfénii.* — Blüten gelb, 12—18-zählig. Staubfäden rot. Blattrosette ausgebreitet, Blätter seegrün. Pfl. drüsig-flaumig, Blätter nur am Rande. VII—VIII. 10—30 cm. — In steinigen Weiden, Matten und Schutt der Zentralalpen vom Engadin bis zu den Niederen Tauern von 1750—2600 m; kalkmeidend; selten. In den nördl. und südl. Kalkalpen fehlend. △

Alpen-Hauswurz, *Sempervivum tectorum ssp. alpinum.* — Blüten blaßrosenrot, 12—16-zählig. Stengel und Stengelblätter drüsig. Blattrosetten ausgebreitet, 3—6 cm breit. Blätter stachelspitzig, bläulichgrün, am Rande bewimpert, Spitze meist braunrot. VII—IX. 10—35 cm. — In Schuttfluren, Weiden und an Felsen der W-Alpen, ostwärts bis Allgäu und Brenner bis 2770 m; verbreitet. △

Finger-Zahnwurz
Resedablättriges Schaumkraut
Alpen-Gänsekresse
Zwerg-Gänsekresse
Gelbe Hauswurz
Alpen-Schaumkraut
Rosenwurz
Dunkle Fetthenne
Alpen-Hauswurz

Berg-Hauswurz, *Sempervívum montánum.* — Blüten rotviolett mit dunklerem Mittelstreif, 12—16-zählig. Blütenblätter sehr schmal. Rosetten kugelig oder ausgebreitet. Blätter grün, kurze rote Spitze. Pfl. und Blattflächen drüsig-zottig. VII—IX. 5(—25) cm. — Auf Magerwiesen, Schutt und Fels der Zentralalpen von 1700—3400 m; kalkmeidend; verbreitet. In den N-Alpen wahrscheinlich fehlend. △

Spinnweben-Hauswurz, *Sempervívum arachnoídeum.* — Blüten hellrot, Mittelnerv purpurn, 8—12-zählig. Rosetten ± kugelig. Blätter am Rande kurzdrüsig, durch lange spinnwebige Haare verbunden. VI—IX. 5—12 cm. — In Fels-, Mauerritzen und Magerrasen bis 2900 m; verbreitet. In den N-Alpen ostwärts des Allgäu fehlend. △

Steinbrechgewächse (Saxifragáceae)

Blüten strahlig, Fruchtblätter ± verwachsen, Griffel frei, bleiben auf der Frucht sitzen (geschnäbelte Frucht). Blätter wechsel-, selten gegenständig.

Sumpf-Herzblatt, *Parnássia palústris.* — Blüten weiß, 5 fertile Staubblätter und 5 sterile spatelige mit langgestielten Drüsenköpfen. Stengel 1-blütig, kantig, 1 umfassendes herzförmiges Blatt. Grundblätter langgestielt. VII—IX. 10—30 cm. — Auf Sumpfwiesen und an feuchten Orten bis 2700 m; verbreitet.

Rundblättriger Steinbrech, *Saxífraga rotundifólia.* — Blüten weiß, rot und gelb punktiert, 6—8 mm lang. Rispe locker. Stengel oben drüsen-, unten weichhaarig. Grundständige Blätter langgestielt, herznierenförmig, ungleich grob gesägt, weichhaarig. VI—IX. 10—70 cm. — An feuchten, schattigen Orten, in Hochstaudenfluren, Grünerlen- und Legföhrengebüsch bis 2200 m; verbreitet.

Roter Steinbrech, *Saxífraga oppositifólia.* — Blüten rot-blau-violett. Stengel 1-blütig, niederliegend, ästig, dicht beblättert. Blätter gegenständig, elliptisch oder länglich, etwas fleischig, blaugrün, ± kahl und 1—3 Kalkgrübchen. Pfl. lockerrasig oder polsterbildend. IV—VII. 3—25 cm. — Auf Felsen und Steinschutt von 1800—3540 m; verbreitet. △

Traubensteinbrech, *Saxífraga paniculáta.* — Blüten weiß, oft rot punktiert. Rispe reichblütig. Stengel wenig beblättert, oben drüsig. Blätter in kugeligen Rosetten, zungenförmig, starr, hellgrau bis blaugrün, scharf gezähnt, Zähne mit Kalkdrüse. V—VIII. 10—45 cm. — Auf Felsbändern und steinigen Triften, in Felsspalten von 1300—3400 m; kalkhold; zerstreut. △

Blaugrüner Steinbrech, *Saxífraga cǽsia.* — Blüten weiß. Stengel 1—8-blütig. Grundblätter dachziegelig bis rosettig, zurückgekrümmt, dick, starr, bläulichgrün, oft mit Kalkkruste. Pfl. in halbkugeligen Polstern. VI—IX. 4—12 cm. — In Felsspalten und ruhendem Schutt von 1600—3000 m; kalkhold; häufig. △

Bursers Steinbrech, *Saxífraga burseriána.* — Blüten weiß, 8—10 mm lang. Stengel 1-blütig, rot, drüsig, mit kleinen Blättern. Diese am Grunde gehäuft, starr aufrecht, 3-kantig mit Stachelspitze. III—VI. 3—8 cm. — In Wandrissen, auf Felsbändern der O-Alpen, vom Inn ostwärts, von 1600—2500 m; kalkhold; selten. △

Moossteinbrech, *Saxífraga bryoídes.* — Blüten weiß, am Grunde gelb, ca. 10 mm breit. Kelch hautrandig, stachelspitzig. Stengel 1-blütig. Blätter grannig zugespitzt mit kugeligen Rosetten in Achseln. Pfl. Flachpolster bildend. VII—VIII. 3—6 cm. — In Felsspalten, Ruhschutt und auf Matten von 1800—4000 m; kalkmeidend; verbreitet. In den nördl. Kalkalpen fehlend. △

Spinnweben-
Hauswurz
Berg-Hauswurz
Moossteinbrech
Roter Steinbrech
Rundblättriger
Steinbrech
Sumpf-
Herzblatt
Traubensteinbrech
Bursers Steinbrech
Blaugrüner Steinbrech
Wil

Fetthennen-Steinbrech, *Saxifraga aizoides.* — Blüten gelb bis orange, punktiert. Stengel aufrecht, 3—12-blütig, oben wenig, unten dicht beblättert. Blätter fleischig, linealisch, stachelspitzig, kurz bewimpert. Pfl. lockerrasig. VI—VIII. 15—30 cm. — An nassen Felsen und quelligen Orten bis 3100 m; kalkhold; verbreitet. △

Blattloser Steinbrech, *Saxífraga aphýlla.* — Blüten blaßgelb. Kron- schmaler als Kelchblätter. Stengel aufrecht, meist 1-blütig, blattlos. Blätter am Grunde rosettig gehäuft, 3—5-spaltig, Mittel- größer als Seitenlappen. Pfl. lockerrasig. VII—IX. 2—8 cm. — In Geröll und Steinschutt in den O-Alpen, vom Thuner See bis Niederösterreich von 1900—3000 m; kalkhold; zerstreut. △

Moschus-Steinbrech, *Saxífraga moscháta.* — Blüten grüngelb. Kron- so breit wie Kelchblätter. Stengel 1—5-blütig, 2—5-blättrig. Rosettenblätter 3—5-spaltig oder ungeteilt. Pfl. dichtrasig. VII—VIII. 3—10 cm. — In Felsschutt und steinigen Weiden von 1500—4200 m; kalkhold; häufig. In den Silikatmassiven fehlend. △

Sternblütiger Steinbrech, *Saxífraga stelláris.* — Blüten reinweiß, gelb punktiert. Kelchblätter zurückgeschlagen. Stengel blattlos. Rosetten ausgebreitet. Blätter fleischig, glänzend, keilförmig, vorn grob gezähnt. VI—TIII. 5—15 cm. — In Quellsümpfen, an Bachufern und auf überrieselten Schutthängen von 1200—3030 m; verbreitet. △

Furchen-Steinbrech, *Saxífraga exaráta.* — Blüten milchweiß bis rahmgelb. Stengel 4—10-blütig, drüsig klebrig. Blätter keilförmig, 3—7-spaltig, durch vorspringende Nerven deutlich gefurcht. Pfl. in Polsterrasen. VII—VIII. 2—20 cm. — In Felsritzen und Ruhschutt der W-Alpen, ostwärts bis zum Brenner von 1800—3380 m; kalkmeidend; verbreitet. In Deutschland fehlend. △

Rosengewächse (Rosáceae)

Blüten strahlig. Kelch oft mit Nebenkelch *(Rosoídeae).* Fruchtknoten alle Übergänge von ober- zu unterständig. Häufig Schein- oder Sammelfrüchte. Blätter wechselständig, einfach oder zusammengesetzt, meist mit Nebenblättern.

Zwerg-Vogelbeere, *Sórbus chamaeméspilus.* — Blüten rot, 4—5 mm groß. Kelch weißfilzig. Doldentraube gedrungen, endständig. Scheinfrüchte scharlachrot, später schwärzlich, einem kleinen Apfel ähnlich. Strauch. Blätter ungeteilt, os dunkel-, us mattgrün, kahl, gesägt. VI—VII. 40—200 cm. — An felsigen Hängen, in lichten, trockenen Wäldern von 1400—2400 m; kalkhold; verbreitet.

Steinbeere, *Rúbus saxátilis.* — Blüten weiß. Rispe 3—10-blütig, endständig. Sammelfrüchte hellrot (Johannisbeergeschmack). Stengel aufrecht und bogig kriechend. Blätter 3-zählig, Nebenblätter frei. Pfl. stachelig, junge Sprosse nicht. V—VI. 10 bis 30 cm. — In lichten Mischwäldern und Legföhrengebüsch bis 1950 m; zerstreut.

Großblütiges Fingerkraut, *Potentilla grandiflóra.* — Blüten dottergelb, ca. 3 cm breit. Kelch so lang oder länger als Nebenkelch. Stengel bogig aufsteigend. Grundblätter 3—5-zählig, übrige 3-zählig, am Rande mit 3—7 breiten Zähnen, anliegend behaart. VII—VIII. Bis 35 cm. — An sonnigen, felsigen Hängen, auf Magermatten der Zentralalpen und Dolomiten von 1500—3000 m; kalkmeidend; verbreitet. In den nördl. Kalkalpen fehlend.

Blattloser Steinbrech
Moschus-Steinbrech
Sternblütiger Steinbrech
Großblütiges Fingerkraut
Steinbeere
Furchen-Steinbrech
Zwerg-Vogelbeere
Fetthennen-Steinbrech
Wil

Gold-Fingerkraut, *Potentilla aurea.* — Blüten goldgelb, am Grunde ± orange, ca. 2 cm breit. Kelch und Nebenkelch fast gleich lang. Stengel wenigblütig, aufsteigend. Grundständige Blätter 5—7-zählig gefingert, vorn scharf gesägt. Pfl. ± behaart, Blätter am Rande und us auf den Nerven glänzend seidig. VI—IX. 4—35 cm. — In kurzrasigen Wiesen und steinigen Matten von 1300—2600 m; kalkmeidend; verbreitet.

Dolomiten-Fingerkraut, *Potentilla nitida.* — Blüten rosarot, selten weiß. Kronblätter eingeschnitten. Blütenboden weißzottig. Spalierstrauch. Stengel 1-blütig. Blätter meist 3-zählig, grau seidenhaarig. Nebenblätter groß, geöhrt. Pfl. bildet dichte, silbergraue Rasen. VI—VIII. Bis 5 cm. — An sonnigen Felsbändern und im Geröll von 1700 bis 3160 m; kalkhold; selten.

Stengel-Fingerkraut, *Potentilla caulescens.* — Blüten weiß. Staubblätter behaart. Stengel 3—7-blütig, oft überhängend, behaart. Grundständige Blätter gestielt, 5-zählig gefingert, Teilblätter mit 3—7 ungleichen Zähnen, us seidenhaarig. Nebenblätter unten linealisch, zugespitzt, oben lanzettlich-eiförmig. VII—IX. 10—30 cm. — An Felswänden und in -spalten bis 2400 m; kalkhold; zerstreut.

Alpengelbling, *Sibbáldia procúmbens.* — Blüten gelbgrün, 1—2 mm lang, kürzer als Kelch. Stengel niederliegend. Blätter langgestielt, 3-zählig, vorn gestutzt und 3-zähnig, graugrün. VI—VIII. 2—4 cm. — In Schneetälchen und feuchten Felsspalten von 2000—3300 m; zerstreut.

Berg-Nelkenwurz, Alpen-Petersbart, *Géum montánum.* — Blüten goldgelb, 2—4 cm breit. Kelch und Nebenkelch behaart. Fruchtgriffel federig-zottig. Stengel 1-blütig. Blätter unterbrochen gefiedert, Endblättchen der Fiederblätter viel größer als Seitenblätter. Stengelblätter 2—3, sitzend, ungeteilt oder 3-zählig. Pfl. ohne Ausläufer. V—VIII. 10—35 cm. — Auf Weiden von 1600—3500 m; kalkmeidend; verbreitet.

Kriechende Nelkenwurz, Gletscher-Petersbart, *Géum réptans.* — Blüten gelb, bis 4 cm breit. Fruchtgriffel federig-zottig. Pfl. mit Ausläufern. Fiederblättchen ± gleichmäßig groß, gesägt, ± graugrün. VII—VIII. 5—15 cm. — Auf feuchtem Felsschutt, in Felsspalten von 2100—3400 m; kalkmeidend; zerstreut. In den nördl. Kalkalpen ostwärts des Allgäu fehlend.

Silberwurz, *Drýas octopétala.* — Blüten weiß, 8-zählig, einzeln, langgestielt. Griffel später federig, silberglänzend. Stengel niederliegend. Blätter gestielt, länglichelliptisch, gekerbt, am Rande umgerollt, us weißfilzig. Pfl. polsterbildend, immergrün. V—VIII. 2—10 cm. — Auf Felsblöcken und Schutt von 1200—2500 m; kalkhold; häufig.

Verwachsenblättriger Alpen-Frauenmantel, *Alchemilla conjúncta.* — Blüten grünlich, in lockeren Knäueln, ohne Krone. Blütenstiele länger als Blüten. Blätter langgestielt, 7—9-zählig gefingert, Abschnitte 1/5—1/2 miteinander verwachsen, us seidig glänzend. Formenreiche Sammelart! VI—VIII. 10—30 cm. — Auf Wiesen, steinigen Geröllhalden und Felsbändern von 1200—2600 m; kalkhold; verbreitet.

Alpen-Frauenmantel, *Alchemilla alpina.* — Sehr ähnlich voriger Art, aber Abschnitte der Blätter bis zum Grund getrennt. Pfl. mit Ausläufern und Blütenstiele kürzer als Blüten. Formenreiche Sammelart! V—VIII. 5—30 cm. — Auf Weiden, Schutt und Felsen bis 3000 m; kalkmeidend; selten.

Wald-Geißbart, *Arúncus dióicus.* — Blüten gelblichweiß, ♂ oder ♀. Rispe endständig, reichblütig. Stengel aufrecht, einfach. Blätter bis 1 m lang, ohne Nebenblätter, 2—3-fach gefiedert. V—VII. 90—200 cm. — In schattigen Wäldern, Hochstaudenfluren, Schluchten und Gebüschen bis 1700 m; zerstreut. △

Gold-Fingerkraut
Stengel-Fingerkraut
Alpen-Frauenmantel
Verwachsenblättriger Alpen-Frauenmantel
Dolomiten-Fingerkraut
Kriechende Nelkenwurz
Wald-Geißbart
Berg-Nelkenwurz
Alpengelbling
Silberwurz

Wil

Alpen-Heckenrose, *Rósa pendulína.* — Blüten dunkelrosarot, endständig, einzeln. Strauch. Stacheln fehlend oder nur an jungen Trieben. Blätter unpaar gefiedert, 7—11 blaugrüne Fiederchen. Nebenblätter schmal, lang zugespitzt, drüsig. V—VIII. 50—100 cm. — An Waldrändern und Felsen, in lichten Wäldern, zwischen Grünerlen- und Legföhrengebüsch bis 2600 m; zerstreut. △

Schmetterlingsblütler (Papilionáceae)

Blüten 2-seitig, aus Fahne, 2 Flügeln und Schiffchen bestehend. 10 Staubblätter, davon 9 teilweise zu einer Röhre verwachsen und 1 frei oder alle verwachsen. Frucht eine Hülse (keine Schote). Blätter wechselständig, 3-zählig oder gefiedert, mit Nebenblättern.

Alpen-Wundklee, *Anthýllis vulnerária ssp. alpéstris.* — Blüten gelb, in Köpfchen. Kelch weißlich, ± aufgeblasen, filzig. Stengel kurz, gedrungen, 1—2-blättrig. Blätter mit viel größerem Endblättchen als seitliche Fiederchen. Grundblätter zur Blütezeit oft nicht mehr vorhanden. Sammelart! V—IX. 10—20 cm. — Auf trockenen Wiesen, Geröll und Felsen von 1200—3000 m; kalkhold; häufig.

Braunklee, Goldklee, *Trifólium bádium.* — Blüten goldgelb, später lederbraun. Köpfchen kugelig, später oval. Stengel 1—2-blütig, niederliegend oder aufsteigend. Blätter 3-zählig, langgestielt, fein gesägt. Nebenblätter eiförmig, zugespitzt, dem Blattstiel angewachsen. VI—VIII. 10—25 cm. — Auf fetten Wiesen, Lägern und Erdabrissen von 1100—2200 m; kalkhold; häufig.

Schneeweißer Alpenklee, *Trifólium praténse ssp. nivále.* — Blüten schmutzigweiß, selten rötlich. Kelch weichhaarig. Köpfchen dick, reichblütig, sitzend. Stengel niederliegend bis bogig aufsteigend, oberwärts behaart. Blätter 3-zählig. Nebenblätter zugespitzt, oft behaart. VII—VIII. 5—15 cm. — Auf Fettwiesen und Lägern von 1800 bis 3150 m; verbreitet.

Echter Alpenklee, *Trifólium alpinum.* — Blüten fleischrot, bis 2 cm lang, aufrecht, später hängend. Köpfchen 3—12-blütig. Stengel unterirdisch. Blätter 3-zählig, langgestielt. Blättchen lanzettlich, fast ganzrandig. Nebenblätter am Blattstiel scheidig verwachsen. VI—VIII. 5—15 cm. — Auf Matten und Weiden von 1600—3100 m; kalkmeidend; häufig. In den nördl. Kalkalpen fehlend.

Thal's Klee, *Trifólium thálii.* — Blüten weiß, später rosa, auch nach dem Verblühen aufrecht. Stengel niederliegend. Blätter 3-zählig, langgestielt, mit 7—10 Paar am Rande gegabelten Nerven. Nebenblätter zarthäutig. VII—VIII. 4—10 cm. — Auf trockenen Matten und Weiden von 1400—2400 m; kalkhold; verbreitet.

Gletschertragant, *Astrágalus frígidus.* — Blüten gelblichweiß, Trauben end- oder seitenständig. Stengel aufrecht. Blätter unpaar gefiedert, 3—5 Paar Fiederblätter. Nebenblätter über 1 cm groß. Pfl. ± kahl, bläulichgrün. VII—VIII. 20—40 cm. — Auf Magerwiesen, an steilen Hängen und Felsbändern von 1500—2700 m; selten.

Alpentragant, *Astrágalus alpinus.* — Blüten blau-rotviolett oder weißlich. Traube 5—15-blütig. Blütenstiele oben dunkel behaart. Stengel liegend oder aufsteigend. Blätter unpaar gefiedert, 7—12 Fiederblätter. Nebenblätter unter 1 cm. VII—VIII. 7—25 cm. — Auf Magerweiden von 1500—2800 m; zerstreut.

Alpen-Heckenrose
Alpen-Wundklee
Braun- oder
Goldklee
Gletschertragant
Alpentragant
Schneeweißer
Alpenklee
Echter
Alpenklee
Thal's Klee
Wil

Berg-Fahnenwicke, *Oxýtropis jacquínii.* — Blüten blauviolett. Traube 5—10-blütig. Blätter unpaar gefiedert, 8—14 Fiederpaare. Blättchen 4—10 mm lang, 1,5—4 mm breit. Nebenblätter frei. Pfl. locker seidig behaart. VII—VIII. 5—15 cm. — Auf Felsen und Schotter von 1700—3000 m; kalkhold; zerstreut.

Alpen-Fahnenwicke, *Oxýtropis campéstris.* — Blüten weiß bis gelblichweiß, zum Teil violett gefleckt. Köpfchen 10—18-blütig, langgestielt. Blätter graugrün, unpaar gefiedert, 10—12 Fiederpaare. Nebenblätter mit Blattstiel verwachsen. Pfl. behaart. VII—VIII. 5—15 cm. — Auf Magerwiesen, Felsgraten und Halden der W-Alpen, ostwärts bis ins Lechgebiet, von 1800—3020 m; selten.

Umscheidete Kronwicke, *Coronílla vaginális.* — Blüten gelb, rot gestreift. Dolde 4—8-blütig, langgestielt. Hülsen gerade, eingeschnürt. Stengel unten verholzt, ästig. Blätter kurz gestielt, bläulichgrün, unpaar gefiedert, 5—9 ± runde Fiederchen. Nebenblätter blaß, verwachsen, den Stengel umscheidend. V—VII. 10—25 cm. — Auf sonnigen, trockenen Hügeln, in lichten Nadelwäldern bis 2230 m; kalkhold; zerstreut.

Hufeisenklee, *Hippocrépis comósa.* — Blüten gelb. Dolde 4—8-blütig. Hülsenglieder hufeisenförmig. Stengel unten verholzt. Blätter langgestielt, 15-paarig gefiedert. Nebenblätter frei (Unterschied zu voriger Art). V—VII. 8—25 cm. — Auf sonnigen Hügeln, Felsen und Geröll bis 2000 m; kalkhold; häufig.

Alpen-Süßklee, *Hedýsarum hedysaroídes.* — Blüten purpurrot, hängend. Traube 10—20-blütig. Hülse eingeschnürt. Stengel aufrecht oder aufsteigend, kantig. Blätter unpaar gefiedert, 11—19 Fiederpaare, os dunkel-, us hellgrün, durchscheinend punktiert. Pfl. kahl. VII—VIII. 5—35 cm. — Auf Felsbändern, sonnigen Magerwiesen von 1700—2900 m; kalkhold; verbreitet. In Ober- und Niederösterreich fehlend.

Storchschnabelgewächse (Geraniáceae)

Wald-Storchschnabel, *Geránium sylváticum.* — Blüten rotviolett. Fruchtstiele aufrecht. Teilfrüchte mit langen, sich einrollenden Schnäbeln. Stengel oberwärts drüsig. Blätter 5—7-teilig, Abschnitte rhombisch, grob gesägt. Nebenblätter spitz, rotbraun. VI—VIII. 30—70 cm. — In Bergwäldern, Hochstaudenfluren, Grünerlen-, Legföhren- und Alpenrosengebüsch, auf Lägern bis 2500 m; häufig.

Leingewächse (Lináceae)

Alpenlein, *Línum alpínum.* — Blüten hellblau, strahlig, 5-zählig. Staubblätter am Grunde verbreitert. Kronblätter sich nur am Grunde mit den Rändern deckend. 1 oder mehrere aufrechte Stengel. Blätter wechselständig, 1-nervig. VI—VIII. 10 bis 30 cm. — Auf Bergwiesen und Geröll von 1400—2200 m; kalkhold; selten.

Kreuzblumengewächse (Polygaláceae)

Blüten 2-seitig, 5 Kelchblätter, davon 3 unscheinbar, die beiden seitlichen groß, flügelartig, farbig. 3 Kronblätter, das vordere schiffchenartig. Blüte ähnelt einer Schmetterlingsblüte. Blätter wechselständig.

Buchsblättrige Kreuzblume, *Polýgala chamaebúxus.* — Blüten gelb oder rötlich, 13—15 mm lang, zu 1—2 achselständig. Halbstrauch mit kräftigen Ausläufern. Blätter derb, immergrün, am Rande umgerollt, vorn mit Stachelspitze. III—IV. 10 bis 25 cm. — An sonnigen Hängen, in lichten Wäldern bis 2500 m; kalkhold; zerstreut.

Umscheidete Kronwicke
Berg-Fahnenwicke
Alpen-Fahnenwicke
Alpen-Süßklee
Wald-Storchschnabel
Buchsblättrige Kreuzblume
Alpenlein
Hufeisenklee
Wil

Alpen-Kreuzblume, *Polýgala alpéstris.* — Blüten blau oder weißlich, 4—5 mm lang. Flügel 3-nervig, nicht netzadrig. Stengel kurz. Untere Blätter stets deutlich kleiner als obere, oft nur schuppenförmig. VI—VII. 7—15 cm. — Auf Geröll und steinigen Matten bis 2700 m; zerstreut.

Spindelbaumgewächse (Celastráceae)

Breitblättriges Pfaffenhütchen, *Euónymus latifólia.* — Blüten grünlichbraun, strahlig, 5(4)-zählig, 2,5 mm lang. Frucht karminrot, 5-kantig, meist nur schmal geflügelt. Strauch, junge Äste nicht 4-kantig, etwas zusammengedrückt, ohne Korkwarzen. Blätter bis 14 cm lang, bis 6 cm breit. V—VI. 1,5—5 m. — In krautreichen Wäldern und Gebüsch bis 1600 m; kalkhold; selten.

Kreuzdorngewächse (Rhamnáceae)

Blüten unscheinbar, strahlig. Zwittrig, häufiger ♂ oder ♀. ♀ Blüten meist ohne Krone, Griffel 2(3)-spaltig. Holzgewächse. Zweige oft verdornt. Blätter gegen- oder wechselständig, mit Nebenblättern.

Felsen-Kreuzdorn, *Rhámnus saxátilis.* — Blüten gelblichgrün. Frucht schwarze Steinbeere. Strauch, Äste sparrig ausgebreitet. Zweige ± dornig. Rinde rissig, leicht abblätternd, hellrotbraun, später silbergrau oder olivbraun. Blätter 1—3 cm lang, 2—4 bogig verlaufende Nervenpaare. V—VI. 20—100 cm. — An felsigen Hängen, in Gebüsch bis 2150 m; kalkhold; zerstreut.

Zwerg-Kreuzdorn, *Rhámnus púmila.* — Blüten grünlich. Stengel niederliegend, knorrig. Zweige dornenlos. Rinde querrunzlig, schmutziggrau. Blätter wechselständig, am Sproßende gehäuft, 3—8 ± gebogene Nervenpaare. VI—VIII. 5—20 cm. — In Felsspalten, an sonnigen Hängen von 1440—3050 m; kalkhold; zerstreut.

Cistrosengewächse (Cistáceae)

Blüten strahlig, 5-zählig. Blätter gegen- oder wechselständig, mit oder ohne Nebenblätter.

Alpen-Sonnenröschen, *Heliánthemum alpéstre.* — Blüten gelb, 3—8 mm lang. Blätter gegenständig, ohne Nebenblätter, beiderseits grün, kahl oder borstig. VI—VIII. 3—15 cm. — Auf Felsen, Matten, in Gebüsch und Geröllhalden von 1500—2950 m; kalkhold; zerstreut.

Großblütiges Sonnenröschen, *Heliánthemum nummulárium ssp. grandiflórum.* — Blüten goldgelb oder orangerot, 12—18 mm lang. Blätter teils gegenständig, breiteiförmig, am Rande umgerollt, os grün, us graugrün. Nebenblätter länger als Blattstiel. Pfl. ± kraushaarig. VII—VIII. 10—20 cm. — Auf steinigen Matten und an Hängen von 1800—2800 m; kalkhold; zerstreut.

Veilchengewächse (Violáceae)

Blüten 2-seitig mit Sporn. Blätter wechselständig, mit Nebenblättern.

Zweiblütiges Veilchen, *Víola biflóra.* — Blüten gelb, dunkelbraun gestreift. Stengel zart, 1—2-blütig, meist 2-blättrig. Blätter nierenförmig, gekerbt. Nebenblätter meist ganzrandig. V—VIII. 8—12 cm. — An feuchten, schattigen Orten, in Felsspalten und Geröll sowie in Bergwäldern bis 3000 m; häufig.

Felsen-Kreuzdorn
Breitblättriges
Pfaffenhütchen
Zwerg-Kreuzdorn
Alpen-Kreuzblume
Großblütiges Sonnenröschen
Alpen-
Sonnenröschen
Zweiblütiges
Veilchen

Langsporniges Veilchen, *Viola calcaráta.* — Blüten dunkelviolett, bis 3 cm lang, Sporn bis 15 mm oder länger, Stengel 1-blütig. Blätter grundständig, gekerbt, eiförmig. Nebenblätter 3-spaltig. VI—VIII. 4—10 cm. — Auf Matten und in Felsschutt von 1600—3000 m in den W-Alpen bis ins Lech- und Etschgebiet; zerstreut. △

Seidelbastgewächse (Thymelaeáceae)

Gestreifter Seidelbast, Steinröschen, Alpenflieder, *Dáphne striáta.* — Blüten hellrot, fein gestreift, 8—12 gebüschelt. Blütenhülle einfach, 4-zipflig, wohlriechend. Zwergstrauch. Blätter dünn, lederig, lineal-keilförmig, an den Zweigenden gehäuft. V—VIII. 5—35 cm. — In lichten Nadelwäldern, sonnigem Legföhrengebüsch und Felsschutt von 1500—2870 m; kalkhold; verbreitet. GIFTIG! △

Nachtkerzengewächse (Onagráceae)

Blüten strahlig, 4-zählig. Fruchtknoten unterständig. Blätter gegen-, wechsel- oder quirlständig.

Fleischers Weidenröschen, *Chamaenérion fleischeri.* — Blüten hellpurpurn, langgestielt, Griffel kurz, bis zur Mitte zottig, Narbe 4-lappig. Traube 5—10-blütig. Stengel aufsteigend, unterirdische Ausläufer, reich beblättert. Blätter wechselständig, lineal, sitzend. VII—IX. 10—40 cm. — In Kies und Schotterfluren bis 2530 m; zerstreut.

Mierenblättriges Weidenröschen, *Epilóbium alsinifólium.* — Blüten rosa, 8—12 mm lang. Narbe keulig oder kopfig vereinigt. Stengel meist einfach, 2—4 Haarleisten, Spitze kaum nickend. Unterirdische Ausläufer. Blätter, wenigstens die unteren, gegenständig, 2—4 cm lang, fast sitzend, dunkelgrün glänzend, schwach gezähnt, dicklich. VI—IX. 10—30 cm. — An quelligen Orten bis 2540 m; selten.

Gauchheilblättriges Weidenröschen, Alpen-Weidenröschen, *Epilóbium anagallidifólium.* — Blüten rosa, 4—5 mm lang, sonst ähnlich voriger Art, aber Spitze nickend und oberirdische Ausläufer. Blätter klein, eiförmig länglich, kurzgestielt, ganzrandig. VII—IX. 4—15 cm. — An quelligen Orten von 1000—2900 m; selten.

Doldenblütler (Umbellíferae)

Blüten in Dolden oder Doppeldolden, seltener in Köpfchen. Einzelblüten klein. Tragblätter der Doldenstrahlen heißen Hülle, der Döldchenstrahlen Hüllchen. Stengel meist hohl, knotig, Blätter wechselständig, zusammengesetzt und mit Scheide. Viele Umbelliferen duften stark.

Kleine Sterndolde, *Astrántia minor.* — Blüten weißlich, Hülle weiß oder rötlich, so lang wie Dolde. Stengel aufrecht, 2—4 einfache Dolden. Grundständige Blätter langgestielt, handförmig geteilt, oberste Blätter 3-teilig. VII—VIII. 15—40 cm. — Auf steinigen Weiden, an Felsbändern, in Gebüsch von 1300—2700 m in den W-Alpen bis Südtirol; kalkmeidend; verbreitet.

Alpen-Mannstreu, *Erýngium alpínum.* — Blüten weiß, Hülle amethystblau. Stengel aufrecht, 1- bis mehrköpfig. Grundblätter ungeteilt, obere Blätter 3—5-spaltig. Alle Blätter ungleich grannig gesägt. Pfl. distelartig. VII—IX. 30—80 cm. — In felsigen Weiden und Hochstaudenfluren von 1500—2500 m; kalkhold; sehr selten. In Tirol und Deutschland fehlend. △

Fleischers Weidenröschen
Gestreifter Seidelbast
Mierenblättriges Weidenröschen
Alpen-Mannstreu
Wil
Kleine Sterndolde
Langsporniges Veilchen
Gauchheilblättriges Weidenröschen

Hahnenfuß-Hasenohr, *Bupleúrum ranunculoídes.* — Blüten dunkelgelb, Dolde 3- bis 15-strahlig. Hüllblätter 2—4, ungleich groß, Hüllchenblätter 2—5, länger als Blüten, gelblichgrün. Grundblätter einfach, lanzettlich, lang zugespitzt. Obere Blätter kürzer, ± umfassend. VII—VIII. 6—50 cm. — Auf Felsen und steinigen Weiden von 1400 bis 2800 m, in Deutschland im Allgäu und bei Bad Reichenhall; zerstreut.

Augenwurz, *Athamánta creténsis.* — Blüten weiß. Kronblätter ausgerandet. Dolde 6—15-strahlig. Hülle 1—5-, Hüllchen 4—8-blättrig. Stengel rund, gerillt. Blätter rosettig, oft graugrün, 3-fach gefiedert. Pfl. rauhhaarig, würzig duftend. V—VIII. 10—40 cm. — In Felsspalten und Grasbändern bis 2700 m; kalkhold; selten.

Alpen-Mutterwurz, *Ligústicum mutellína.* — Blüten rötlich, selten weiß. Kronblätter kaum ausgerandet. Dolde 7—10-strahlig, blattachselständig. Hüllblätter 0—2, Hüllchenblätter weißrandig. Stengel unten mit Faserschopf, oberwärts mit 1—2 Blättern. Blätter 2—3-fach gefiedert, im Umriß 3-eckig mit häutigen Scheiden. VI—VIII. 10 bis 50 cm. — Auf Weiden und Schneeböden von 1500—2800 m; verbreitet.

Kleine Mutterwurz, *Ligústicum mutellinoídes.* — Blüten weiß. Kronblätter deutlich ausgerandet. Hüllblätter 5—10. Stengel meist ohne Blätter, Dolde endständig. Blätter alle grundständig, Umriß länglich 3-eckig. VII—VIII. 3—15 cm. — In steinigen Matten und Felsspalten bis 3000 m; kalkmeidend; zerstreut.

Meisterwurz, *Imperatória ostrúthium.* Blüten rötlichweiß. Hülle 0—2-, Hüllchen 1—2-blättrig. Stengel rund. Blätter 2—3-zählig gefiedert. Fiederchen 4—7 cm breit, eiförmig, doppelt gesägt, us blaßgrün. Blattscheiden bauchig. VI—VIII. 30—100 cm. — In Matten, Hochstaudenfluren und Gebüsch von 1400—2700 m; zerstreut.

Österreichische Bärenklau, *Herácleum austriacum.* — Blüten weiß bis rosa. Dolde 15—30-strahlig, Randblüten größer. Hülle 0—3-blättrig, Hüllchenblätter fast fädlich. Stengel nur gestreift, oben zuweilen behaart, nie steifborstig. Blätter fiederteilig, Abschnitte eiförmig bis lanzettlich, kerbig gesägt. Blattscheiden wenig aufgeblasen. VII—VIII. 10—60 cm. — In steinigen Matten der O-Alpen, ostwärts Berchtesgaden bis 2100 m; kalkhold; zerstreut.

Berg-Bärenklau, *Herácleum sphondýlium ssp. montánum.* — Blüten weiß bis grünlich. Dolde vielstrahlig, Randblüten größer. Hülle 0—3-blättrig. Hüllchenblätter lanzettlich bis linealisch. Stengel kantig gefurcht, steifhaarig. Grundblätter bis 50 cm lang, ungeteilt bis gelappt. Stengelblätter 3-schnittig, Blattscheiden stark aufgeblasen. VI—IX. 80—160 cm. — In Hochstaudenfluren, auf Matten und Hängen bis 2100 m; verbreitet.

Breitblättriges Laserkraut, *Laserpítium latifólium.* — Blüten weiß, Dolden 20—30-strahlig. Hülle und Hüllchen 3- bis mehrblättrig. Hüllchenblätter fädlich, kaum hautrandig. Stengel rund, fein gerillt. Blätter 1—2-fach gefiedert. Fiederchen 3—10 cm lang, 2—6 cm breit, fein gesägt. Blattscheiden aufgeblasen. Pfl. stark aromatisch. VII—VIII. 60—150 cm. — In lichten Wäldern, Wiesen und Gebüsch bis 2400 m; kalkhold; zerstreut.

Berg-Laserkraut, *Laserpítium siler.* — Blüten weiß bis gelblich. Hüllchenblätter länglich, breit hautrandig. Blätter graugrün, 3—4-fach gefiedert. Fiederblätter lineal-lanzettlich, bis 7 cm lang, ungeteilt oder 3-lappig. Grundblätter bis 1 m lang. Pfl. stark aromatisch. VI—VIII. 30—100 cm. — In Matten, sonnigen Felsen und Geröll bis 2400 m; kalkhold; zerstreut.

Breitblättriges
Laserkraut
Meisterwurz
Berg-Bärenklau
Berg-Laserkraut
Alpen-
Mutterwurz
Wil
Hahnenfuß-Hasenohr
Augenwurz
Österreichische
Bärenklau
Kleine
Mutterwurz

Verwachsenkronblättrige (Sympétalae)

Kron- und meist auch Kelchblätter miteinander verwachsen.

Wintergrüngewächse (Pyroláceae)

Blüten strahlig. Kronblätter meist frei. Blätter rosettig, derb, wintergrün.

Einblütiges Wintergrün, *Pýrola uniflóra.* — Blüten weiß, radförmig, nickend, 15 bis 25 mm breit. Stengel 1-blütig. Blätter eiförmig bis eilänglich. VI—VII. 5—10 cm. — In Nadelwäldern und Erlenbrüchen bis 2100 m; zerstreut.

Einseitswendiges Wintergrün, *Pýrola secúnda.* — Blüten grünlichweiß, Griffel herausragend. Traube einseitswendig, anfangs nickend. Blätter birnblattartig, gekerbt. VI—VII. 7—25 cm. — In Nadelwäldern bis 2200 m; zerstreut.

Mittleres Wintergrün, *Pýrola média.* — Blüten weiß, Griffel dem Fruchtknoten schief eingefügt, nach oben verdickt, aus Blüte herausragend. Kelchzipfel ± abstehend. Blätter ± rundlich, kerbig gesägt. VI—VII. 15—30 cm. — In moorigen Nadelwäldern bis 2200 m; selten.

Kleines Wintergrün, *Pýrola minor.* — Ähnlich voriger Art, Griffel aber senkrecht dem Fruchtknoten eingefügt, nicht verdickt und nicht aus der Krone hervorragend. Blätter rundlich-oval. VI—VII. 10—20 cm. — In Nadelwäldern bis 2200 m; kalkmeidend; zerstreut.

Krähenbeerengewächse (Empetráceae)

Schwarze Krähenbeere, *Émpetrum nigrum.* — Blüten hell- bis dunkelrosa, 2—3-zählig, getrenntblättrig. Staubblätter purpurn. Frucht eine schwarze Steinbeere. Zwergstrauch, heidekrautähnlich. Stengel niederliegend, Äste aufsteigend. Blätter nadelartig, weiß gekielt. V—VI. 15—45 cm. — Auf schneebedeckten Hängen, im Alpenrosengebüsch und Feinschutt von 1700—3040 m; kalkmeidend; verbreitet.

Heidekrautgewächse (Ericáceae)

Blüten strahlig, selten noch freikronblättrig. Pflanzen immergrün.

Rauhblättrige Alpenrose, *Rhododéndron hirsútum.* — Blüten hellrot. Kelchzipfel länglich lanzettlich. Strauch, Äste kurz, reich verzweigt, dicht beblättert. Blätter beiderseits grün, am Rande langhaarig bewimpert. VI—VII. 20—100 cm. — An steinigen Hängen, im Krummholzgebüsch in den O-Alpen mit der W-Grenze am Genfer See von 1200—2650 m; kalkhold; häufig und bestandbildend. △

Rostblättrige Alpenrose, *Rhododéndron ferrugíneum.* — Blüten purpurrot. Kelchzipfel breit eiförmig. Strauch, unterwärts oft blattlos. Blätter am Rande umgerollt, nicht behaart, us rostbraun. VI—VII. 30—100 cm. — An Felshängen, in Legföhrengebüsch von 1000—2840 m; kalkmeidend; häufig und bestandbildend. GIFTIG! △ — Alpenrosen häufig mit lebhaft gefärbten, von einem Pilz verursachten Gallen, den Alpenrosen- oder Saftäpfeln.

Zwerg-Alpenrose, *Rhodothámnus chamaecístus.* — Blüten bläulichrot. Krone ausgebreitet, fast bis zum Grunde 5-teilig, 2,5 cm breit. Sträuchlein. Stengel 1—3-blütig, verzweigt, oben dichter beblättert. Blätter eilanzettlich, bis 8 mm lang, bewimpert. V—VII. 10—25 cm. — An sonnigen, schuttreichen Halden, im Krummholzgebüsch in den O-Alpen mit der W-Grenze am Comer See, Eisack und Allgäu von 1000 bis 2400 m; kalkhold; zerstreut. △

Einseitswendiges Wintergrün
Einblütiges Wintergrün
Mittleres Wintergrün
Kleines Wintergrün
Rauhblättrige Alpenrose
Rostblättrige Alpenrose
Zwerg-Alpenrose
Schwarze Krähenbeere
Wil

Alpenazalee, *Loiseleūria procúmbens.* — Blüten rosa, Kelch dunkelrot. Dolde armblütig. Niederliegendes Sträuchlein. Zweige 15—45 cm lang, dicht beblättert. Blätter lederig, gegenständig oder 3-quirlig, 5—7 mm lang, am Rande umgerollt. VI—VIII. 5—15 cm. — Auf dem Winde ausgesetzten, schneefreien Stellen, Felsblöcke überziehend, von 1600—3000 m; kalkmeidend; verbreitet.

Alpen-Bärentraube, *Arctostáphylos alpina.* — Blüten weißlich, Krone krugförmig, Zipfel abstehend. Traube aufrecht, 2—5-blütig. Steinfrucht unreif rot, reif schwarzblau. Kriechender Zwergstrauch. Blätter sommergrün, eiförmig, beiderseits netznervig, am Grunde bewimpert, scharf gesägt, im Herbst rot. V—VI. 15—30 cm. — An Felsen und schattigen Hängen von 1500—2650 m; zerstreut.

Immergrüne Bärentraube, *Arctostáphylos úva-úrsi.* — Blüten weiß oder rosa. Traube 3—12-blütig, nickend. Frucht rot, mehlig. Äste 30—100 cm lang, niederliegend. Blätter immergrün, ganzrandig, kahl. III—VII. 20—60 cm. — In lichten Wäldern, auf Magerweiden und in Felsnischen bis 2780 m; zerstreut.

Schneeheide, *Eríca cárnea.* — Blüten fleischfarben, Staubblätter länger als Krone. Traube einseitswendig. Strauch, Äste sparrig, ± aufsteigend. Blätter nadelförmig, 4-quirlig. III—VI. 15—30 cm. — An sonnigen Felshalden bis 2650 m vom Genfer See ostwärts; kalkhold; verbreitet und bestandbildend.

Preiselbeere, Kronsbeere, *Vaccínium vítis-idǣa.* — Blüten weiß bis rosa, meist 4-zähnig. Frucht rot, oben mit Kelchrand. Sträuchlein, Stengel rund. Blätter wintergrün, glänzend, am Rande umgerollt, us hellgrün. V—VIII. 10—30 cm. — In lichten Nadelwäldern und an trockenen Hängen bis 3040 m; kalkmeidend; häufig.

Rauschbeere, Moorbeere, *Vaccínium uliginósum.* — Blüten weiß bis rosa, meist 5-zähnig, krugförmig. Frucht schwarzblau, bereift, Saft farblos. Stengel rund, braun. (Heidelbeere: Frucht kleiner, Saft dunkelrot, Stengel kantig, grün!) Blätter sommergrün, verkehrt-eiförmig, ganzrandig, flach, us blaugrün, stark netzadrig. V—VII. 15—90 cm. — In moorigen Wäldern, Torfmooren und Legföhrengebüsch bis 3100 m; kalkmeidend; verbreitet.

Schlüsselblumengewächse (Primuláceae)

Blüten strahlig. Blätter oft in Rosetten, ungeteilt.

Mehlprimel, *Prímula farinósa.* — Blüten rotviolett, Schlund gelb. Kronblätter 2-spaltig, Kronröhre 3—6 mm lang. Schaft 2—15 cm lang. Dolde reichblütig. Blätter dünn, länglich-spatelig. Nerven deutlich. Pfl. dicht mehlig bestäubt. V—VII. 5—30 cm. — In Flachmooren und sumpfigen Wiesen bis 2900 m; verbreitet. △

Langblütige Primel, *Primula hálleri.* — Voriger Art sehr ähnlich, aber Kronröhre 20—30 mm. Schaft 10—30 cm lang. VI—VII. 10—35 cm. — In sonnigen Matten, an Felsen von 1000—2900 m; kalkhold; verbreitet. △

Aurikel, *Prímula auricula.* — Blüten gelb, Schlund mehlig. Dolde 4—12-blütig. Blätter fleischig, verkehrt-eiförmig, in Blattstiel verschmälert. Blattränder und oft auch ganze Pfl. mehlig. IV—VII. 5—25 cm. — In Felsspalten und Klüften von 1600 bis 2500 m; kalkhold; zerstreut. △

Alpen-Bärentraube
Immergrüne Bärentraube
Schneeheide
Preiselbeere
Alpenazalee
Rauschbeere
Aurikel
Mehlprimel
Langblütige Primel
Wil

Drüsige Primel, *Prímula hirsúta.* — Blüten rosa. Schlund weißlich. Kronblätter ausgerandet. Blütenschaft meist kürzer als Blätter. Blätter verkehrt-eiförmig, rasch in Blattstiel verschmälert, vorn gesägt. Pfl. dicht drüsig, an Drüsen Sandkörnchen klebend. IV—VI. 1—7 cm. — In Felsspalten und Klüften der S- und Zentralalpen, von Piemont bis Hohe Tauern von 1500—3600 m; kalkmeidend; häufig. △

Zwergprimel, *Prímula mínima.* — Blüten rot, später verblassend. Kronblätter tief eingeschnitten, Kronröhre weißlich. Schaft sehr kurz, meist 1-blütig. Blätter keilförmig, bis 1,5 cm lang, vorn breit gestutzt und scharf gezähnt, drüsig. VI—VII. 1 bis 4 cm. — In Gesteinsschutt und Schneetälchen der O-Alpen, westl. bis Loisach und Stubai von 1600—3000 m; kalkmeidend; verbreitet. △

Klebrige Primel, *Prímula glutinósa.* — Blüten dunkelblau, später schmutzigviolett, sitzend. Kronblätter eingeschnitten, Schlund drüsig, Schaft 1—7-blütig. Blätter schmalkeilförmig, 2—6 cm lang, fein gezähnt, sehr klebrig. VII—VIII. 2—7 cm. — In Magermatten, auf feuchtem Felsgrus der Zentral- und O-Alpen, westl. bis Arosa von 1800—3100 m; kalkmeidend; verbreitet. △

Ganzrandige Primel, *Prímula integrifólia.* — Blüten rotviolett. Kronblätter 2-spaltig, Schlund drüsig-flaumig. Kelch oft rötlich, Schaft 1—3-blütig. Blätter 1—2 cm lang, elliptisch, ganzrandig, locker behaart, etwas glänzend. VI—VII. 2—6 cm. — Auf nassen Böden in den Mittleren Alpen, von den Schweizer Seen bis Arlberg und Adda von 1500—3050 m; kalkmeidend; zerstreut. △

Clusius' Primel, *Primula clusiána.* — Blüten rosa oder violett. Kronblätter $^1/_2$ gespalten, Schlund weißlich, Schaft 2—5-blütig. Blätter 2—4 cm lang, oval, ganzrandig, mit Knorpelrand, grasgrün, glänzend, am Rande wie Schaft und Kelch drüsig. V—VII. 2—10 cm. — Auf Schnee und feuchten Steinböden der O-Alpen, westl. bis zum Königssee von 1700—2300 m; kalkhold; zerstreut. △

Goldprimel, *Vitaliána primuliflóra.* — Blüten goldgelb, einzeln, röhrig-tellerförmig, Schlund mit Schuppen. Stengel niederliegend, ästig. Blätter schmal-linealisch, us und am Rande weichhaarig. V—VIII. 5—10 cm. — Auf feuchten und steinigen Böden der W-Alpen bis zum Tessin und Südtirol von 1700—3100 m; zerstreut.

Heilglöckchen, *Cortúsa matthíoli.* — Blüten rot, nickend. Krone mit 5 spitzen Zipfeln. Dolde 5—12-blütig. Blätter grundständig, langgestielt, rundlich-herzförmig, gelappt, behaart, us Nerven stark hervortretend. VI—VIII. 15—40 cm. — In Schluchten und feuchtem Gebüsch von 1000—2000 m; selten. In den W-Alpen sehr selten, in den NO-Alpen häufiger.

Alpenveilchen, *Cyclámen purpuráscens.* — Blüten karminrot, einzeln. Kronblätter zurückgeschlagen. Grundachse knollig. Blätter immergrün, nieren-herzförmig, schwach gekerbt, os dunkelgrün, silbrig gefleckt, us karminrot. VI—IX. 5—15 cm. — In steinigen Laubwäldern und Gebüsch der S- und O-Alpen (sehr selten in den Zentral- und N-Alpen) bis 2000 m; kalkhold; zerstreut. △

Kleinstes Alpenglöckchen, *Soldanélla mínima.* — Blüten hellila bis weiß, innen violett gestreift, hängend, ca. $^1/_3$ fransig zerschlitzt. Stengel meist 1-blütig. Blätter dicklich, rundlich, wie Blütenstiel ± drüsig. V—VII. 4—9 cm. — In feuchtem Steinschutt und auf Schneeböden der südl. Kalkalpen, ostwärts von Veltlin sowie im Ammer-Gebirge (N-Alpen) von 1500—2500 m; kalkhold; zerstreut. Ostwärts der Traun die nur wenig abweichende *ssp. austriaca.*

Klebrige Primel
Kleinstes Alpenglöckchen
Clusius' Primel
Drüsige Primel
Goldprimel
Alpenveilchen
Zwergprimel
Heilglöckchen
Ganzrandige Primel
Wil

Echtes Alpenglöckchen, *Soldanélla alpína.* — Blüten blauviolett, nickend. Krone bis 1/2 ungleichmäßig fransig, mit Schlundschuppen. Stengel meist mehrblütig. Blätter rundlich-nierenförmig, ganzrandig, über 1,5 cm breit. IV—VI. 5—15 cm. — Auf feuchten Matten bis 3000 m; kalkhold; zerstreut.

Kleines Alpenglöckchen, *Soldanélla pusílla.* — Blüten rotlila, nickend. Krone nur wenig zerschlitzt. Stengel 1—(2)-blütig. Blätter nierenförmig, os mit vorspringenden Nerven, schwach drüsig, verkahlend. V—VII. 2—10 cm. — In Schneetälchen und von Schneewasser durchfeuchteten Stellen der O-Alpen (W-Grenze Berner Alpen und Ostwallis) von 1500—3100 m; kalkmeidend; zerstreut.

Schweizer Mannsschild, *Andrósace helvética.* — Blüten weiß, 4—6 mm breit, einzeln, blattachselständig. Blätter bis 3 mm lang, seidig glänzend behaart. Pfl. in halbkugeligen Polstern. V—VII. 2—5 cm. — In sonnigen, schneefreien Felsspalten von 1600—3500 m; kalkhold; zerstreut. △

Alpen-Mannsschild, *Andrósace alpína.* — Blüten rosa, 5—6 mm breit, einzeln, gestielt, blattachselständig. Kronblätter glattrandig. Kelch behaart. Blätter klein, dicht, am Gipfel der Äste rosettig gehäuft, behaart. Pfl. locker polsterförmig. VII—VIII. 2—5 cm. — In feuchtem Felsschutt der Zentralalpen bis Kärnten von 1950—4200 m; kalkmeidend; zerstreut. In den Bayer. Alpen fehlend. △

Zwerg-Mannsschild, *Andrósace chamaejásme.* — Blüten weiß oder rötlich. Dolde endständig, 2—8-blütig. Blütenstiele länger als Hochblätter. Blätter in Rosette, lanzettlich, spitz, ganzrandig. Pfl. lockerrasig, zottig behaart. VI—VIII. 2—10 cm. — In trockenen Weiden und an Felsen der N-Alpen, vom Genfer See ostwärts von 1600—3000 m; kalkhold; verbreitet. △

Stumpfblättriger Mannsschild, *Andrósace obtusifólia.* — Blüten weiß oder rötlich. Dolde endständig, 2—8-blütig. Blütenstiele länger als Hochblätter. Blätter stumpflich, Rosette ausgebreitet. Pfl. voriger Art ähnlich, aber nur spärlich kurzhaarig. VI—VIII. 5—10 cm. — In trockenen Weiden von 1800—3400 m; kalkmeidend; verbreitet. △

Milchweißer Mannsschild, *Andrósace láctea.* — Blüten weiß, Kronblätter herzförmig, ausgerandet. Dolde endständig, 1—6-blütig. Blütenstiele viel länger als Hochblätter. Blätter schmal, linealisch, ganzrandig, spärlich bewimpert. Pfl. lockerrasig. V—VIII. 5—16 cm. — In Matten und an Felsen der NO-Alpen, vom Bregenzer Wald ostwärts (sonst sehr vereinzelt) von 1600—2200 m; kalkhold; zerstreut. △

Fleischroter Mannsschild, *Andrósace cárnea.* — Blüten rosa. Dolde endständig, meist 2-blütig. Blütenstiele so lang wie Hochblätter, wie Schaft flaumig behaart. Blätter pfriemlich, ganzrandig. kurzhaarig bewimpert. Pfl. rasenbildend. VI—VII. 2—8 cm. — In feuchtem Feinschutt und auf Schneeböden der W-Alpen bis zum Simplon von 2000—3000 m; kalkmeidend; sehr selten. △

Grasnelkengewächse (Plumbagináceae)

Alpen-Grasnelke, *Arméria alpína.* — Blüten rosa bis rotviolett. Hüllblätter bräunlich, häutig, kürzer als Blütenkopf. Stengel aufrecht, blattlos. Blätter rosettig, grasartig, 2—3 mm breit, 1—3-nervig. VII—X. 15—35 cm. — An Hängen und Felsen bis 3000 m; stellenweise häufig.

Schweizer Mannsschild
Kleines Alpenglöckchen
Echtes Alpenglöckchen
Alpen-Mannsschild
Zwerg-Mannsschild
Stumpfblättriger Mannsschild
Alpen-Grasnelke
Fleischroter Mannsschild
Milchweißer Mannsschild

Enziangewächse (Gentianáceae)

Blüten strahlig, meist prächtig blau, trichter-, glocken- oder stieltellerförmig. Blätter meist gegenständig und einfach.

Gelber Enzian, *Gentiána lútea.* — Blüten gelb, sternförmig, fast bis zum Grunde geteilt. Dolde 3—10-blütig, in den Achseln schalenförmiger Hochblätter. Stengel einfach, fingerdick. Blätter elliptisch, bläulichgrün, starke Bogennerven. Pfl. kahl. Wurzelstock oft armdick. VII—VIII. 80—140 cm. — In Matten, Hochstaudenfluren und Gebüsch von 1000—2500 m; selten, aber gesellig. △

Purpurblütiger Enzian, *Gentiána purpúrea.* — Blüten außen purpurn, innen gelblich, dunkel punktiert. Kelch 2-teilig, scheidenförmig. Untere Blütenquirle armblütig, an Stengelspitze kopfig gehäuft. Stengel einfach. Blätter länglich-eiförmig, untere gestielt, obere sitzend. Wurzel meterlang, dick. VII—IX. 20—60 cm. — In Magerweiden, an feuchten Hängen und im Gebüsch von 1600—2750 m in den W-Alpen bis zum Allgäu; selten. △

Ungarischer Enzian, *Gentiána pannónica.* — Blüten trübpurpurn, dunkler punktiert. Kelchzähne fast gleich lang, zurückgekrümmt. Stengel einfach, oberwärts purpurrot. Untere Blätter elliptisch, gestielt, obere länglich spitz, sitzend. VII—IX. 15—60 cm. — In Matten, Hochstaudenfluren und Gebüsch der O-Alpen, westl. bis Tirol von 1600 bis 2275 m; zerstreut. △

Punktierter Enzian, *Gentianá punctáta.* — Blüten blaßgelb, dunkelviolett punktiert. Kelch 5—8, fast gleich lange, aufrechte Zipfel. Blüten blattachselständig, nach oben kopfig gehäuft. Blätter eiförmig, länglich zugespitzt, untere gestielt, obere sitzend. VII—IX. 20—60 cm. — In Magerweiden, Gebüsch und um Almhütten der Zentralalpen bis zur Steiermark von 1400—3050 m; verbreitet. In den N-Alpen ostwärts der Salzach fehlend. △

Stengelloser Enzian, *Gentiána clúsii.* — Blüten blau, außen etwas grünlich. Krone 5—6 cm lang, Kelch aufrecht, nie eingeschnürt, der Krone fast angedrückt. Kelchzähne lanzettlich, spitz, Kelchbuchten spitz. Stengel sehr kurz bis fehlend. Grundständige Blätter lanzettlich bis elliptisch, ziemlich spitz. Stengelblätter bedeutend kleiner, scharf zugespitzt. V—VIII. 4—10 cm. — In Magermatten und feuchten Felsspalten bis 2860 m; kalkhold; verbreitet. △

Breitblättriger Enzian, *Gentiána kochiána.* — Blüten blau, innen olivgrün gefleckt. Ähnlich voriger Art, aber Kelchzipfel spatelig, abstehend. Kelchbuchten breit, mit weißer Verbindungshaut. Stengel kurz, aber immer vorhanden. Blätter elliptisch-eirund, Stengelblätter etwas stumpfer. VI—VIII. 5—10 cm. — In trockenen Matten und Geröll von 1200—3000 m; kalkmeidend; verbreitet. △

Schwalbenwurz-Enzian, *Gentiána asclepiadéa.* — Blüten blau, innen violett punktiert und gestreift, blattachselständig. Krone 5-lappig, Zipfel 3-eckig. Stengel ± überhängend. Blätter eiförmig-lanzettlich, 5-nervig. VIII—X. 15—60 cm. — In Gebüsch, Wäldern und feuchten Wiesen bis 2200 m; verbreitet. △

Schnee-Enzian, *Gentiána nivális.* — Blüten himmelblau, stieltellerförmig, 3—4 mm breit, Kronzipfel zugespitzt, -röhre weißlich. Stengel aufrecht, dünn, verästelt. Grundständige Blätter klein, stumpf, Stengelblätter eiförmig, spitz. VI—VIII. 1—15 cm. — In Magerrasen, an sonnigen Felsbändern von 1500—3000 m; verbreitet. △

Breitblättriger Enzian
Schwalbenwurz-Enzian
Purpurblütiger
Enzian
Stengelloser Enzian
Punktierter
Enzian
Schnee-Enzian
Gelber Enzian
Ungarischer Enzian
Wil

Bayerischer Enzian, *Gentiána bavárica.* — Blüten tiefblau, 15—30 mm breit, stieltellerförmig, Kronzipfel stumpf. Kelchkanten meist geflügelt. Stengel aufrecht, 1-blütig mit mindestens 3—4 Blattpaaren. Grundblätter dachziegelig gehäuft. Blätter spatelig-eiförmig. Pfl. mit blütigen und blütenlosen Trieben. VII—IX. 4—20 cm. — In feuchten Matten und Schutt von 1800—2600 m; verbreitet. △

Bayerischer Enzian (rundblättrige Form), *Gentiána rotundifólia.* — Wie vorige Art, aber Stengel verkürzt. Blätter fast rund, dicht dachziegelig. — Bis 3600 m. △

Kurzblättriger Enzian, *Gentiána brachyphýlla.* — Blüten tiefblau, stieltellerförmig. Kronröhre lang, schlank, -zipfel schmal. Kelchkanten ungeflügelt. Stengel sehr kurz, 1-blütig, nichtblühende Triebe dicht beblättert. Blätter rosettig, rundlich-rhombisch, kurz zugespitzt. Oberstes Blattpaar deutlich vom Kelch abgerückt. VII—VIII. 3 bis 6 cm. — In Matten und Schneeböden der Zentralalpen von 1800—3100 m; kalkmeidend; zerstreut. In den N-Alpen wahrscheinlich fehlend. △

Frühlingsenzian, *Gentiána vérna.* — Blüten tiefblau, stieltellerförmig, mit 2-spitzigem Anhängsel zwischen den Kronzipfeln. Kelchkanten schmal geflügelt. Stengel sehr kurz, 1-blütig und blütenlose Triebe. Blätter bis 2 cm lang, elliptisch-länglich, spitz, untere größer als obere, Mittelnerv deutlich. III—VIII. 3—12 cm. — Auf Weiden und Felsgraten bis 2900 m; kalkhold; verbreitet. △

Rundblättriger Enzian, *Gentiána orbiculáris.* — Blüten tiefblau, stieltellerförmig, Kronröhre dick, -zipfel breit, ± rund. Kelchkanten schmal geflügelt. Stengel kurz, 1-blütig, blütenlose Triebe dicht beblättert. Blätter eiförmig-rundlich, rosettig, untere etwas größer. VII—VIII. 3—6 cm. — In trockenen Matten und Felsbändern von 2000—3000 m; kalkhold; zerstreut. △

Dachziegeliger Enzian, *Gentiána terglouénsis.* — Blüten tiefblau, stieltellerförmig, Kronzipfel elliptisch, ± spitz. Stengel 1-blütig und blütenlose Triebe, dicht dachziegelig beblättert. Blätter ca. 5 mm lang, 3 mm breit, trockenhäutig, zugespitzt. VII—VIII. 3—6 cm. — In steinigen und trockenen Weiden der SO-Alpen von 1900 bis 2700 m; kalkhold; selten. △

Rauher Enzian, *Gentiána áspera.* — Blüten violett oder weißlich. Schlund bärtig. Kelchzipfel aufrecht, länger als -röhre, Kelchbuchten spitz, am Rande und auf den Kelchnerven rauhhaarig. Stengel aufrecht, vom Grunde an ästig. Blätter verkehrteiförmig, spitz, untere Blätter kleiner, vorn abgerundet. (Bei G. germánica Kelchzipfel umgerollt, am Rande schwach knotig rauh, Stengel meist nur oben kurzästig.) V—IX. 4—20 cm. — In Matten und steinigen Hängen der O-Alpen (W-Grenze Kanton Uri) von 1300—2500 m; kalkhold; verbreitet. △

Fransenenzian, *Gentiána ciliáta.* — Blüten blau, 4-zählig, am Rande lang gefranst. Stengel 1-blütig, 4-kantig, 1—3-blättrig. Blätter lineal-lanzettlich. VIII—X. 10 bis 20 cm. — In Mager- und Steinrasen bis 2500 m; kalkhold; zerstreut. △

Zarter Enzian, *Gentiána tenélla.* — Blüten schmutzig violett, 4-zählig. Schlundschuppen. Kelch glockig, abstehend, tief gleichzipfelig geteilt. Stengel vom Grunde an verzweigt, Äste bogig aufsteigend, 1-blütig. Blätter länglich-elliptisch, untere etwas rosettig. Pfl. zart. VII—IX. 4—8 cm. — In Matten und Schutt besonders der Zentralalpen von 1700—3100 m; zerstreut. △

Feldenzian, *Gentiána campéstris.* — Ähnlich voriger Art, aber Kelch ungleichzipfelig. Stengel auch oben verästelt. — Bis 2500 m; kalkmeidend; selten. △

Rauher Enzian
Dachziegeliger Enzian
Kurzblättriger Enzian
Bayerischer Enzian
Feldenzian
Frühlingsenzian
Rundblättriger Enzian
Zarter Enzian
Bayerischer Enzian rundblättrige Form
Fransenenzian
Wil

Zwergenzian, *Gentiána nána.* — Blüten violettblau. Schlundschuppen. Kelch bauschig. Stengel kurz, Äste 1-blütig. Blätter verkehrt-eiförmig, vorn abgerundet. VII—IX. 2—5 cm. — Auf steinigen Grasplätzen und lockerem Schutt der Zentralalpen von Tirol, Salzburg und Kärnten von 2200—2800 m; selten. △

Saumnarbe, *Lomatogónium carinthiacum.* — Blüten blaßblau, radförmig, einzeln, endständig. Narben am Fruchtknoten leistenförmig herablaufend. Stengel vom Grunde an verästelt. Blätter nicht rosettig, untere länglich stumpf, obere spitz. VII—X. 2—15 cm. — In steinigen Weiden vor allem in den Tauern, ferner in den Berchtesgadener Alpen und Funtensee-Bergen von 1400—2600 m; sehr zerstreut.

Rauhblattgewächse (Boragináceae)

Blüten regelmäßig. Fruchtknoten 4-teilig. Pflanze meist rauhhaarig. Blätter wechselständig.

Alpen-Vergißmeinnicht, *Myosótis alpéstris.* — Blüten blau. Kelch weißfilzig, Haare hakig. Stengel aufrecht, Blütenstand gedrängt, dicht. Blätter lanzettlich. VI—VII. 5—10 cm. — In feuchten Matten und Schutt von 1600—3000 m; häufig.

Himmelsherold, *Eritrichium nánum.* — Blüten blau. Stengel verästelt, 3—6-blütig. Blätter lanzettlich. Pfl. ähnlich Vergißmeinnicht, seidig glänzend behaart, polsterig. VII—VIII. 2—5 cm. — In Felsspalten und auf Graten der Zentral- und SO-Alpen von 2500—3390 m; kalkmeidend; selten.

Alpen-Wachsblume, *Cerinthe glábra.* — Blüten gelblich, Saum goldgelb, Zähnchen zurückgekrümmt, in Buchten purpurrote Flecken. Frucht 2-teilig. Stengel aufrecht, dicht beblättert und Blattrosette. Blätter ganzrandig, verkehrt-eiförmig, obere halbumfassend. Pfl. kahl, bläulich bereift. VI—VIII. 30—45 cm. — In Lägern, Hochstaudenfluren und Gebüsch bis 2650 m; zerstreut.

Lippenblütler (Labiátae)

Blüten 2-seitig, meist mit Ober- und Unterlippe. Fruchtknoten 4-teilig. Stengel 4-kantig. Blätter kreuzgegenständig.

Berggamander, *Teúcrium montánum.* — Blüten gelblichweiß, kopfig gehäuft. Oberlippe klein, Unterlippe daher 5-zipfelig. Stengel niederliegend. Blätter sitzend ganzrandig, lanzettlich, Rand umgerollt, us graufilzig. VI—VIII. 5—35 cm. — In Felsspalten und Abhängen bis 2350 m; kalkhold; zerstreut.

Alpen-Steinquendel, *Saturéja alpina.* — Blüten violett, 1,5—2 cm lang. Quirle wenigblütig, blattachselständig. Stengel niederliegend-aufsteigend, schwach behaart. Blätter eiförmig-lanzettlich, kurzgestielt, vorn gesägt. VI—VIII. 10—30 cm. — An trockenen Abhängen und Felsbändern bis 2550 m; verbreitet.

Pyrenäen-Drachenmaul, *Hormínum pyrenáicum.* — Blüten violett. Quirle 2—6-blütig. Scheinähre endständig, einseitswendig. Stengel einfach. Blätter rosettig, groß, verkehrt-eiförmig, gekerbt, runzlig. Stengelblätter viel kleiner, ganzrandig, spitz. VI—VIII. 10—25 cm. — In Magerweiden von 1400—2450 m; kalkhold; zerstreut.

Pyramidengünsel, *Ájuga pyramidális.* — Blüten hellblau, Oberlippe sehr kurz. Stengel steif aufrecht. Unterste Blätter rosettig, verkehrt-eiförmig, stumpf, etwas gekerbt. Hochblätter meist rotviolett, ganzrandig, doppelt so lang wie Blüten. Pfl. kurzhaarig, 4-kantig pyramidal. VII—VIII. 10—20 cm. — In Matten, an Waldrändern und Schlagstellen von 1300—2700 m; kalkmeidend; verbreitet.

Himmelsherold
Saumnarbe
Berggamander
Alpen-Vergißmeinnicht
Pyramidengünsel
Zwergenzian
Alpen-Steinquendel
Alpen-Wachsblume
Pyrenäen-Drachenmaul

Rachenblütler, Braunwurzgewächse (Scrophulariáceae)

Blüten oft Lippenblüten ähnlich, aber Fruchtknoten nie 4-teilig. — Alle *Verónica*-Arten: Krone 4-zählig, fast bis zum Grunde geteilt, nur 2 Staubblätter.

Alpen-Leinkraut, *Linária alpina.* — Blüten violett und orangeroter Schlund, oder einfarbig. Sporn. Traube armblütig, endständig. Stengel niederliegend, verästelt. Blätter quirlständig, klein, lineal-lanzettlich, dicklich, blaugrün. VI—IX. 5—15 cm. — In bewegtem Schutt und Geröll von 1200—3400 m; zerstreut.

Felsen-Ehrenpreis, *Verónica frúticans.* — Blüten tiefblau, Schlundring rot. Stengel am Grunde holzig, verzweigt, wenigblütig, anliegend behaart. Blätter verkehrt-eilänglich oder elliptisch, dicklich, glänzend. VI—VII. 5—15 cm. — An sonnigen Felsen und in steinigen Matten von 1200—2800 m; verbreitet.

Strauchiger Ehrenpreis, *Verónica fruticulósa.* — Blüten rosa, dunkler geadert. Traube endständig, drüsig-flaumig, wenigblütig. Halbstrauch, auch blütenlose Triebe. Blätter länglich-elliptisch, kurzgestielt, dicklich, glänzend. Stengel und Blätter anliegend behaart. VII—VIII. 10—20 cm. — In steinigen Matten und Felsbändern bis 2700 m; kalkhold; zerstreut.

Alpen-Ehrenpreis, *Verónica alpina.* — Blüten blau, 5—6 mm breit. Traube gedrungen endständig. Stengel behaart. Grundblätter nicht rosettig, kleiner als übrige Blätter. Diese rundlich-eiförmig, ganzrandig oder gekerbt, ± behaart. VI—VIII. 2—15 cm. — In Schneeböden und feuchten Matten von 1500—3200 m; verbreitet.

Gänseblümchen-Ehrenpreis, *Verónica bellidioides.* — Blüten trübblau. Traube drüsig, endständig. Stengel aufrecht. Grundblätter dicht rosettig, größer als Stengelblätter, verkehrt-eiförmig. Pfl. dicht behaart. VII—VIII. 5—20 cm. — In Magerrasen von 1400—3100 m; kalkmeidend; verbreitet (in Deutschland nur im Allgäu und Wetterstein).

Blattloser Ehrenpreis, *Verónica aphýlla.* — Blüten blau. Kelch drüsig. Traube 2—5-blütig, langgestielt, ± unbeblättert. Blätter rosettig, sitzend, verkehrt-eiförmig, etwas gekerbt. VI—VIII. 3—8 cm. — In steinigen Matten von 1200—2800 m; kalkhold; verbreitet.

Blaues Mänderle, *Verónica bonaróta.* — Blüten hellila. Krone 2-lippig, Zipfel so lang wie Kronröhre. Kelch- und Tragblätter purpurrot. Traube locker, endständig. Stengel aufrecht. Blätter eiförmig-rundlich, grob gesägt, kurzgestielt. VI—VIII. 8—15 cm. — In Felsspalten der Dolomiten und Julischen Alpen bis 2500 m; kalkhold; selten.

Gelbes Mänderle, *Verónica lútea.* — Blüten blaßgelb. Blätter schmaler, scharf gesägt, mattgrün. — In den SO-Alpen, sehr selten in den Berchtesgadener Alpen und am Hochkönig.

Alpen-Leberbalsam, *Erínus alpínus.* — Blüten hellviolett, 5-zipflig, Kronblätter ausgerandet. Narbe mit „Öhrchen". Traube wenigblütig. Mehrere Stengel aus Blattrosetten, ± behaart. Blätter spatelförmig, kurzgestielt, vorn gekerbt. V—VII. 10 bis 20 cm. — An Felsen und Hängen der W-Alpen bis Gardasee und Arlberg von 1200 bis 2350 m; kalkhold; zerstreut.

Wulfenie, *Wulfénia carinthiaca.* — Blüten blauviolett, 2-lappig, Schlund bärtig. Staubblätter 2. Kelch 5-teilig, rotviolett. Traube gedrungen, einseitswendig. Stengelblätter schuppig. Rosettenblätter über 10 cm lang, verkehrt-eiförmig, gekerbt, dicklich, glänzend. VII—VIII. 15—40 cm. — Auf feuchten Matten in Kärnten und den Gailtaler Alpen von 1000—2000 m; sehr selten, aber oft in Massen. △

Alpen-Leinkraut
Felsen-Ehrenpreis
Alpen-Leberbalsam
Strauchiger Ehrenpreis
Blattloser Ehrenpreis
Wulfenie
Alpen-Ehrenpreis
Gänseblümchen-Ehrenpreis
Gelbes Mänderle
Blaues Mänderle
Wil

Alpenhelm, Augentrost und Läusekraut sind Halbschmarotzer auf Süß- und Sauergräsern, Alpenrachen auf großblättrigen Stauden, z. B. Alpen-Sauerampfer.

Alpenhelm, *Bártsia alpína.* — Blüten dunkelviolett, Oberlippe helmförmig, Unterlippe flach. Kelch 4-spaltig, drüsig-zottig. Ähre fast kopfig. Tragblätter groß. Stengel aufrecht. Blätter kreuzgegenständig, eiförmig, stumpf, gekerbt, halbumfassend, alle oder nur die obersten trübviolett. V—VIII. 5—10 cm. — Auf feuchten Matten und an nassen Orten bis 2950 m; verbreitet.

Zwerg-Augentrost, *Euphrásia mínima.* — Blüten lilaweiß mit gelbem Unterlippenfleck oder ganz gelb, Lippe 3-spaltig. Stengel aufrecht, einfach oder wenig ästig. Blätter eiförmig, Ränder mit 2—4 Zähnen, nie grannig bespitzt. VII—IX. 2—10 cm. — In Magermatten von 1200—3500 m; kalkmeidend; zerstreut.

Salzburger Augentrost, *Euphrásia salisburgénsis.* — Blüten weißlich, 6—8 mm lang, Oberlippe blau, Unterlippe mit gelbem Fleck und dunkel gestreift. Stengel aufrecht. Grundblätter lanzettlich mit 3—5 stumpfen Zähnen. Obere Blätter ± fiederteilig, 2—5 grannig bespitzte Zähne. VII—IX. 10—20 cm. — In Felsschutt und Matten bis 3300 m; kalkhold; zerstreut.

Gelbes Läusekraut, *Pediculáris foliósa.* — Blüten blaßgelb, bis 25 mm lang. Oberlippe und Kelchkanten rauhhaarig. Tragblätter gefiedert, länger als Blüten. Stengel behaart. Grundständige Blätter langgestielt, doppelt gefiedert. VI—VIII. 15—50 cm. — In Matten und Krummholz von 1400—2400 m; kalkhold; verbreitet. △

Quirlblättriges Läusekraut, *Pediculáris verticilláta.* — Blüten rot, 17—18 mm lang. Oberlippe helmförmig, ungeschnäbelt. Kelch aufgeblasen, grauhaarig. Traube kurz. Kelch und Tragblätter oft purpurn. Meist mehrere Stengel. Blätter tief fiederspaltig, Stengelblätter zu 3—4 quirlig. VI—VIII. 5—30 cm. — In steinigen Weiden und an Hängen von 1800—2800 m; kalkhold; verbreitet.

Geschnäbeltes Läusekraut, *Pediculáris rostráto-capitáta.* — Blüten hellpurpurn, Oberlippe lang geschnäbelt, Unterlippe bewimpert. Kelchzipfel blattartig, gekerbt. Traube 3—12-blütig, kopfig. Stengel aufsteigend, wenig beblättert. Blätter und Tragblätter lanzettlich, doppelt fiederteilig, etwas kraus. VI—VIII. 5—20 cm. — In Mager- und Steinrasen der O-Alpen (W-Grenze Unterengadin) und Berchtesgadener Alpen von 1140—2870 m; kalkhold; zerstreut.

Alpenrachen, *Tózzia alpína.* — Blüten goldgelb, 6—8 mm lang, fast regelmäßig. Unterlippe rot oder braun punktiert. Stengel reichverzweigt, Kanten behaart. Blätter kreuzgegenständig. Pfl. fettig glänzend. VI—VII. 20—50 cm. — In Hochstaudenfluren und Gebüsch von 1200—2400 m; kalkhold; zerstreut.

Fettkrautgewächse (Lentibulariáceae)

Blüten 2-seitig, Krone 2-lippig, gespornt. Blätter rosettig, nach oben umgerollt, drüsig behaart, ungeteilt. Fleischfressende Pflanzen.

Gemeines Fettkraut, *Pinguícula vulgáris.* — Blüten blauviolett, weißer Schlundfleck. V—VIII. 5—15 cm. — An quelligen und moorigen Orten bis 2300 m; zerstreut.

Alpen-Fettkraut, *Pinguícula alpína.* — Blüten weiß mit 2 gelben, behaarten Streifen. V—VI. 2—15 cm. — Bis 2600 m; kalkhold; zerstreut.

Quirlblättriges Läusekraut
Gelbes Läusekraut
Alpenrachen
Gemeines Fettkraut
Geschnäbeltes Läusekraut
Salzburger Augentrost
Alpenhelm
Wil
Zwerg-Augentrost
Alpen-Fettkraut

Kugelblumengewächse (Globulariáceae)

Blüten 2-seitig. Staubblätter weit aus der Krone herausragend.

Herzblättrige Kugelblume, *Globulária cordifólia.* — Blüten hellblau, 5-zipflig. Köpfchen 10—15 mm breit. Stengel ohne oder mit 1—2 Blattschuppen. Pfl. kriechend, ästig, verholzend. Blätter bis 25 mm lang, länglich-keilförmig, vorn stumpf, ausgerandet. V—VIII. 3—10 cm. — An Felsen, in steinigen Matten und trockenem Schutt bis 2800 m; kalkhold; verbreitet.

Nacktstengelige Kugelblume, *Globulária nudicaúlis.* — Blüten blaulila, 3-zipflig. Köpfchen 18—25 mm breit. Blätter länglich, keilförmig, in Blattstiel verschmälert, ganzrandig. Pfl. krautig. V—VIII. 10—30 cm. — In Matten, lichten Wäldern und Gebüsch bis 2540 m; kalkhold; verbreitet.

Wegerichgewächse (Plantagináceae)

Alpenwegerich, *Plantágo alpína.* — Blüten weißlich, 4-zipflig. Staubfäden aus Krone herausragend. Ähre 1—4 cm lang, anfangs nickend. Blätter dicklich, in grundständiger Rosette, linealisch, ganzrandig. V—VII. 2—10 cm. — In Matten von 1500—2700 m ostwärts bis zu den Allgäuer Alpen; verbreitet.

Labkrautgewächse (Rubiáceae)

Blüten regelmäßig, Fruchtknoten unterständig. Blätter quirlständig.

Schweizer Labkraut, *Gálium helvéticum.* — Blüten gelblichweiß, Fruchtstiele hängend. Stengel 4-kantig, kurzgliedrig. Blätter meist 6-quirlig, zugespitzt, dicklich, hellgrün, Mittelnerv undeutlich. Pfl. kriechend, dichtrasig. VII—VIII. 2—10 cm. — In feinem Felsschutt der W- und N-Alpen bis Trient und zum Dachstein von 2000 bis 2900 m; kalkhold; verbreitet.

Alpen-Labkraut, *Gálium anisophýllum.* — Blüten gelblichweiß, Rispe doldig. Stengel kurzgliedrig. Blätter (5—)8-quirlig, obere vorn keilförmig, Mittelnerv deutlich. Pfl. dichtrasig, blütenlose Triebe niederliegend, Blätter stachelspitzig. VII—IX. 5 bis 15 cm. — In steinigen Matten von 1500—2650 m; zerstreut.

Geißblattgewächse (Caprifoliáceae)

Blüten regelmäßig oder 2-seitig. Häufig 2 Blüten auf gemeinsamem Stiel, die beiden unterständigen Fruchtknoten bzw. Früchte ± verwachsen.

Nordisches Moosglöckchen, *Linnæ̃a boreális.* — Blüten rosa, Glöckchen ungleich 5-lappig, nickend. Stengel kriechend, blütige Triebe aufrecht. Blätter rundlich, vorn gekerbt, derb. VII—VIII. Bis 15 cm. — In moosreichen Nadelwäldern, Felsblöcke überziehend, der Zentralalpen von 1270—2200 m; zerstreut, aber gesellig.

Blaue Heckenkirsche, *Lonícera coerúlea.* — Blüten gelblich, trichterförmig-glockig, länger als Blütenstiele. 2 Fruchtknoten verwachsen. Frucht blauschwarz. Strauch, Rinde rot, rissig. Blätter 2—8 cm lang, oval, us bläulich. VI—VII. 60—200 cm. — In Fichtenwäldern, Knieholz und Gebüsch bis 2630 m; zerstreut.

Alpen-Heckenkirsche, *Lonícera alpígena.* — Blüten trübrosa, 2-lippig. Blütenstiele länger als Blüten. 2 Fruchtknoten verwachsen. Frucht rot. Strauch. Blätter 7—10 cm lang, elliptisch, scharf zugespitzt, us glänzend. V—VII. 60—150 cm. — In Laub-, Mischwäldern und Gebüsch bis 2300 m; kalkhold; selten.

Herzblättrige Kugelblume
Schweizer Labkraut
Alpen-Labkraut
Alpenwegerich
Nacktstengelige Kugelblume
Blaue Heckenkirsche
Alpen-Heckenkirsche
Wil
Nordisches Moosglöckchen

Baldriangewächse (Valerianáceae)

Blüten schwach unregelmäßig. Früchtchen mit Haarkranz. *Valeriána* 3 Staubblätter.

Echter Speik, *Valeriána céltica.* — Blüten gelb-, außen oft rötlich. Traube armblütig, walzenförmig. Stengel gefurcht, 1—2 Blattpaare. Blätter glänzend, dunkelgrün. Wurzelstock mit durchdringendem Baldriangeruch! VII—VIII. 2—15 cm. — In Matten der O-Alpen von 2000—2800 m; kalkmeidend; selten. △

Zwergbaldrian, *Valeriána supína.* — Blüten blaßrot, kopfig gehäuft, mit Hochblättern. Stengel ± aufsteigend. Blätter spatelig, dicklich. VII—VIII. 3—15 cm. — In Felsschutt und auf Schneeböden von 1800—2700 m; kalkhold; selten. In den W-Alpen fehlend.

Dreiblättriger Baldrian, *Valeriána trípteris.* — Blüten weiß-rosa. Trugdolde endständig, locker. Stengel 2—3 Blattpaare, Blätter 3-teilig oder 3-schnittig, grob gesägt. Grundblätter langgestielt, herz-eiförmig, matt, bläulichgrün. IV—VII. 10—60 cm. — In Gebüsch und an felsigen Hängen bis 2500 m; verbreitet.

Felsenbaldrian, *Valeriána saxátilis.* — Blüten weiß in Trugdolden. Stengel ohne oder mit 1 linealischem Blattpaar. Grundblätter länglich-eiförmig, in Stiel verschmälert, ganzrandig oder schwach gezähnt. VI—VIII. 5—30 cm. — In Felsspalten vom Tessin ostwärts von 1100—2500 m; kalkhold; verbreitet.

Bergbaldrian, *Valeriána montána.* — Blüten rosa oder weiß. Trugdolde dicht, endständig. Stengel kahl oder behaart, 3—8 Blattpaare, eiförmig-lanzettlich, sitzend. Untere Blätter rundlich-eiförmig, kurzgestielt. Pfl. derb, sattgrün. IV—VII. 20 bis 60 cm. — In Felsritzen und -schutt bis 2700 m; kalkhold; verbreitet.

Kardengewächse (Dipsacáceae)

Blüten in Köpfchen. Einzelblüte mit 4 Staubblättern, Staubbeutel frei.

Glänzende Skabiose, *Scabiósa lúcida.* — Blüten rotlila, ungleich 5-zipflig. Köpfchen 2—3 cm breit, Randblüten größer. Blütenboden mit Spreublättern. Stengel meist einfach, 1-köpfig. Blätter gegenständig, glänzend, unterste gestielt, länglich, gekerbt, obere sitzend, fiederspaltig. VII—IX. 10—30 cm. — In Steinrasen und an Hängen von 1000—2600 m; kalkhold; zerstreut.

Glockenblumengewächse (Campanuláceae)

Blüten regelmäßig, röhrig oder glockig. Fruchtknoten unterständig.

Zierliche Glockenblume, *Campánula cochleariifólia.* — Blüten blaßblau, bauchig-glockig, nickend. Kelchzipfel borstlich. Traube einseitswendig. Stengel unten steifhaarig. Untere Blätter gestielt, eiförmig-rundlich, gesägt, obere schmal, sitzend. Pfl. dichtrasig. VI—IX. 5—20 cm. — An Felsen und in feuchtem Schutt bis 3000 m; kalkhold; verbreitet.

Scheuchzers Glockenblume, *Campánula scheúchzeri.* — Blüten blauviolett, weitglockig, 18—25 mm lang. Knospen nickend. Stengel 1-, selten mehrblütig. Blätter lineal-lanzettlich, sitzend, meist ganzrandig, obere schmaler. VII—IX. 5—40 cm. — In Matten von 1400—3100 m; verbreitet.

Bärtige Glockenblume, *Campánula barbáta.* — Blüten hellblau, Zipfel bärtig. Kelchanhängsel ± 1/2 Fruchtknoten, zurückgeschlagen. Traube einseitswendig. Rosettenblätter länglich-lanzettlich, fast ganzrandig. Pfl. rauhhaarig. VI—VIII. 10—40 cm. — In Weiden und Gebüsch von 1500—2800 m; kalkmeidend; verbreitet.

Dunkle Glockenblume, *Campánula púlla.* — Blüten dunkelviolett, 17—22 mm lang, weitglockig, nickend. Kelchzipfel lineal, spitz, aufrecht. Stengel aufrecht, 1-blütig. Blätter kahl, etwas glänzend, untere rundlich-spatelig, obere lanzettlich. VII—VIII. 5—15 cm. — Auf steinigen Matten, an feuchten Felsen der O-Alpen, westl. bis zum Tennengebirge und Radstädter Tauern von 1500—2200 m; stellenweise häufig.

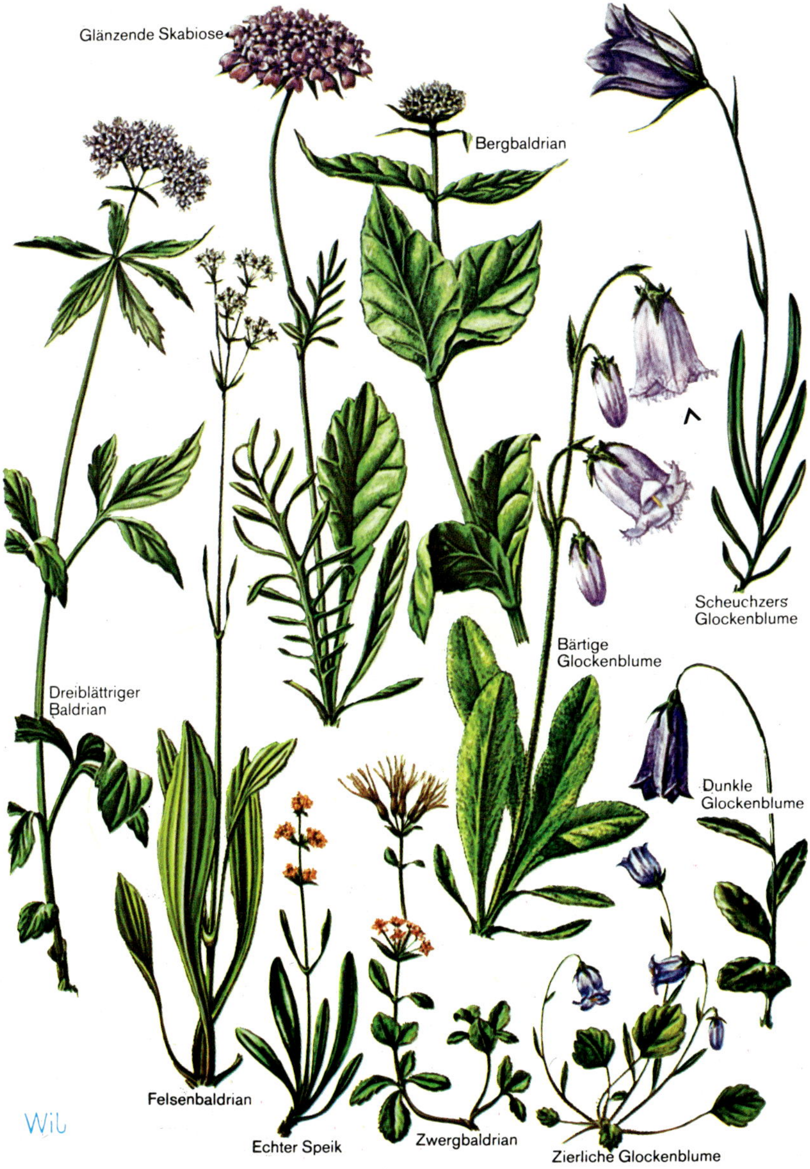

Glänzende Skabiose
Bergbaldrian
Scheuchzers Glockenblume
Bärtige Glockenblume
Dreiblättriger Baldrian
Dunkle Glockenblume
Felsenbaldrian
Echter Speik
Zwergbaldrian
Zierliche Glockenblume
Wil

Alpen-Glockenblume, *Campánula alpína.* — Blüten hellblau, nickend. Kelchzipfel länger als 1/2 Kronröhre, Kelchanhängsel kurz und zurückgekrümmt. Blätter lineal-lanzettlich. Pfl. zottig. VII—VIII. 5—15 cm. — In steinigen Weiden und an Felsen der O-Alpen (W-Grenze Wendelstein) von 1250—2400 m; zerstreut.

Nickende Glockenblume, *Campánula zoýsii.* — Blüten blauviolett, nickend, walzlich, am Grunde bauchig. Kelchzipfel abstehend. Traube 1—4-blütig. Grundblätter eiförmig-rundlich, langgestielt, obere Blätter viel schmaler, fast sitzend. VII—VIII. 2—10 cm. — In Felsbändern und Schutt der SO-Alpen von 1500—2100 m; kalkhold; selten.

Strauß-Glockenblume, *Campánula thyrsoídea.* — Blüten blaßgelb, walzenförmig. Ähre kolbenförmig. Stengel aufrecht, dicht beblättert. Blätter länglich, behaart. VI—VIII. 10—50 cm. — In sonnigen Rasen und an Hängen von 1000—2600 m; kalkhold; zerstreut.

Die Blüten von *Phytēūma* sind meist krallenförmig gekrümmt und sitzend.

Betonienblättrige Teufelskralle, *Phytēūma betonicifólium.* — Blüten blaulila. Ähre zylindrisch. Stengel oberwärts fast blattlos. Grundblätter langgestielt, 2—4mal länger als breit, gekerbt gesägt. VI—IX. 20—70 cm. — In Magerrasen und Gebüsch der W-Alpen bis Tirol und Salzburg von 1100—2600 m; kalkmeidend; verbreitet.

Halbkugelige Teufelskralle, *Phytēūma hemisphǣricum.* — Blüten blauviolett. Köpfchen fast kugelig, 10—12-blütig. Stengel dünn. Blätter lineal, grasartig. VII—VIII. 4—10(30) cm. — In Matten der W-Alpen bis Salzburg von 1700—3600 m; kalkmeidend; verbreitet.

Schopfige Teufelskralle, *Phytēūma comósum.* — Blütengrund blaßlila und bauchig, Blütenschnabel dunkelviolett. Dolde locker, kopfig. Hüllblätter groß. Stengel wenig beblättert. Grundblätter langgestielt, herz-nierenförmig, grob gesägt. VI—VII. 5 bis 15 cm. — In Felsspalten und -bändern bis 2000 m der S-Alpen, Dolomiten, Karnischen und Julischen Alpen; kalkhold; selten.

Korbblütengewächse (Compósitae)

Viele Blüten in Köpfchen oder Körbchen mit Hüllkelch. Kelch der Einzelblüte fehlend oder als Haarkrone (Pappus). Staubbeutel zu einer den Griffel umgebenden Röhre verwachsen. Blätter meist wechselständig.

A. Scheibenblüten röhrig (Röhrenblüten), Randblüten zungenförmig (Zungenblüten).

Alpen-Maßliebchen, *Áster bellidiástrum.* — Zungenblüten weiß, Röhrenblüten gelb. Pfl. ähnlich Gänseblümchen, aber größer und Frucht mit Pappus. IV—IX. 10—30 cm. — In lichten Wäldern und an schattigen Felsen bis 2600 m; kalkhold; zerstreut.

Alpenaster, *Áster alpínus.* — Zungenblüten violett, Röhrenblüten gelb. Köpfchen 3—5 cm breit. Stengel 1-köpfig. Blätter 3-nervig, weichhaarig, ganzrandig, spatelig. VII—VIII. 5—20 cm. — In felsigen Matten und an Hängen von 1400—3100 m; verbreitet. △

Kahles Berufskraut, *Erígeron polymórphus.* — Zungenblüten lila, Röhrenblüten gelb. Stengel 1—6-köpfig. Grundblätter spatelig, stumpf, obere lanzettlich, sitzend. VII—IX. 5—30 cm. — In steinigen Matten und an Felsen von 1000—2600 m; kalkhold; verbreitet.

Gemeines Rindsauge, *Buphthálmum salicifólium.* — Blüten gelb. Köpfe 3—6 cm breit, einzeln, endständig. Hüllblätter haarspitzig. Stengel steif. Blätter länglich-lanzettlich, ± behaart. VI—IX. 15—70 cm. — In lichten Wäldern, Magerrasen und an Hängen bis 2040 m; kalkhold; verbreitet.

Schopfige Teufelskralle
Halbkugelige Teufelskralle
Nickende Glockenblume
Betonienblättrige Teufelskralle
Gemeines Rindsauge
Alpen-Glockenblume
Strauß-Glockenblume
Alpenaster
Alpen-Maßliebchen
Kahles Berufskraut
Wil

Schwarzrandige Schafgarbe, *Achilléa atráta.* — Zungenblüten weiß, Röhrenblüten weißlich, mit Spreublättern. Hüllblätter schwarzrandig. Doldentraube 3—12-köpfig. Stengel aufrecht, weichhaarig. Blätter kahl, im Umriß länglich, 1-fach fiederschnittig; Fiederblätter schmal, 2—3-spaltig, spitz. Grundblätter gestielt, obere sitzend. VII bis VIII. 10—25 cm. — In Felsschutt von 1600—4200 m; kalkhold; verbreitet.

Bittere Schafgarbe, *Achilléa clavénae.* — Zungenblüten weiß, Röhrenblüten schmutzigweiß. Spreublätter schwarzspitzig. Doldentraube 5—30 langgestielte Köpfchen. Stengel kantig. Blätter fiederspaltig. Pfl. weißgrau, filzig. VII—IX. 10—25 cm. — In Geröll und an Felsen von 1500—2500 m; kalkhold; verbreitet.

Alpen-Wucherblume, *Chrysánthemum alpínum.* — Zungenblüten weiß, Röhrenblüten gelb. Stengel 1-köpfig. Grundblätter kammförmig fiederspaltig; Fiederchen ganzrandig, obere Blätter linealisch ganzrandig. VII—VIII. 3—15 cm. — An Felsen und in Schneetälchen von 1600—3800 m; kalkmeidend; verbreitet.

Schwarzrandige Wucherblume, *Chrysánthemum atrátum.* — Zungenblüten weiß, Röhrenblüten gelb. Stengel 1-köpfig. Hüllblätter schwarzrandig. Blätter grob und tief gesägt. VII—IX. 10—40 cm. — In Steinschutt und Schneetälchen von 1500—2850 m; kalkhold; verbreitet.

Berg-Wohlverleih, *Árnica montána.* — Blüten dottergelb, Köpfe groß. Stengel aufrecht, meist 1-blütig, 1—2 Blattpaare, gegenständig, sitzend. Übrige Blätter grundständig, 5-nervig, ganzrandig. VI—VIII. 20—60 cm. — In Matten und moorigen Orten bis 2830 m; kalkmeidend; zerstreut, aber gesellig. △

Großblütige Gemswurz, *Dorónicum grandiflórum.* — Blüten sattgelb, Köpfe 4—6 cm breit. Stengel 1—5-köpfig, hohl, oben drüsig. Grundblätter gestielt, eiförmig, am Grunde gestutzt, obere herzförmig umfassend. VII—VIII. 15—50 cm. — In Schutt und auf Schneeböden von 1200—3120 m; kalkhold; zerstreut, truppweise.

Alpen-Greiskraut, *Senécio alpínus.* — Blüten goldgelb, Köpfe ca. 4 cm breit. Hülle wollig mit kürzerer Außenhülle. Stengel bis 20-köpfig, kantig. Blätter ungeteilt, gestielt, herz-eiförmig, ungleich grob gekerbt, us graugrün. VII—IX. 30—100 cm. — In Lägern, Hochstaudenfluren und an Bachufern bis 2150 m von der Westschweiz ostwärts; kalkhold; verbreitet.

Gemswurz-Greiskraut, *Senécio dorónicum.* — Blüten orange. Außenhülle fast so lang wie Hülle. Stengel 1—3-köpfig. Blätter derb, grob gezähnt, untere gestielt, elliptisch-lanzettlich, obere sitzend. Pfl. ± haarig, später verkahlend. VII—VIII. 20—50 cm. — In Magerrasen von 1600—3100 m; kalkhold; zerstreut.

Eberrautenblättriges Greiskraut, *Senécio abrotanifólius.* — Blüten orange, Köpfe 2,5—4 cm breit. Stengel 2—5-köpfig. Blätter graugrün, kahl, 2-fach fiederteilig, Zipfel schmallineal. VII—IX. 15—40 cm. — In Krummholz und an steinigen Hängen der O- und Berchtesgadener Alpen von 1200—2000 m; zerstreut.

Krainer Greiskraut, *Senécio carniólicus.* — Blüten dottergelb. Außenhüllblätter am Kopfstiel herabgerückt. Stengel aufrecht, mehrköpfig. Blätter keilig, gekerbt bis fiederlappig, untere langgestielt, obere sitzend. Pfl. grau seidenhaarig, später verkahlend. VII—IX. 5—15 cm. — In Magerrasen und Felsspalten von 1800—3265 m vom Rhein ostwärts, in den N-Alpen sehr selten; kalkmeidend; zerstreut.

Alpen-Geißkraut
Schwarzrandige Wucherblume
Gemswurz-
Greiskraut
Großblütige
Gemswurz
Bittere
Schafgarbe
Schwarzrandige
Schafgarbe
Berg-Wohlverleih
Eberrautenblättriges
Greiskraut
Alpen-
Wucherblume
Krainer Greiskraut
Wil

B. Köpfchen nur Röhrenblüten, die randständigen oft wesentlich größer.

Silberdistel, *Carlína acaúlis.* — Blüten gelblich oder weiß. Köpfe 5—10 cm breit, sitzend. Innere Hüllblätter zungenblütenartig, silbergrau. Stengel 1-köpfig. Blätter tief buchtig fiederspaltig, dornig. VII—IX. 10—30 cm. — In sonnigen Weiden und an Wegen bis 2800 m; zerstreut. △

Grauer Alpendost, *Adenostýles alliáriae.* — Blüten blaßrot. Köpfchen 3—6-blütig. Stengel dick, gefurcht. Blätter 3-eckig-herzförmig, ungleich grob gesägt, us graufilzig, spinnwebig-wollig. Blattstiele geöhrt. VII—VIII. 50—150 cm. — In Waldschluchten und an quelligen Stellen bis 2500 m; zerstreut.

Kahler Alpendost, *Adenostýles glábra.* — Blüten hellviolett, Griffel weit herausragend. Köpfchen 3—4-blütig. Doldentraube dicht. Stengel fein gerillt, oberwärts behaart. Blätter herz-nierenförmig, derb, gezähnt, us graugrün, Adernetz engmaschig. Blattstiel ungeöhrt. VII—VIII. 30—90 cm. — In Schluchtwäldern und Gebüsch bis 2500 m; kalkhold; zerstreut.

Edelweiß, *Leontopódium alpínum.* — Blüten goldgelb, 5—6 vielblütige Köpfchen von großen, sternförmigen, weißlichen Hochblättern umgeben. Stengel aufrecht. Blätter lanzettlich. Ganze Pfl. dicht wollig. VII—IX. 5—10 cm. — In Felsspalten, steinigen Hängen und sonnigen Felsbändern von 1700—3400 m; kalkhold; zerstreut. △

Zwerg-Ruhrkraut, *Gnaphálium supínum.* — Blüten gelblich, Hüllblätter braunhäutig, zur Fruchtzeit sternförmig ausgebreitet. Stengel zart, 1—5-köpfig, mit Ausläufern. Blätter 1-nervig, lineal-lanzettlich. Pfl. weißwollig. VI—IX. 2—10 cm. — Auf Schneeböden von 1600—3200 m; kalkmeidend; zerstreut.

Nordisches Ruhrkraut, *Gnaphálium norvégicum.* — Blüten gelblich, Hülle dunkelbraun, Köpfchen in dichter, endständiger Ähre, von unteren Hochblättern überragt. Stengel einfach. Blätter 3-nervig, lanzettlich, os dünn-, us dichtfilzig. Mittlere Stengelblätter bis 10 cm lang. VII—IX. 10—30 cm. — In Magerrasen und an Wegrainen von 1300—2760 m; kalkmeidend; selten.

Alpen-Ruhrkraut, *Gnaphálium hoppeánum.* — Blüten blaßbräunlich. Hüllblätter braunschwarz berandet. Hülle zur Fruchtzeit glockig. Stengel zart, 1—5-köpfig. Alle Blätter fast gleich lang, graufilzig. VII—VIII. 2—10 cm. — In Schneeböden und steinigen Matten von 1100—2650 m; kalkhold; zerstreut.

Echte Alpenscharte, *Saussúrea alpina.* — Blüten rotviolett. Stengel 2- bis mehrköpfig. Hüllblätter an der Spitze dunkelbraun. Blätter us graufilzig, länglich-lanzettlich, obere sitzend, untere mit geflügeltem Blattstiel. VII—IX. 5—40 cm. — In Felsspalten und auf windgefegten Graten von 1850—3000 m; selten.

Stachelige Kratzdistel, *Círsium spinosíssimum.* — Blüten gelblichweiß, Pappus gefiedert. Köpfchen gehäuft. Stengel meist dicht beblättert. Blätter und Hochblätter gelbgrün, fiederspaltig. Ganze Pfl. hartstachelig. VII—IX. 20—50 cm. — In feuchten Matten, Lägern und Schutt von 1600—3000 m; zerstreut.

Berg-Flockenblume, *Centaúrea montána.* — Blüten blau, Randblüten größer. Fransen der Hüllblätter schwarz. Stengel geflügelt, 1-köpfig. Blätter lanzettlich, zugespitzt, am Stengel herablaufend, us filzig, später verkahlend. V—X. 30—60 cm. — In sonnigen Bergwäldern und Matten bis 2100 m; kalkhold; selten.

Echte Edelraute, *Artemísia mutellína.* — Blüten gelb, Blütenboden behaart. Köpfchen 12—15-blütig, 4—5 mm breit. Traube locker. Blütige und blütenlose Triebe. Obere Blätter fingerförmig, untere doppelt 3-teilig. Pfl. seidig behaart, aromatisch! VII—IX. 10—30 cm. — In Felsbändern und -wänden von 1600—3700 m; selten. △

Stachelige Kratzdistel
Echte Alpenscharte
Grauer Alpendost
Nordisches Ruhrkraut
Echte Edelraute
Berg-Flockenblume
Zwerg-Ruhrkraut
Alpen-Ruhrkraut
Silberdistel
Kahler Alpendost
Edelweiß
Wil

Schwarze Edelraute, *Artemísia genípi.* — Blüten gelb, Blütenboden kahl. Köpfchen 3—5 mm breit. Ähre dicht, durchblättert, anfangs nickend. Hüllblätter filzig, schwarzbraun. Stengel aufstrebend. Blätter grau seidenhaarig, untere handförmig geteilt, obere länglich, fiederspaltig. VII—IX. 5—15 cm. — In Felsbändern und Schutt der Zentralalpen sowie der nördl. Kalkalpen bis zum Rhein von 2100—3800 m; selten.

Gemeiner Alpenlattich, *Homógyne alpína.* — Blüten rötlich. Hüllblätter braunrot. Stengel 1-köpfig, wollig, mit 2—3 Schuppenblättern. Blätter grundständig, ± kahl, derb, gestielt, herz-nierenförmig, os dunkelgrün, us heller. V—VIII. 10—40 cm. — In Fichtenwäldern und feuchtem Gebüsch bis 3250 m; kalkmeidend; verbreitet.

Filziger Alpenlattich, *Homógyne díscolor.* — Wie vorige Art, Blätter aber us weißfilzig. — In den O-Alpen, W-Grenze Berchtesgaden und Gardasee; kalkhold. (ohne Abb.)

C. Köpfchen nur mit Zungenblüten.

Einköpfiges Ferkelkraut, *Hypochóeris uniflóra.* — Blüten gelb, Pappus gefiedert. Hüllblätter schwärzlich behaart. Stengel 1-köpfig, oberwärts stark verdickt, steifhaarig. Blätter grundständig, behaart, länglich-lanzettlich, geschweift gezähnt, Mittelnerv stark. VII—IX. 15—20 cm. — In sonnigen Magerrasen von 1000—2600 m; kalkmeidend; zerstreut. Fehlt in den N-Alpen, ostwärts vom Lech.

Rauher Löwenzahn, *Leóntodon híspidus.* — Blüten gelb, Pappus ± gefiedert. Köpfchen unten abgestutzt. Stengel einfach, 1-köpfig, Schuppenblätter 0—2. Blätter rosettig, länglich, buchtig gezähnt. Behaarung sehr variabel. V—X. 15—30(60) cm. — In Weiden und Schutthalden bis 2700 m; verbreitet.

Alpen-Milchlattich, *Cicérbita alpína.* — Blüten blauviolett. Köpfe traubig-rispig. Stengel oberwärts stark drüsig, ebenso Hülle. Blätter dünn, fast kahl, leierförmig. Endlappen spießförmig. VII—VIII. 60—230 cm. — In Hochstaudenfluren und feuchten Waldstellen von 1000—2200 m; zerstreut.

Gold-Pippau, *Crépis āūrea.* — Blüten orangerot. Hülle mehrreihig. Stengel oberwärts schwarzzottig, meist ohne Blätter und 1-köpfig. Blätter rosettig, buchtig gezähnt bis schrotsägeförmig. VI—IX. 5—30 cm. — Um Sennhütten und an Wegrainen von 1200—2900 m; verbreitet.

Orangerotes Habichtskraut, *Hierácium aurantíacum.* — Blüten orangerot bis rotbraun. Stengel mehrköpfig, oben schwarzdrüsig, mit Ausläufern. Grundblätter 2—4(6), rosettig, länglich-lanzettlich, Stengelblätter 1—4, rasch kleiner werdend. Pfl. stark schwärzlich behaart. VI—VIII. 25—50 cm. — In Magerweiden von 1500—2600 m; kalkmeidend; zerstreut.

Zottiges Habichtskraut, *Hierácium villósum.* — Blüten gelb. Pappus schmutzigweiß, zerbrechlich. Hüllblätter mehrreihig, äußere abstehend, fast laubblattartig. Stengel 1—3-köpfig. Blätter bläulichgrün, länglich-lanzettlich, meist ganzrandig, untere gestielt, obere halbumfassend und kleiner werdend. Pfl. weißhaarig, zottig. VII—VIII. 10—35 cm. — In Hängen und Geröll von 1300—2700 m; kalkhold; verbreitet.

Strandnelkenblättriges Habichtskraut, *Hierácium staticifólium.* — Blüten schwefelgelb. Pappus biegsam. Hüllblätter deutlich 2-reihig, äußere viel kürzer als innere. Stengel 1—5-köpfig, vielschuppig. Blätter rosettig, ± kahl, blaugrün, lineal-lanzettlich, entfernt gezähnt oder ganzrandig. VI—IX. 15—40 cm. — In Bachgeröll, Felsschutt und Erdabrissen bis 2500 m; kalkhold; zerstreut.

Strandnelkenblättriges Habichtskraut
Alpen-Milchlattich
Zottiges Habichtskraut
Einköpfiges Ferkelkraut
Schwarze Edelraute
Gemeiner Alpenlattich
Orangerotes Habichtskraut
Rauher Löwenzahn
Gold-Pippau
Wil

Farnpflanzen (Pteridóphyta)

Pflanzen ohne Blüten. Vermehrung durch einzellige Sporen, die in Sporenkapseln oder Sporangien entstehen. Diese in ährenförmigen Sporangienständen oder gruppenweise zu Sori vereinigt, über denen häufig ein dünnes Häutchen, der Schleier liegt.

Bärlappgewächse (Lycopodiáceae)

Blätter nadel- oder schuppenförmig, spiralig oder wirtelig angeordnet.

Tannen-Bärlapp, *Hupérzia selágo.* — Sporangien einzeln, blattachselständig. Stengel gabelig verzweigt, Äste gleich lang. Pfl. dicht buschig. Blätter steif aufrecht, dicht, bis 9 mm lang, dunkelgrün. VII—X. 5—30 cm. — In feuchten Wäldern bis 3080 m; kalkmeidend; zerstreut. △

Alpen-Bärlapp, *Diphásium alpinum.* — Sporangien in 10—15 mm langen Ähren, diese einzeln oder zu zweien, undeutlich gestielt. Stengel oberirdisch kriechend, bis 60 cm lang, ± zusammengedrückt. Blätter klein, schuppenförmig, angedrückt. Pfl. graugrün. VIII—IX. 2—10 cm. — In Matten und an Hängen bis 2800 m; zerstreut. △

Moosfarngewächse (Selaginelláceae)

Pflanze moosähnlich. Sprosse zart, gabelig verzweigt. Blättchen klein. Sporangien in Ähren mit Mikro- (♂) und Makrosporen (♀).

Gezähnter Moosfarn, *Selaginélla selaginoides.* — Stengel bis 5 cm weit kriechend. Zweige aufsteigend. Blätter spiralig, wimperig gezähnt. VII—VIII. 3—12 cm. — In moosigen Matten bis 2630 m; selten.

Schweizer Moosfarn, *Selaginélla helvética.* — Stengel bis 20 cm weit kriechend. Blätter 4-reihig, ganzrandig, ungleich groß, seitliche waagerecht abstehend. VI—VII. 2—8 cm. — Auf feuchten Felsen und moosigem Boden bis 2500 m; selten.

Natternzungen-Farne (Ophioglossáceae)

Echte Mondraute, *Botrýchium lunária.* — Sporangienstand rispig. Sterile Blätter in oder über der Mitte der Pflanze entspringend, länger als breit, einfach gefiedert, Fiederblättchen halbmondförmig, keilig. V—VIII. 5—20 cm. — In grasigen Abhängen und trockenen Matten bis 2500 m; zerstreut.

Tüpfelfarne (Polypodiáceae)

Sori auf der Blattunterseite. Wedel in der Jugend eingerollt. Fertile und sterile Wedel mitunter verschieden.

Krauser Rollfarn, *Cryptográmma crispa.* — Blätter zart, gelbbraun, in Büscheln. Fertile Blätter im Umriß eiförmig-länglich, 3—4-fach fiederteilig, Sori vom eingerollten Rand der Fiederchen bedeckt. Sterile Blätter im Umriß 3-eckig-eiförmig, 2—4-fach gefiedert. VII—IX. 15—30 cm. — In Geröllhalden bis 2700 m; kalkmeidend; selten, aber gesellig.

Hirschzunge, *Phyllitis scolopéndrium.* — Sori in Linien längs der Blattnerven. Blätter lang zungenförmig, ungeteilt, Rand wellig, Grund herzförmig, wintergrün. VII—VIII. 15—50 cm. — In Schluchtwäldern bis 1800 m; kalkhold; selten, aber gesellig. △

Tannen-Bärlapp
Alpen-Bärlapp
Schweizer Moosfarn
Gezähnter Moosfarn
Krauser Rollfarn
Echte Mondraute
Hirschzunge
Wil

Rippenfarn, *Bléchnum spicant.* — Blätter länglich-lanzettlich. Fertile Blätter aufrecht, fiederteilig, langgestielt, 2 lineale Sori parallel zur Mittelrippe der Fiederchen, Schleier nach der Mitte zu offen. Sterile Blätter fast rosettig, niederliegend, lederartig, wintergrün, kurzgestielt. VII—IX. 15—50 cm. — In feuchten (vorwiegend Nadel-) Wäldern bis 2400 m; zerstreut. △

Grüner Streifenfarn, *Asplénium víride.* — Sori strichförmig, später zusammenfließend. Blätter 1-fach gefiedert, im Umriß lineal, kahl, Fiederchen rundlich gekerbt. Blattstiel fast durchgehend grün, höchstens im unteren Teil rotbraun. VI—VIII. 5 bis 20 cm. — An schattigen Felsen bis 3280 m; kalkhold; zerstreut.

Alpen-Frauenfarn, *Athýrium distentifólium.* — Sori rundlich, Schleier rasch hinfällig. Blattspreite dunkelgrün, 2-fach gefiedert, Blattstiel zuletzt gelblich, unten hellrötlichbraune Spreuschuppen. VII—VIII. 50—150 cm. — In schattigen Wäldern und Grünerlengebüsch bis 2700 m; zerstreut.

Alpen-Blasenfarn, *Cystópteris crispa.* — Sori und Schleier rundlich. Blattstiel kürzer als die 3-fach gefiederte Blattspreite. Fiederabschnitte klein, lineal. VII—IX. 5 bis 30 cm. — In feuchtem Schutt von 1200—2500 m; kalkhold; zerstreut.

Berg-Blasenfarn, *Cystópteris montána.* — Sori und Schleier rundlich, drüsenlos. Blätter im Umriß 3-eckig. Untere Fiedern asymmetrisch: Unterstes, hinteres Fiederchen länger als die folgenden. Blattstiel drüsig, länger als Blattspreite. VII—VIII. 15 bis 45 cm. — In Wäldern und an schattigen Felsen bis 2500 m; kalkhold; zerstreut.

Eichenfarn, *Gymnocárpium dryópteris.* — Sori rundlich, ohne Schleier. Blätter 3-zählig, kahl, zart, hellgrün, mit gefiederten Teilblättern, unterste Teilblätter fast so groß wie Endabschnitt. Erdsproß schwarzbraun, glänzend. VII—VIII. 10—30 cm. — In schattigen Laub- und Mischwäldern bis 2100 m; verbreitet.

Buchenfarn, *Thelýpteris phegópteris.* — Sori rundlich, ohne Schleier. Blätter nicht 3-zählig, sondern einfach gefiedert. Unterstes Fiederpaar meist abwärts gerichtet. VII—VIII. 15—30 cm. — In Laub- und Mischwäldern bis 2400 m; verbreitet.

Lanzenfarn, *Polýstichum lonchítis.* — Sori kreisförmig, Schleier schildförmig, bleibend. Blätter kurz gestielt, derb, wintergrün, 1-fach gefiedert. Fiederchen sichelförmig aufwärts gekrümmt, dornig gezähnt, asymmetrisch. Stiel und Spindel us mit Spreuschuppen. VII—IX. 10—50 cm. — In Geröll und Felsspalten bis 2700 m; kalkhold; zerstreut.

Gelappter Schildfarn, *Polýstichum setíferum.* — Sori kreisförmig, Schleier schildförmig, bleibend. Blätter deutlich gestielt, derb, wintergrün, 2—3-fach gefiedert, os glänzend. Unterstes, vorderstes Fiederchen größer als die übrigen. Blattstiel und Spindel mit braunen Spreuschuppen. VII—X. 30—100 cm. — In Schluchtwäldern bis 2200 m; kalkhold; zerstreut.

Rippenfarn
Grüner Streifenfarn
Alpen-Frauenfarn
Eichenfarn
Buchenfarn
Lanzenfarn
Gelappter Schildfarn
Berg-Blasenfarn
Alpen-Blasenfarn
Wil

DIE TIERWELT DER ALPEN

Wenn wir etwa im Juni von den grünenden Tälern hinaufwandern zur Region der Alpengletscher, durchsteigen wir bei einer nur wenige Stunden dauernden Bergtour gleichsam zwei Jahreszeiten, den Sommer und den Winter. Gleich den Pflanzen müssen sich auch die Tiere den klimatischen Unterschieden der Bergwelt anpassen, wollen sie dort leben und sich vermehren. Je höher wir hinaufkommen, desto härter werden die Lebensbedingungen.

Scharfe Einschnitte in das Leben der Tierwelt bilden einmal die obere Waldgrenze, zum anderen der Übergang von freiliegendem Boden zum Gebiet des ewigen Schnees. Der Wald als geschlossene Einheit bietet Schutz, Nahrung, Nist- und Versteckmöglichkeiten; er mildert die klimatischen Gegensätze. Auch noch oberhalb des Waldes, in der Region der Latschen, Matten und Geröllhalden, finden sich für die Tiere Zufluchtstätten und andere notwendige Voraussetzungen, die erst durch die alles überdeckenden Gletscher abgeschnitten werden.

Viele Tierarten, vor allem die flugfähigen Insekten und Vögel, aber auch die größeren Säugetiere, können den ärgsten Schwankungen der Witterung und der Jahreszeiten ausweichen und tun es auch. Vögel fliegen im Herbst nach dem Süden oder kommen in die milderen Tallagen herab. Gemsen ziehen im Winter vom Fels in die tiefer liegenden Wälder, wo sie ein besseres Nahrungsangebot haben und Schutz vor Lawinen finden. Anderen Arten aber ist es durch besondere Anpassungen an ihre Umwelt wieder möglich, Schnee und eisige Stürme in den hohen Berglagen zu überdauern. Unter der Schneedecke gehen Mäuse weiter auf Nahrungssuche, Murmeltiere verschlafen in Erdbauen warm und trocken die Wintermonate. Auch die Amphibien, Reptilien und Insekten machen einen Winterschlaf oder eine Winterstarre durch. Wer von den Tieren nicht abwandert oder schläft, ist durch ein dichtes Haar- oder Federkleid geschützt, das zudem noch eine Umfärbung gegenüber dem Sommerkleid erfahren kann, wie etwa beim Schneehasen oder Schneehuhn. Gerade bei diesen beiden Arten sind auch die Füße noch für das Laufen auf dem Schnee angepaßt. Durch steife Haare an den langen Zehen des Schneehasen und durch dichte Befiederung und Borsten an den Füßen des Schneehuhnes werden die Auftrittflächen vergrößert.

Nicht nur der Winter macht den Alpentieren zu schaffen, auch die Sommermonate sind rauh und kurz. Dadurch wird die Periode der Fortpflanzungszeit gegenüber der Ebene eingeschränkt. Viele Insekten benötigen für ihre Entwicklung vom Ei über Larve und Puppe zwei Jahre; Vogelarten, die in tieferen Regionen zwei Bruten in einem Jahr haben, brüten in den Bergen nur einmal, und manche Amphibien oder Reptilien bringen ihre Jungen lebend zur Welt, wie zum Beispiel die Bergeidechse und der Alpensalamander. Die „Bergmannsche Regel“ besagt, daß innerhalb eines Rassenkreises die in kühlerem Klima lebenden Rassen im allgemeinen größer sind als jene, die in wärmerem Klima leben; sie bestätigt sich auch bei den Alpentieren. Mit zunehmender Größe eines Körpers verkleinert sich proportional seine Oberfläche, und somit verringert sich auch die Berührungsfläche mit der wärmeentziehenden Außenwelt. Parallel mit der Vergrößerung des Körpers läuft vielfach eine Verkürzung der Körperanhänge, etwa der Ohren, Beine oder des Schwanzes. So verkleinert sich die wärmeabgebende Oberfläche ebenfalls und die Gefahr des Abfrierens wird vermindert.

Bei manchen Insekten finden sich verkümmerte oder stark verkleinerte Flügel. Dies gilt als Anpassung an die starken Winde im Hochgebirge. Andere flugfähige Insekten suchen bei starkem Wind geschützte Stellen auf und klammern sich fest an den Untergrund.

Diese wenigen Beispiele mögen als Andeutung genügen, wie sehr sich die Tiere in ihrem Bau und in ihren Lebensgewohnheiten anpassen mußten, um der extremen Umwelt standhalten zu können.

Doch auch in ihrer systematischen Zusammensetzung gab es im Laufe der Jahrtausende weitgreifende Veränderungen. Während die Berge in der Eiszeit unter einer Schneedecke begraben lagen, konnten sich nur wenige Tiere an klimatisch begünstigten Stellen halten. Die Mehrzahl aber wurde gezwungen, aus dem Bereich der Alpen in die Ebene abzuwandern, andere gingen zugrunde. In der Ebene trafen sie auf Arten, die vor den aus Skandinavien vordringenden Gletschern nach Süden fliehen mußten. Als nach der Eiszeit die Gletscher abzuschmelzen begannen, wanderten die Tiere teils nach Norden, teils in die alpinen Regionen zurück. Entsprechend dem neuen Lebensraum änderten sich Verhalten und Aussehen; es bildeten sich geographische Rassen. Oft finden sich heute die nächsten Verwandten alpiner Tiere in den nordischen Tundren. Auch siedelten sich Bewohner tieferer Lagen gelegentlich nacheiszeitlich in den Alpen an. Nicht zuletzt wurde ab und zu die für den Menschen schwer zugängliche Bergwelt für manche Tiere eine letzte Zufluchtsstätte; sie bewahrte sie vor gänzlicher Ausrottung. Adler, Kolkraben und Bären gehören dazu und auch die Gemse. Sie war ursprünglich eine Bewohnerin der Wald- und Almregionen und ist heute mancherorts bis zu den Felsgraten abgedrängt worden.

Hart und schwer sind die Lebensbedingungen unserer Alpentiere; der Mensch sollte ihnen ein Helfer sein!

Plattwürmer (Plathelmínthes)

Körper stark abgeplattet.

Planarien (Planaríidae)

Alpenplattwurm, *Planária alpína.* — L 1,6 cm, Br 0,5 cm. Os sehr verschieden, meist schwarz oder grau, seltener dunkelbraun, -grün oder rötlich; us aschgrau bis rosa. Kopf quer abgestutzt, seitlich 2 sehr bewegliche, 1 mm lange Tentakel; 2 Augen weit vom Stirnrand entfernt. — An der Unterseite von Steinen in kalten (nicht über +10° C), klaren Gebirgsbächen und Quellen bis 3000 m. Nahrung: Kleintiere verschiedener Art.

Ringelwürmer (Annelídes)

Gliederung des Körpers deutlich in zahlreiche einzelne Ringe (Segmente).

Regenwürmer (Lumbrícidae)

Drehrund. Keine Augen. Kopflappen kegelförmig, bei *Lumbrícus* teilt er das folgende Segment dorsal vollkommen, bei anderen Gattungen nicht vollkommen. An jedem Segment 4 Borstenpaare. Zur Geschlechtszeit (Frühjahr/Sommer) drüsiger, gelbweißer Gürtel angeschwollen; Zwitter. Tagsüber meist verborgen; im Winter zusammengeknäuelt im Boden. Erdfresser; Pflanzen- und Tierreste werden dabei mit aufgenommen, ebenfalls Kleinstorganismen. — Im Alpenraum etwa 40 Arten.

Großer Tauwurm, *Lumbrícus terréstris.* — L 9—30 cm. Os purpurn, nach hinten blasser; Rückenmitte mit rotem Strich; us heller. Gürtel an den Segmenten 32—37. Borsten eng gepaart. — In tiefgründigen Böden der W-Alpen bis 2000 m. In den O-Alpen mehr und mehr vertreten durch den größeren **Fitzingers Tauwurm,** *L. polyphémus.*

Mittlerer Tauwurm, *Lumbrícus rubéllus.* — L 7—14 cm. Purpurfarben. Gürtel an den Segmenten 27—32. Borsten eng gepaart. — In Wäldern und Grünland bis über 3000 m. Wirtschaftliche Bedeutung als Streuverarbeiter.

Gelbgrüner Uferwurm, *Allolobóphora chlorótica.* — L 5—7 cm. Grau, am Vkörper manchmal fleischrot; gelegentlich grün. Gürtel an den Segmenten 29—37. Borsten eng gepaart. — In feuchten Böden bis 1400 m. Fortbewegung träge.

Oerleys milchiggrauer Regenwurm, *Octolásium lácteum.* — L 4—14 cm. Bräunlich, gelblichbraun oder grau. Gürtel an den Segmenten 30—35. Borsten weit gepaart, vorn enger. — In feuchten Grünland- und Waldböden bis über 3000 m; auf den N-Hängen der Almen regelmäßig.

Kupferbrauner Moderwurm, *Dendrobǽna octaédra.* — L 2—4 cm. Kupferrotviolett. Gürtel an den Segmenten 29—33. Borsten weit gepaart. — In der Streu- und Moderschicht des Waldbodens, in Moospolstern auf lebendem und totem Holz bis 3500 m. Sehr beweglich.

Purpurroter Moderwurm, *Dendrobǽna rúbida.* — L 4—6 cm. Blaßrot. Gürtel an den Segmenten 27—31. Borsten weit gepaart. — In Anhäufungen organischer Abfallstoffe (Waldstreu, Stubben, Komposten, Düngerhaufen, Kuhfladen) bis über 2000 m.

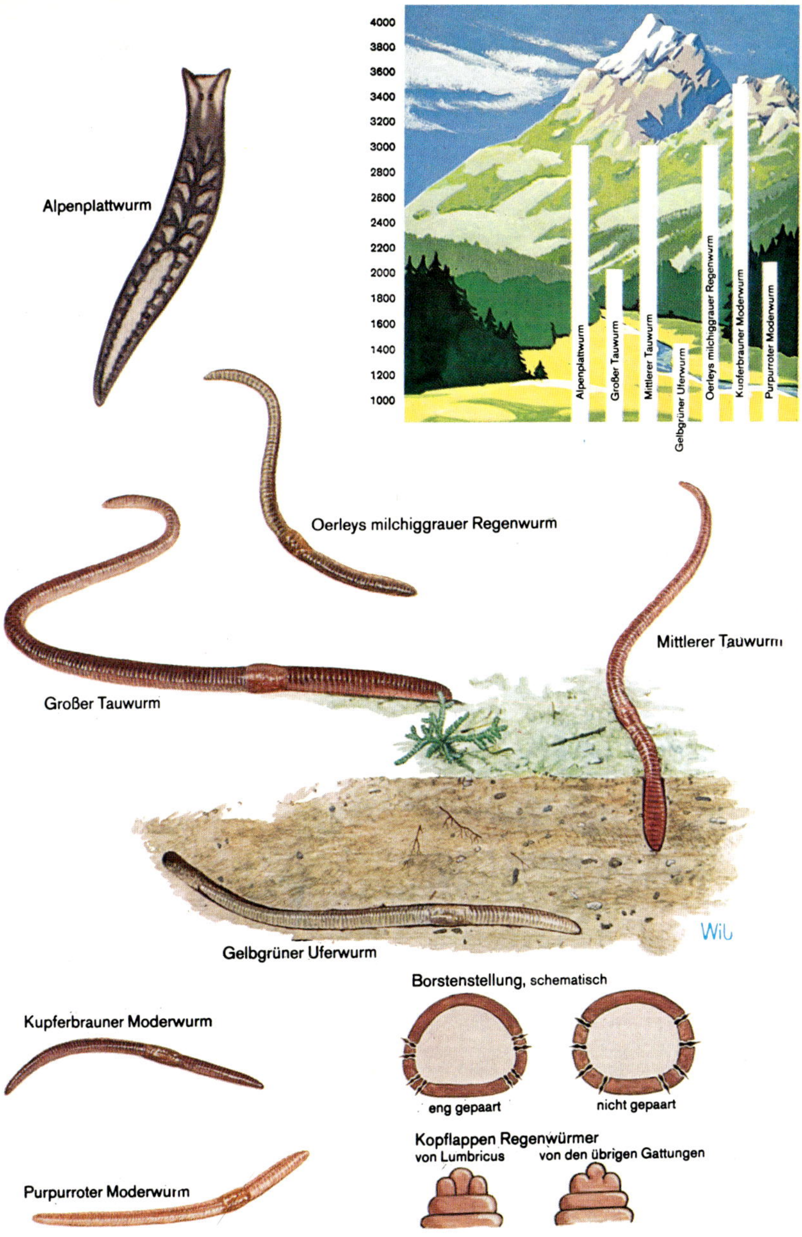
4000
3800
3600
3400
3200
3000
2800
2600
2400
2200
2000
1800
1600
1400
1200
1000
Alpenplattwurm
Großer Tauwurm
Mittlerer Tauwurm
Gelbgrüner Uferwurm
Oerleys milchiggrauer Regenwurm
Kupferbrauner Moderwurm
Purpurroter Moderwurm
Alpenplattwurm
Oerleys milchiggrauer Regenwurm
Mittlerer Tauwurm
Großer Tauwurm
Wil
Gelbgrüner Uferwurm
Borstenstellung, schematisch
eng gepaart
nicht gepaart
Kupferbrauner Moderwurm
Kopflappen Regenwürmer
von Lumbricus
von den übrigen Gattungen
Purpurroter Moderwurm

Schnecken (Gastrópoda)

Feuchtluft- oder Wassertiere; Lungen- oder Kiemenatmung. Körper asymmetrisch. Kopf, Fuß und Eingeweidesack deutlich zu unterscheiden.

Glanzschnecken (Zonítidae)

Landlungenschnecken. Gehäuse klein bis mittelgroß, glänzend. Bewegungen träge. Moderfresser, Räuber.

Weitmündige Glanzschnecke, *Retinélla nitens.* — H 4,5 mm, Br 8—10 mm. Hell hornbraun. U 5, letzter gegen Mdg. stark erweitert. — In Wäldern und Gebüschen unter Fallaub und Steinen bis 2000 m (Engadin und Wallis bis 2500 m); verbreitet.

Kleine Glanzschnecke, *Retinélla púra.* — H 2—2,6 mm, Br 4—4,6 mm. Hornfarben bis rötlich; matt glänzend. Gewinde etwas erhoben. U 4, letzter gedrückt. — Unter Steinen, Fallaub und auf Almweiden bis 2500 m; verbreitet und häufig.

Geritzte Glanzschnecke, *Vítrea subrimáta.* — H 1,6 mm, Br 3 mm. Weiß- bis grünlich, durchsichtig. U 5, letzter doppelt so breit wie vorletzter. — In Moos, unter Fallaub und Steinen bis 2700 m.

Kristall-Glanzschnecke, *Vítrea crystallína.* — H 2 mm, Br 3,2—4 mm. Farblos oder grünlich. U 4½—5, letzter 1½mal so breit wie vorletzter. — Unter Fallaub und Steinen in feuchten Wäldern bis 2300 m.

Glasschnecken (Vitrínidae)

Landlungenschnecken. Körper schlank, schlüpfrig. Gehäuse reduziert, sehr dünn, durchsichtig. Bewegungen lebhaft, bei Wärme aber meist versteckt lebend. Eiablage im Winter. Räuber.

Kugelige Glasschnecke, *Vitrína pellúcida.* — H 3—3,4 mm, Br 4—6 mm. Grünlichgelb, fein gestreift, glänzend. U 3½. — Unter großen Steinen an trockenen Hängen mit Rasen oder Gebüsch bis 3000 m.

Schnee-Glasschnecke, *Vitrína niválís.* — H 2,7—3,2 mm, Br 4—6 mm. Voriger Art ähnlich, aber Spindelrand weniger weit geschwungen. — Unter Steinen, an kurzen Rasenbüscheln, oft am Schnee von 1600—3000 m.

Ohrförmige Glasschnecke, *Eucobrésia diáphana.* — H 3,3 mm, Br 6—7 mm. Gelblichgrün, glänzend. Länglich. Mdg. groß, fast horizontal. U 2½—3, letzter besonders groß. — Unter feuchten Steinblöcken bis 3000 m; verbreitet.

Wegschnecken (Ariónidae)

Landlungenschnecken, nackt, kräftig. Haut mehr oder weniger gerunzelt. Atemloch vor der Mitte des Mantelschildes. Bewegungen träge.

Braune Wegschnecke, *Arion subfúscus.* — L 5—7 cm, Br 6 mm. Rotgelb bis braun, seitlich dunkles Band. Schild fein gekörnelt, dunkle Lyrazeichnung. Schleim orangegelb. Fein längsgerunzelt. — In Geröllhalden und Wäldern, in morschen Baumstubben bis 2900 m; sehr häufig. Nahrung: Pilze, Pilzmyzel.

Graue Wegschnecke, *Arion circumscriptus.* — L 3—5 cm, Br 5 mm. Grau. Rücken mit weißer Längslinie, scharf begrenzte Seitenbinde, nach unten zu breiter, gelber Saum. Sohle weiß. Schleim farblos. — Verbreitung wie vorige Art, aber nur bis 2200 m. Nahrung: Kräuter.

Weitmündige Glanzschnecke

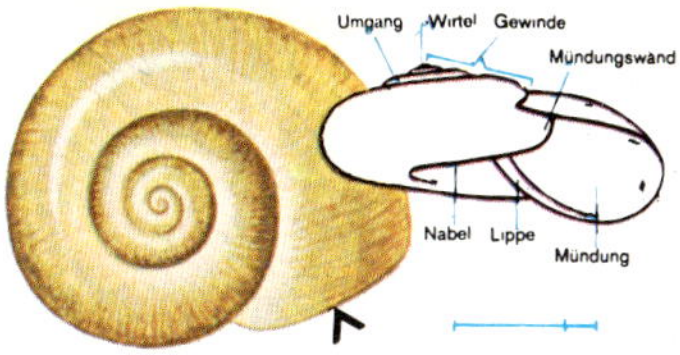

Kleine Glanzschnecke

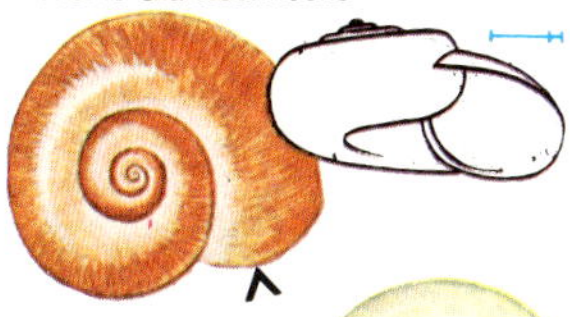

Geritzte Glanzschnecke

Kopf einer Landlungenschnecke

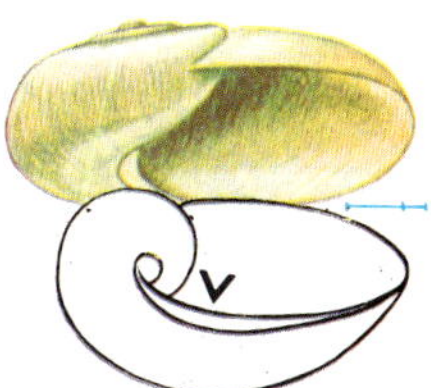

Schnee-Glasschnecke

Kristall-Glanzschnecke

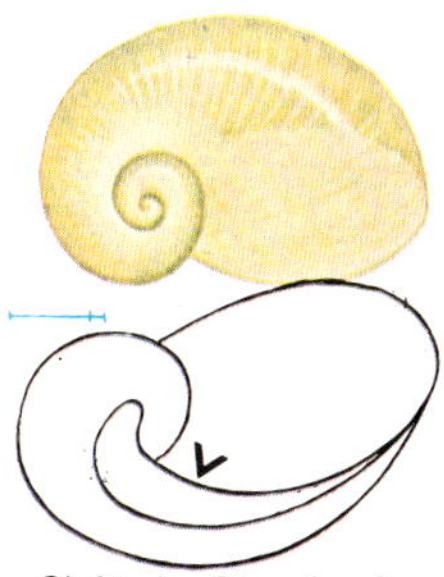

Ohrförmige Glasschnecke

Kugelige Glasschnecke

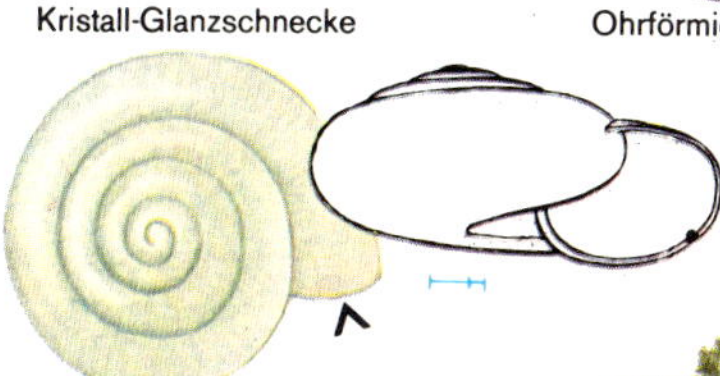

Braune Wegschnecke
(Länge 5–7 cm)

Graue Wegschnecke
(Länge 3–5 cm)

Diskusschnecken (Endodóntidae)

Landlungenschnecken. Gehäuse sehr klein, flach. Mundsaum scharf. Nabel weit.

Braune Diskusschnecke, *Goniodíscus ruderátus.* — H 2,5—3 mm, Br 5—6 mm. Horn- bis rötlichbraun ohne Fleckenzeichnung. Gerippt. U 4—4$^1/_2$, gerundet. — Unter Laub, morschem Holz und Steinen bis 2800 m.

Gefleckte Diskusschnecke, *Goniodíscus rotundátus.* — H 2,4—3 mm, Br 6—7 mm. Gelbbraun mit rotbraunen Flecken. Stark gerippt. U 5$^1/_2$—6, letzter stumpfkantig. — In Wäldern unter Laub, Holz und Steinen bis 1600 m; häufig (in Graubünden bis 2700 m). Moderfresser.

Schnirkelschnecken (Helícidae)

Landlungenschnecken. Gehäuse meist behaart.

Einzahnige Laubschnecke, *Fruticícola unidentáta.* — H 5—6 mm, Br 7—8 mm. Heller oder dunkler hornfarben. Kegelförmig; kurz behaart. Weiße Lippe des Unterrandes der schief mondförmigen Mdg. mit Zahnhöcker. U 6—7. — In Wäldern unter feuchtem Laub und Steinschutt bis 1500 m häufig, vereinzelt bis 2200 m; kalkhold.

Seidenglänzende Laubschnecke, *Fruticícola sericéa.* — H 5,5 mm, Br 7,5 mm. Gelblich bis rotbraun. Kugelig; lang behaart; Mdg. rundlich. U 5—5$^1/_3$, letzter gerundet. — In Wäldern und Gebüschen, auf trockenen Matten bis 2500 m.

Gefleckte Schnirkelschnecke, *Ariánta arbustórum.* — H 12—22 mm, Br 15—25 mm. Gelbgrau bis graubraun, gelb gestrichelt und gefleckt, meist mit rotbraunem Längsband. Kugelig; Mdg. gestreckt rundlich, längsgestellt. U 5—6. — In feuchten Wäldern, Gebüschen, auf Rasen zwischen Geröll bis 3000 m; häufig.

Ungenabelte Maskenschnecke, *Isognomóstoma personátum.* — H 6 mm, Br 11 mm. Rotbraun. Gedrückt kugelig; borstig behaart. Mdg. innen 3-buchtig; Mdgs.-Wand mit zahnartiger Leiste. U 5. — Unter Steinen, morschem Holz, im Laub der Wälder bis 1800 m.

Genabelte Maskenschnecke, *Isognomóstoma holosëricum.* — H 5 mm, Br 9—12 mm. Rotbraun. Flach, fast scheibenförmig; dichte, kurze, gekrümmte Haare. Lippe seitlich und unten je 1 Zahnhöcker, links neben unterem 1 Nebenhöcker. Mdgs.-Wand ohne Leiste. U 5. — Unter Steinen, Laub und morschem Holz in Wäldern sowie auf Geröllhalden bis 2300 m.

Berg-Bänderschnecke, *Cepǽa silvática.* — H 15 mm, Br 20 mm. Weißlichgelb, 5 braune Bänder, obere 2 meist als Flecken; Munds. rotbraun, Lippe weißlich. U 5—6. — In feuchten Wäldern, auf Rasen und beschatteten Felsen der W-Alpen bis 2400 m; bis 1200 m häufig.

Weinbergschnecke, *Hélix pomátia.* — H und Br 3,8—4 cm. Rumpf gelbbraun, etwa 10 cm lang. Weißgraues bis braungelbes Gehäuse, mit 5 dunkleren, oft unklaren Bändern. Kugelig, festwandig. Mdg. groß. U 5. — In lichten Wäldern, Gebüschen und Hecken an warmen Hängen bis 1800 m häufig, seltener bis 2500 m; kalkliebend. Verschließt Gehäuse im Winter mit hartem Kalkdeckel. Begattung (Mai—Juni) durch gegenseitiges Abschießen eines kalkhaltigen Liebespfeiles in die Fußsohle. Legt erbsengroße Eier in selbstgegrabene Erdhöhle, die mit Lehmklümpchen geschlossen wird.

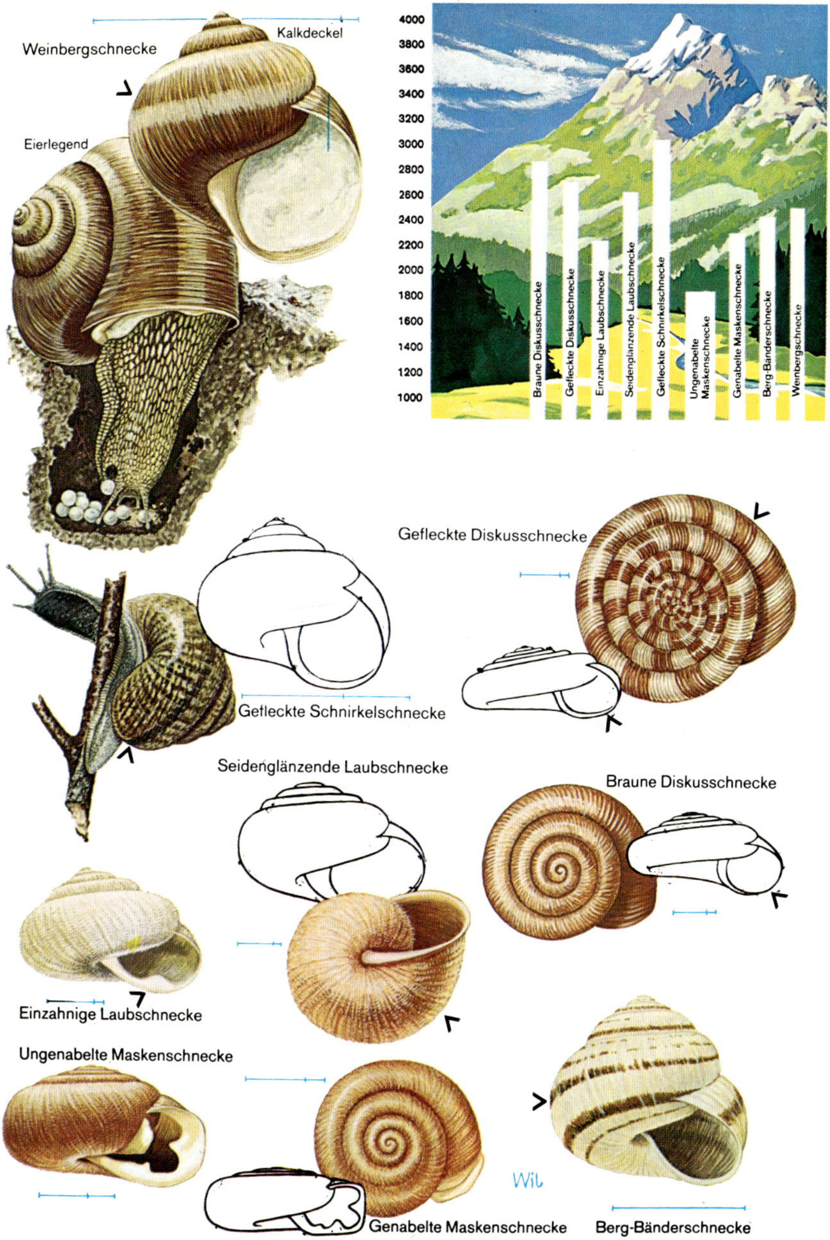
Weinbergschnecke
Kalkdeckel
Eierlegend
4000
3800
3600
3400
3200
3000
2800
2600
2400
2200
2000
1800
1600
1400
1200
1000
Braune Diskusschnecke
Gefleckte Diskusschnecke
Einzahnige Laubschnecke
Seidenglänzende Laubschnecke
Gefleckte Schnirkelschnecke
Ungenabelte Maskenschnecke
Genabelte Maskenschnecke
Berg-Bänderschnecke
Weinbergschnecke
Gefleckte Diskusschnecke
Gefleckte Schnirkelschnecke
Seidenglänzende Laubschnecke
Braune Diskusschnecke
Einzahnige Laubschnecke
Ungenabelte Maskenschnecke
Wil
Genabelte Maskenschnecke
Berg-Bänderschnecke

Große Heideschnecke, Weiße Heideschnecke, *Helicélla óbvia.* — H 7—10 mm, Br 14 bis 20 mm. Weißlich, 4—6 dunkelbraune Bänder, untere oft in Flecken aufgelöst. Scheibenförmig, dickschalig. Mdg. kreisrund. U 5—6. — An trockenen Grashängen bis 2000 m besonders in den O-Alpen und im Engadin; stellenweise massenhaft.

Einstreifige Heideschnecke, *Helicélla unifasciáta.* — H 4—5 mm, Br 6—8 mm. Weißlich mit dunkelbraunen Bändern. Scheibenförmig, rippenstreifig. Munds. mit kräftiger weißer Lippe. U 5—5¼. — An trockenen und warmen Grashängen bis über 2000 m.

Achatschnecken (Cochlicópidae)

Landlungenschnecken. Klein. Bewegungen lebhaft.

Glatte Achatschnecke, *Cochlicopa lúbrica.* — H 5—7 mm, Br 2—3 mm. Gelblich bis rötlichbraun. Länglich—eiförmig; glatt; glänzend. Mdg. eirund, Munds. rötlich. U $5^1/_2$—6. — An feuchten Orten im Gras, Moos, unter morschem Holz, Laub und Steinen bis 2500 m.

Vielfraßschnecken (Énidae)

Landlungenschnecken. Mittelgroß, verlängert—eiförmig. Mündung höher als breit.

Große Vielfraßschnecke, *Zebrína detríta.* — H 20—22 mm, Br 8—11 mm. Weiß, manchmal braune Längsstreifen, glänzend. Munds. schwach weiß gelippt. U $6^1/_2$—7. — An trockenen, warmen Rasenhängen der Kalkberge bis 1600 m.

Wald-Vielfraßschnecke, Berg-Vielfraßschnecke, *Éna montána.* — H 12—16 mm, Br 4—6,5 mm. Hornbraun. Munds. scharf, stark erweitert, innen mit flacher weißer Lippe. U 7—8. — Unter Laub, Steinen und morschem Holz bis 2600 m, besonders nördl. des Zentralkammes, südl. seltener. Bei Regen auch an Stämmen.

Dunkle Vielfraßschnecke, Kleine Vielfraßschnecke, *Éna obscúra.* — H 8—10 mm, Br 3,6—4 mm. Hornbraun. Fein gestreift, dünnwandig. Munds. scharf, schwach gelippt. U 7. — An Gebüschen und Baumstämmen, in Wäldern, am Boden unter Laub und Steinen bis 2100 m.

Vierzähnige Vielfraßschnecke, *Jamínia quádridens.* — H 6—11 mm, Br 3,4—4,5 mm. Hornfarben. Linksgewunden. Mdg. 4-zähnig, Munds. stumpf, mit starker gelbweißer Lippe. U 7—9. — An warmen, trockenen Südhängen der W-Alpen bis 2100 m.

Grasschnecken (Valloníidae)

Landlungenschnecken. Gehäusebau unterschiedlich.

Gerippte Grasschnecke, *Vallónia costáta.* — H 1,2—1,4 mm, Br 2—2,7 mm. Weiß bis graugelb. Stark häutig gerippt; im Umriß fast kreisförmig. Munds. scharf, innen mit starker Ringlippe. U 3—4. — Auf Almwiesen und in Wäldern zwischen Gras, Moos und unter Steinen bis 1800 m; sehr häufig.

Glatte Grasschnecke, *Vallónia pulchélla.* — H 1,3 mm, Br 2—2,5 mm. Weiß bis gelbgrau. Fein gestreift; fast kreisförmig. Munds. erweitert. U 3—4. — Verbreitung wie vorige Art.

Felsen-Pyramidenschnecke, *Pyramídula rupéstris.* — H 1,5—1,8 mm, Br 2,3—3 mm. Dunkelbraun, oft bläulich bereift. Kreiselförmig, fein glänzend und gestreift. U 4 bis $4^1/_2$. — An Kalkfelsen bis 3000 m.

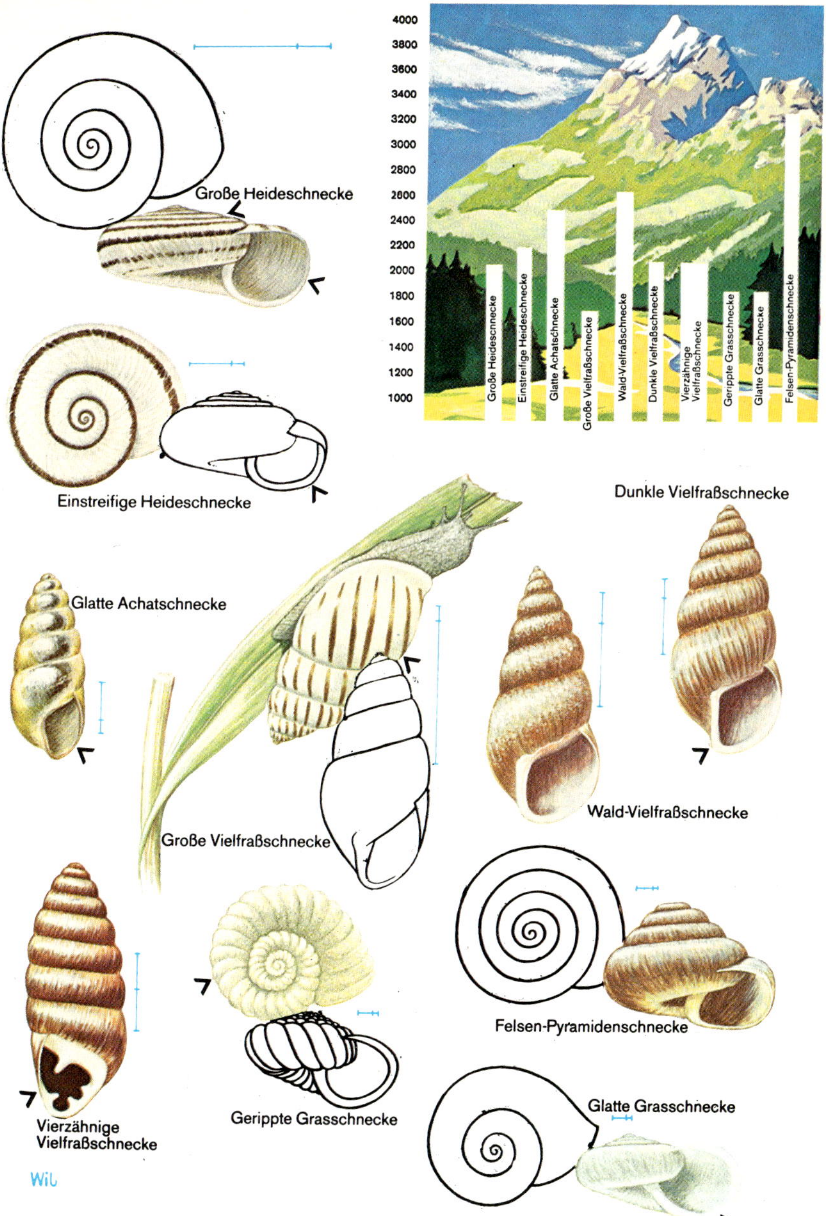
4000
3800
3600
3400
3200
3000
2800
2600
2400
2200
2000
1800
1600
1400
1200
1000
Große Heideschnecke
Einstreifige Heideschnecke
Glatte Achatschnecke
Große Vielfraßschnecke
Wald-Vielfraßschnecke
Dunkle Vielfraßschnecke
Vierzähnige Vielfraßschnecke
Gerippte Grasschnecke
Glatte Grasschnecke
Felsen-Pyramidenschnecke
Große Heideschnecke
Einstreifige Heideschnecke
Dunkle Vielfraßschnecke
Glatte Achatschnecke
Wald-Vielfraßschnecke
Große Vielfraßschnecke
Felsen-Pyramidenschnecke
Vierzähnige Vielfraßschnecke
Gerippte Grasschnecke
Glatte Grasschnecke
Wil

Windelschnecken, Tönnchenschnecken (Pupíllidae)

Landlungenschnecken. Gehäuse klein, walzenförmig oder verlängert-eiförmig. Umgänge zahlreich, langsam an Weite zunehmend.

Fäßchenschnecke, *Órcula dólium.* — H 6—8 mm, Br 2,5—3,8 mm. Dunkel rötlichbraun. Walzenförmig, Spitze konisch. Mdg. mit 3 Lamellen; Munds. verdickt. U 9 1/2—10. — In Wäldern unter Laub und bemoosten Steinen, auch an warmen, sonnigen Felsen, besonders in den nördl. Kalk- und O-Alpen bis 1600 m; kalkhold.

Roggenkornförmige Windelschnecke, *Ábida secále.* — H 5—8 mm, Br 2,4—3 mm. Braun oder graubraun. Mdg. mit 7 Falten; Munds. erweitert, weiß gelippt. U 9—10. — An bemoosten Felsen und warmen Hängen bis 2600 m; in tieferen Lagen schatten-, kalk- und feuchtigkeitsliebend an Bäumen und Steinen.

Haferkornförmige Windelschnecke, *Chondrína avenácea.* — H 6—8 mm, Br 2 bis 2,5 mm. Rotbraun, manchmal bläulich bereift, unregelmäßig gestreift. Mdg. mit 6 bis 8 Falten; Munds. hellbräunlich, gelippt. U 7—8, obere stark gewölbt. — Vorwiegend an sonnigen Kalkfelsen bis 2200 m. Nahrung: Kalkflechten.

Zylindrische Windelschnecke, *Truncatellína cylíndrica.* — H 1,7—2,2 mm, Br 0,8 bis 1 mm. Gelblichweiß. Zylindrisch, fein und dicht gerippt. Mdg. zahnlos. U 6—7. — Unter Steinen an kurzrasigen Südhängen bis 2200 m; verbreitet.

Einzahnige Windelschnecke, *Truncatellína mónodon.* — H 2,2 mm, Br 0,8—1 mm. Rotbraun. Zylindrisch, fein gestreift. Mdg. abgerundet 3-eckig; Munds. lippenartig verdickt. U 6. — Im Rasen an trockenen Hängen der Kalkalpen bis 2400 m.

Zwerg-Windelschnecke, *Vertígo pygmǽa.* — H 1,8—2,2 mm, Br 1,2 mm. Hornfarben. Walzig-eiförmig, mattglänzend. Mdg. halbeiförmig, 5-zähnig. U 5, schwach gewölbt. — Meist an feuchten Orten im Moos, Gras, unter Steinen und Holz bis 1800 m, in Nordtirol bis 2000 m.

Alpen-Windelschnecke, *Vertígo alpéstris.* — H 1,8—2 mm, Br 0,8—1,1 mm. Gelblich hornfarben. Zylindrisch, fein gestreift, mattglänzend, dünnschalig. Mdg. halboval, 4-zähnig; Munds. dünn gelippt. U 4 3/4—5. — In Moos und unter bewachsenen Steinen bis 2500 m; kalkhold.

Zahnlose Windelschnecke, *Columélla edéntula columélla.* — H 2,8—3,5 mm, Br 1,3 bis 1,5 mm. Dunkel hornfarben. Schlank zylindrisch, mattglänzend, gestreift. U 6—7 1/2, stark gewölbt. — Im Rasen und Geröll, oft an feuchten Orten bis 2900 m.

Schließmundschnecken (Clausilíidae)

Landlungenschnecken. Gehäuse stets links gewunden, schlank, mit Ausnahme von *Balea* spindelförmig. Mündung mit eigentümlichem Verschlußapparat (Lamellen, Falten, Schießplättchen = Clausilium); Unterscheidung sehr schwer. Mindestens 9 Umgänge.

Faltenlose Schließmundschnecke, *Bálea pervérsa.* — H 7—11 mm, Br 2—2,3 mm. Hornbraun bis grünlich. Schlank turmförmig, rippenstreifig, seidenglänzend. Munds. fein weiß gelippt, Mdgs.-Wand 1 kleiner Zahnhöcker. U 10. — An Felsen, in Moos und morschem Holz bis 2400 m; zeitweise gesellig. Lebendgebärend.

Glatte Schließmundschnecke, *Cochlodína lamináta.* — H 14—17 mm, Br 4 mm. Gelb- bis rötlichbraun. Bauchig, glänzend. Munds. etwas zurückgeschlagen, weiß gelippt, Ränder verbunden. U 10—11. — An morschem Holz, Baumstämmen und unter Steinen — häufig in Wäldern — bis 1950 m.

Schlanke Schließmundschnecke, *Neostyriaca corynódes.* — H 9—13 mm, Br 2,1 bis 2,5 mm. Dunkel rotbraun. Fein gestreift. Mdg. birnförmig; Munds. schwach gelb gelippt; Unterlamelle stark, freiliegend. U 10—13. — An feuchten, schattigen, bemoosten Felsen bis 1200 m, seltener bis 2000 m; kalkstet.

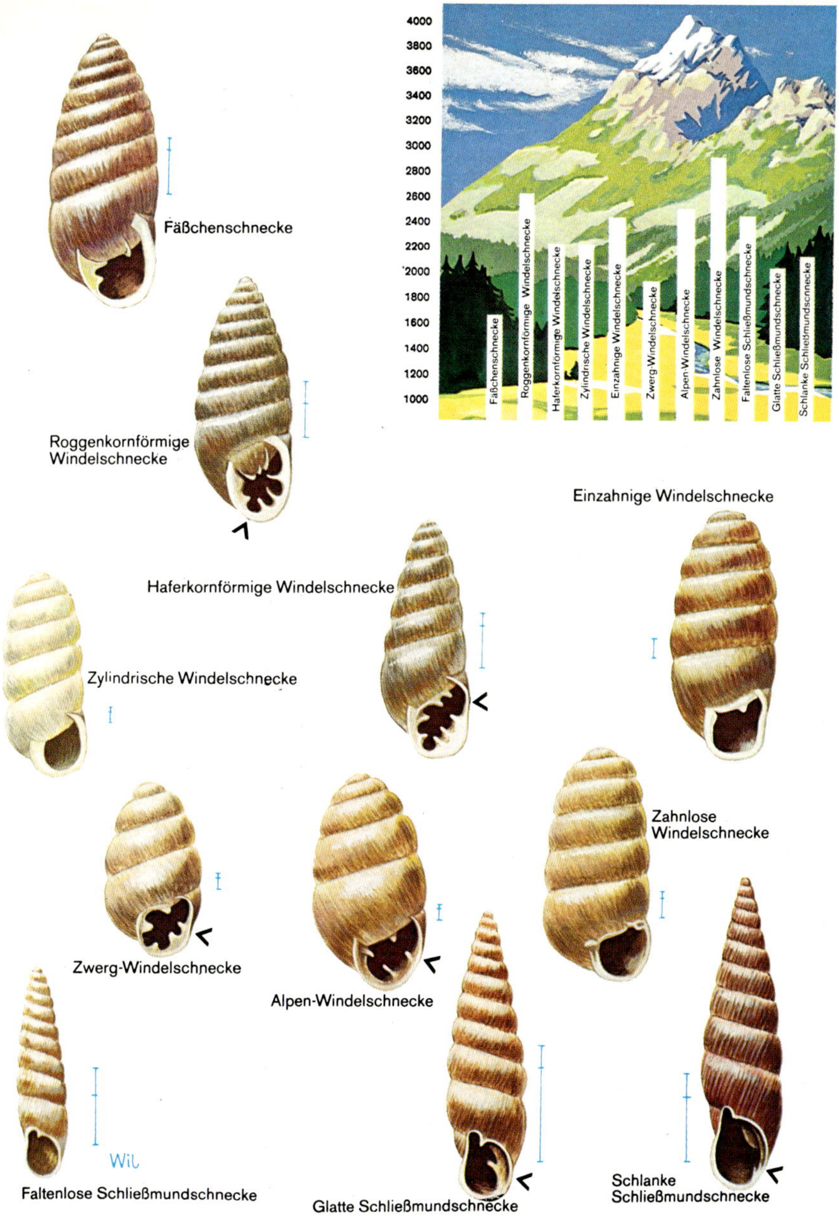
4000
3800
3600
3400
3200
3000
2800
2600
2400
2200
2000
1800
1600
1400
1200
1000
Fäßchenschnecke
Roggenkornförmige Windelschnecke
Haferkornförmige Windelschnecke
Zylindrische Windelschnecke
Einzahnige Windelschnecke
Zwerg-Windelschnecke
Alpen-Windelschnecke
Zahnlose Windelschnecke
Faltenlose Schließmundschnecke
Glatte Schließmundschnecke
Schlanke Schließmundschnecke
Fäßchenschnecke
Roggenkornförmige Windelschnecke
Einzahnige Windelschnecke
Haferkornförmige Windelschnecke
Zylindrische Windelschnecke
Zahnlose Windelschnecke
Zwerg-Windelschnecke
Alpen-Windelschnecke
Wil
Faltenlose Schließmundschnecke
Glatte Schließmundschnecke
Schlanke Schließmundschnecke

Zierliche Schließmundschnecke, *Clausília párvula.* — H 8—9 mm, Br 2—2,5 mm. Dunkelrotbraun. Fein gestreift. Mdg. birnförmig; Munds. losgelöst, zurückgebogen, fein gelbweiß gelippt; Unterlamelle tiefliegend. U 10—11. — An trockenen Rasenhängen, in Wäldern unter Steinen, an morschem Holz bis 2000 m; kalkhold. In den N-Alpen häufig; S-Alpen nur in Krain, Kärnten und Südtirol.

Feingerippte Schließmundschnecke, *Clausília dúbia.* — H 11—13 mm, Br 2,8—3 mm. Horn- bis schwarzbraun. Etwas bauchig, eng rippenstreifig, wirkt wie gegittert. Mdg. birnförmig; Munds. losgelöst, etwas zurückgeschlagen, schwach weiß gelippt; Unterlamelle mit 2 länglichen Knötchen. U 10—12. — An warmen Grashängen, bemoosten Baumstämmen, feuchten Felsen und morschem Holz bis 2400 m.

Engmündige Schließmundschnecke, *Clausília cruciáta.* — H 8—12 mm, Br 2—3 mm. Bräunlichhornfarben, zahlreiche weiße Strichelchen. Etwas bauchig, weitläufig stumpf gerippt. Zwischenräume dicht quergerunzelt. Mdg. schmal, rhombisch; Munds. kurz losgelöst, weißlich; Unterlamelle mit 2 Fältchen am Munds. auslaufend. U 9—11. — An bemoosten Steinen, in kühlen, feuchten Wäldern an Stämmen und morschem Holz bis 1300 m, seltener bis 2400 m.

Feingefältelte Schließmundschnecke, *Iphigéna plicátula.* — H 10—14 mm, Br 2,5 bis 3 mm. Rotbraun, weiß gestrichelt. Kräftig gerippt. Mdg. birnförmig; Munds. breit umgeschlagen, weiß- oder bräunlich; Unterlamelle vorn 2 gabelige Wülste, zum Munds. ziehend, manchmal liegendes K bildend. U 10—12. — An feuchten Felsen, bemoosten Stämmen, morschem Holz, unter Laub und Steinen bis 2400 m.

Schlammschnecken (Lymnæidae)

Süßwasser-Lungenschnecken. Groß, kräftig. Fühler dreieckig. Atem- und Geschlechtsöffnung rechts. Gehäuse rechtsgewunden; letzter Umgang sehr erweitert.

Kleine Schlammschnecke, *Gálba truncátula.* — H 7—9 mm, Br 3,5—4 mm. Horngelb. Ei-kegelförmig, fein gestreift. Mdg. eiförmig, stumpfspitzig. U 5—6. — In Quellen, Tümpeln, der Uferzone von Seen an Pflanzen und Steinen bis 2600 m. Zwischenwirt des Leberegels, der bei weiterer Entwicklung die Leberfäule bei Rindern und Schafen erzeugt.

Wandernde Schlammschnecke, *Rádix péregra.* — H 15—19 mm, Br 12 mm. Horngelb. Eiförmig spitz. Mdg. zugespitzt. U 4—5. — In kleinen stehenden oder langsam fließenden Gewässern bis 2200 m, in den Berner Alpen bis 2800 m.

Federkiemenschnecken (Valvátidae)

Wasserbewohner. Tiere mit vorstreckbarer, 2-seitig gefiederter Kieme. Mdg. kreisrund. Deckel dünn, eng spiralig gewunden. Nahrung: vorwiegend Moderstoffe.

Alpen-Federkiemenschnecke, *Valváta piscinális alpéstris.* — H 4,4—5 mm, Br 5,4 bis 6,4 mm. Gelblichgrün. Gedrückt kreiselförmig. U 4—4½. — Im Schlamm der Seen bis 1200 m, selten bis 1600 m.

Muscheln (Biválvia)

Wassertiere. Kopf fast völlig rückgebildet. Symmetrisch, zweiklappige Schale. Nahrung: kleinste Tiere und Pflanzen, die im Wasser schweben.

Kugelmuscheln (Sphaeríidae)

Schale klein, Wirbel in der Mitte oder am Hinterrand. Lebendgebärend.

Gemeine Erbsenmuschel, *Pisidium cinéreum.* — H 3—5 mm, L 3—4 mm, Dicke der Doppelschale 2,2—2,4 mm. Hornfarben. Eiförmig, fein gestreift, Wirbel wenig hervortretend. — Im Schlamm stehender und fließender Gewässer bis 2500 m.

Zierliche Schließmundschnecke

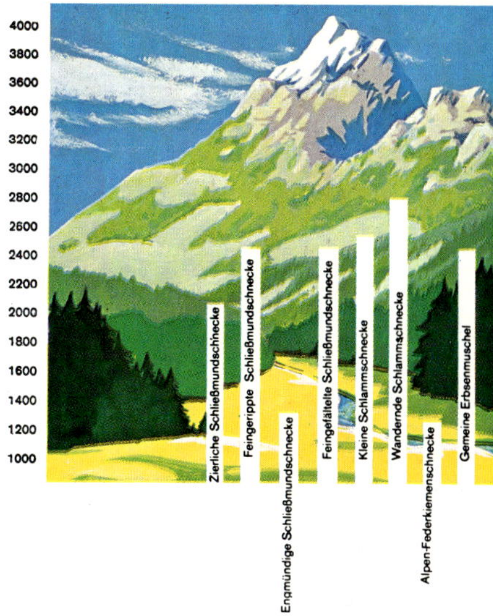

Feingerippte Schließmundschnecke

Engmündige Schließmundschnecke

Feingefältelte Schließmundschnecke

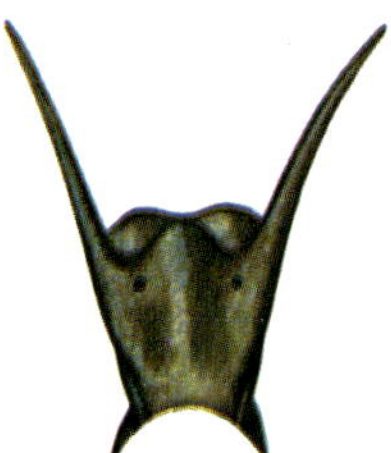

Kopf einer Wasserlungenschnecke

Kleine Schlammschnecke

Gemeine Erbsenmuschel

Wil

Wandernde Schlammschnecke

Alpen-Federkiemenschnecke

Spinnentiere (Arachnoídea)

Kopf und Brust miteinander verschmolzen. Flügellos. 4 Beinpaare. Wachstum mit mehreren Häutungen.

Skorpione (Scorpiónes)

Kiefertaster mit großer Greifschere. Hinterleib mit 5 schmalen Endsegmenten. Endständige Giftblase läuft in Stachel aus; Gift nur für kleinere Tiere tödlich. Nachttiere, lebhaft. Nahrung: Insekten, Spinnen, Asseln, Tausendfüßler.

Deutscher Skorpion, *Euscórpius germánus.* — L 2—3 cm. Meist scherbengelb. Giftblase beim ♂ bauchig, beim ♀ flach. — Unter Steinen bis 2000 m in Südtirol, Norditalien und der Südschweiz.

Afterskorpione (Pseudoscorpiónes)

Ebenfalls mit großer Greifschere. Hinterleib bis zum Ende breit. Ohne Giftblase und Stachel. Räuber wie vorige.

Berg-Afterskorpion, *Chérnes montigenus.* — L 2,2—4 mm. Kastanienbraun, graumeliert. — Unter Steinen in Wiesen und Wäldern von 1700—2700 m. (Fam. **Cheliféridae.)**

Joch-Afterskorpion, *Obísium jugórum.* — L 3—3,5 mm. Rötlichbraun. — In Wäldern, auf Almweiden und an Gletschern unter Steinen von 1700—3000 m. (Fam. **Obisiidae.)**

Weberknechte (Opiliónes)

Körper rundlich; Kopfbruststück und Hinterleib breit verwachsen. Beine meist sehr lang. Leben an feuchten, dunklen Orten. Nahrung: Pflanzenstoffe, kleine Insekten (tot und lebend).

Schwarzgoldener Fadenkanker, *Nemástoma (= Mitóstoma) chrysómelas alpínum.* — L 2—2,7 mm. Schwarzgolden, am Rücken mit Reihen von T-förmigen Zähnchen. 2. Beinpaar 12,7 mm lang. — Zwischen Moos und Alpenrosen bis 2800 m; weitverbreitet. (Fam. **Fadenkanker, Nemastomátidae.**)

Hellers Weberknecht, *Astrobúnus hélleri.* — L 2—4,3 mm. Rostbraun. 1.—4. Oberschenkel mit je 2 Längsreihen gerader, langer, blasser Zähne. 2. Beinpaar 14 mm lang. — Zwischen Steinen, auf Laub und Moos bis 2800 m. (Fam. **Echte Weberknechte, Phalangíidae.)**

Gerandeter Weberknecht, *Liobúnum limbátum.* — L 5—8 mm. ♂ mattweiß bis isabellfarben, Hleib manchmal fein braun quergestreift, seitlich mit schwarzem Rand; ♀ Hleib vorn mit hellem Sattel auf dunklem Grund, letztes Drittel blasser. — Bis 2000 m sehr häufig. (Fam. **Echte Weberknechte, Phalangíidae.**)

Weberknecht, *Lacínius déntiger.* — ♂ 3, ♀ 6 mm. Blaßrotbraun, dunkler marmoriert. Hleib mit breitem Sattel, hinten viereckig abgestutzt. — Zwischen Steinen, Laub und Moos in Österreich und Bayern bis 2200 m. (Fam. **Echte Weberknechte, Phalangíidae.)**

Webespinnen (Aráneae)

Kopfbruststück durch dünnen Stiel miteinander verbunden. Hinterleibsende mit 1—4 Paar Spinnwarzen; Spinnfäden werden zum Netz- oder Nestbau verwendet. Durchweg Räuber (vorwiegend Insekten und andere Gliederfüßler).

Gletscher-Krabbenspinne, *Xýsticus glaciális.* — Kopfbrust 2,5 mm. Gelbbraun. Kopfbrust weiß berandet, seitlich gelb marmoriert; Hleib seitlich und hinten weiß gestreift, helleres Mittelband. Letzte 2 Beinpaare schwächer als die übrigen. — Unter Steinen von 2000—2900 m, besonders in Nordtirol. (Fam. **Krabbenspinnen, Thomisidae;** weben keine Fang- und Wohnnetze.)

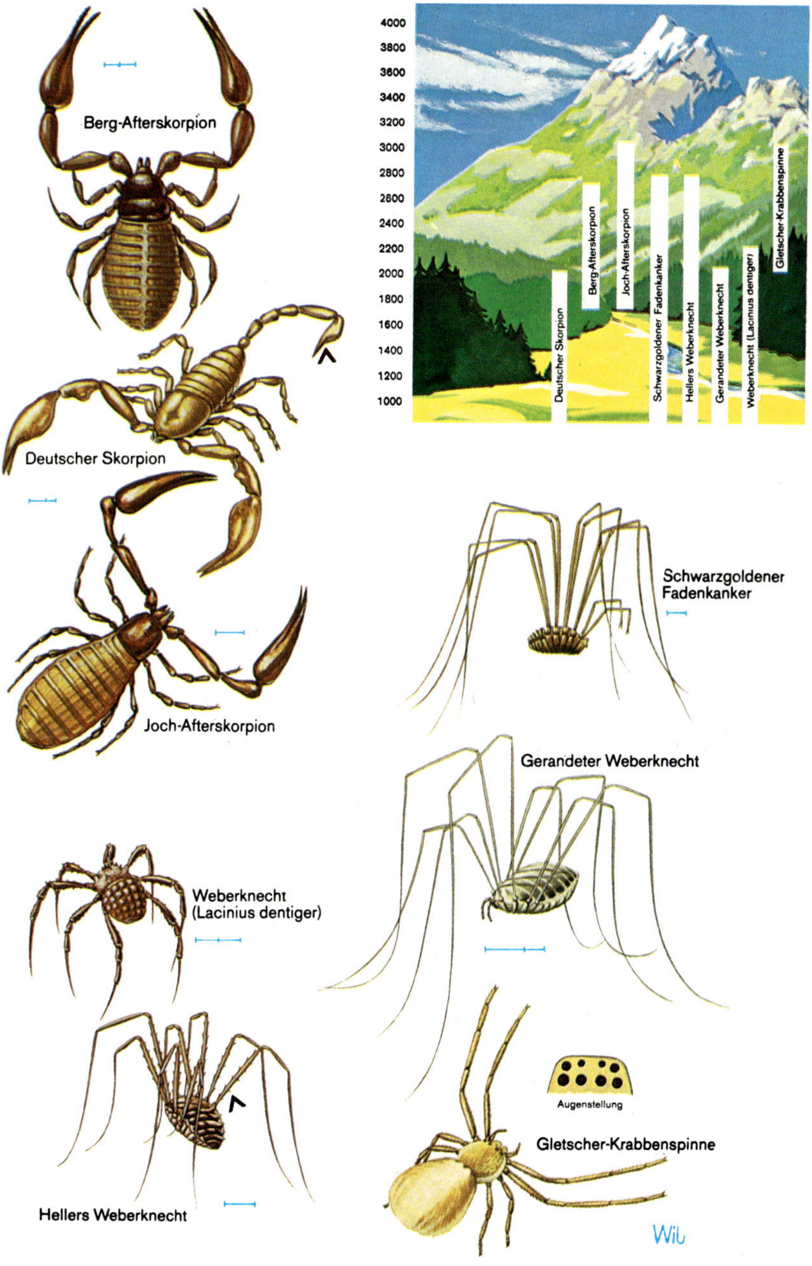
4000
3800
3600
3400
3200
3000
2800
2600
2400
2200
2000
1800
1600
1400
1200
1000
Deutscher Skorpion
Berg-Afterskorpion
Joch-Afterskorpion
Schwarzgoldener Fadenkanker
Hellers Weberknecht
Gerandeter Weberknecht
Weberknecht (Lacinius dentiger)
Gletscher-Krabbenspinne
Berg-Afterskorpion
Deutscher Skorpion
Joch-Afterskorpion
Schwarzgoldener Fadenkanker
Gerandeter Weberknecht
Weberknecht (Lacinius dentiger)
Hellers Weberknecht
Augenstellung
Gletscher-Krabbenspinne
Wil

Alpen-Wolfspinne, *Arctósa alpígena.* — Kopfbrust 4,1—4,4 mm, braunrot, undeutliche Mittelbinde, seitlich weißgelb behaart; Hleib os vorn mit weißhaarigem Lanzettstreif, dahinter 5—6 weiß-schwarz gefleckte Querbinden. — Ab Juli unter Steinen von 2000—2800 m. (Fam. **Wolfspinnen, Lycósidae.)**

Eine Einzelunterscheidung und Artbestimmung der Spinnen ist außerordentlich schwierig, so daß für die weiteren im Alpenraum vorkommenden Vertreter dieser Ordnung nur die wichtigsten Familienmerkmale genannt seien.

Wolfspinnen, *Lycósidae.* — Mittelgroß. Gelb, braun oder schwarz; meist mit Haarflecken oder -binden. Kopfbruststück nach vorn verschmälert, gewölbt. 3 Augenreihen (8 Augen), vordere sehr klein. Weben keine Netze. Laufen schnell. Eier in kugeligem Kokon, den ♀ am Hleib mit sich trägt. — Im Krummholz, auf steinigen, sonnigen Hängen und unter Steinen bis 4300 m; sehr gesellig.

Radnetzspinnen, Kreuzspinnen, *Aranéidae.* — Mittelgroß. Oft kreuzartige weiße Rückenzeichnung. An den letzten Fußgliedern mit Webestachel in der Nähe der Nebenklauen. Arteigene, zwischen Pflanzenteilen senkrecht gespannte Fangnetze, durch Größe, Speichenzahl und Fangfädendichte voneinander unterschieden. — Seßhaft an Gebüsch und zwischen Steinen bis 3000 m.

Springspinnen, Hüpfspinnen, *Salticidae.* — Bis 10 mm groß; gedrungen; Kopfbruststück gewölbt; Rücken flach und breit; Seiten steil abfallend. Rot, gelb, braun oder schwarz, auch metallisch glänzend; meist mit weißen Haarflecken oder -binden. Beine kräftig, oft bunt gefärbt. 8 Augen in 3 Reihen, vordere sehr groß. Fortbewegung ruckartig. Bauen keine Netze. Eier werden in Säckchen aus Spinnfäden abgelegt, wo sich auch viele Arten nachts, im Winter und während der Häutung aufhalten. Junge werden dort bis zum Schlüpfen bewacht. Beute wird oft bereits in 20 cm Entfernung gesichtet; Fang durch Anspringen. Werbetanz des ♂ vor ♀. — Umherschweifend in Felsspalten und unter Steinen bis 3100 m.

Milben (Ácari)

Außerordentlich klein. Vorder- und Hinterkörper meist einen einheitlichen Rumpf bildend.

Königsmilbe, *Erythræus regális.* — L 3 mm. Braunrot, mit auffallend langen Beinen. — Im Gesteinsschutt der Wälder und bis 3400 m; häufig. Wärmeliebend; räuberisch. (Fam. **Erythraeidae.)**

4000
3800
3600
3400
3200
3000
2800
2600
2400
2200
2000
1800
1600
1400
1200
1000
Alpen-Wolfspinne
Wolfspinne
Radnetzspinne
Springspinne
Königsmilbe
Wolfspinne
Augenstellung
Alpen-Wolfspinne
Augenstellung
Springspinne
Radnetzspinne
Königsmilbe
Wil

Tausendfüßler (Myriópoda)

Körper langgestreckt mit einer großen Zahl (fast) gleichartiger Körperringe und vielen Beinpaaren. 1 Fühlerpaar.

Doppelfüßler (Diplópoda)

Körper abgerundet, 2 Beinpaare an jedem Körperring (ab 4. außer dem letzten Segment). Fühler meist 8(—9)-gliedrig. Feuchtigkeitsliebend, versteckt unter Laub, Genist und Steinen lebend. Fortbewegung von *Leptoiúlus* lebhaft, von *Cylindroiúlus* träge. Nahrung: vorwiegend modernde Pflanzenreste.

Schmucker Saftkugler, *Glómeris ornáta.* — L 7—11 mm. Gedrungen. Dunkelgrau, Rücken mit regelmäßigen hellen Fleckenreihen; Brustschild und Rückenplatten mit hellem Mittelfleck. — In den SO-Alpen bis 2000 m. Rollt sich bei Gefahr kugelig zusammen. (Fam. **Saftkugler, Gloméridae.)**
Hochgebirgsschnurfüßler, *Hypsoiúlus alpívagus.* — L 1,6—3,1 cm. Tiefschwarz. Sehr schlank. ♂ mit 75—91 Beinpaaren. — In den N-Alpen von 2000—2750 m. (Fam. **Schnurfüßler, Iúlidae.)**
Gletscherschnurfüßler, *Leptoiúlus símplex glaciális.* — L 2,2—2,8 cm. Schwarz. ♂ mit 83—95 Beinpaaren. — In den N-Alpen und der Schweiz bis 2820 m. (Fam. **Schnurfüßler, Iúlidae.)**
Alemannischer Schnurfüßler, *Leptoiúlus alemánnicus.* — L 2—2,6 cm. Tiefschwarz. Sehr schlank. ♂ mit 93—107 Beinpaaren. — Verbreitung wie vorige Art. (Fam. **Schnurfüßler, Iúlidae.)**
Brauner Tausendfuß, *Leptoiúlus saltúvagus.* — L 2,3—3,3 cm. Braun, sehr schlank. — In den nördl. Kalkalpen von 2000—2800 m. (Fam. **Schnurfüßler, Iúlidae.)**
Schwarzer Tausendfuß, *Cylindroiúlus meinérti.* — L 1,6—2 cm. Braunschwarz. Kurze Beinchen. — In morschen Baumstümpfen und unter Laub bis 2000 m in den O-Alpen, Graubünden, Nordtirol, Südbayern. Wirksamer Verarbeiter feuchten Holzes. (Fam. **Schnurfüßler, Iúlidae.)**

Hundertfüßler (Chilópoda)

Körper abgeflacht, 1 Beinpaar an jedem Körperring; 1. Rumpfbeinpaar zu Giftzangen umgebildet, letztes langgestreckt. Fühler mindestens 10-gliedrig. Unter Laub und Steinen. Nahrung: kleine Insekten und deren Larven.

Spinnenläufer, *Scutígera coleóptrata.* — L 1,8—2,4 cm. Graugelblich, Rücken meist mit 3 braunen Längsbinden. Körper mit 8 Segmenten. Beine lang, dünn, dienen dem Beutefang. — An felsigen Südhängen und Mauerwerk bis 2000 m in den südl. Alpenländern und im Wallis. Umschlingt Beutetiere mit den Beinen. (Fam. **Spinnenasseln, Scutigéridae.)**
Brauner Steinkriecher, *Lithóbius forficátus.* — L 2—3,2 cm. Kastanienbraun, glänzend. — Auch unter Baumrinden, bis 2700 m. Lichtscheu. Läuft in schlangenförmigen Windungen auch rückwärts. (Fam. **Steinläufer, Lithobiidae.)**
Räuberischer Steinkriecher, *Lithóbius látro.* — L 8—11 mm. Dunkelkastanienbraun. Fühler 30—33(37)-gliedrig. — Von 1200—2500 m weitverbreitet. (Fam. **Steinläufer, Lithobiidae.)**
Lichtscheuer Steinkriecher, *Lithóbius lucífugus.* — L 1,2—1,7 cm. Gelbbraun. Fühler 39—50-gliedrig. — In Tirol und der Schweiz bis 3240 m. (Fam. **Steinläufer, Lithobíidae.)**

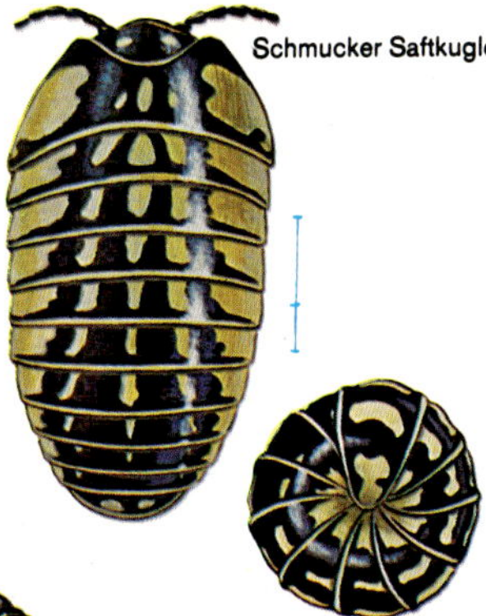

Schmucker Saftkugler

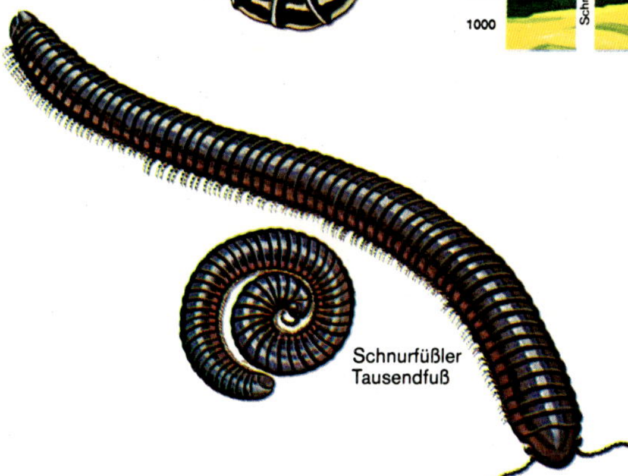

Schnurfüßler
Tausendfuß

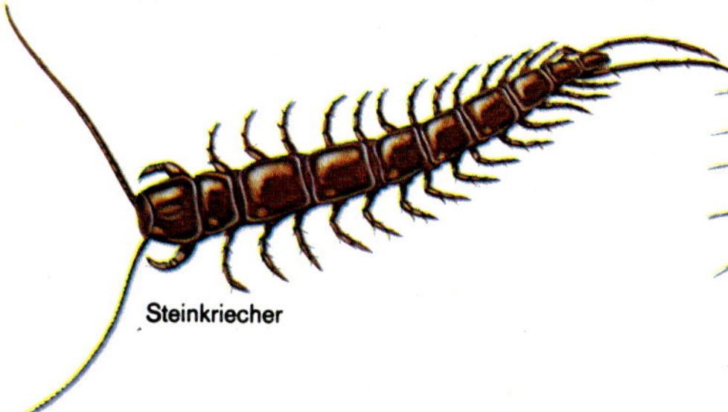

Steinkriecher

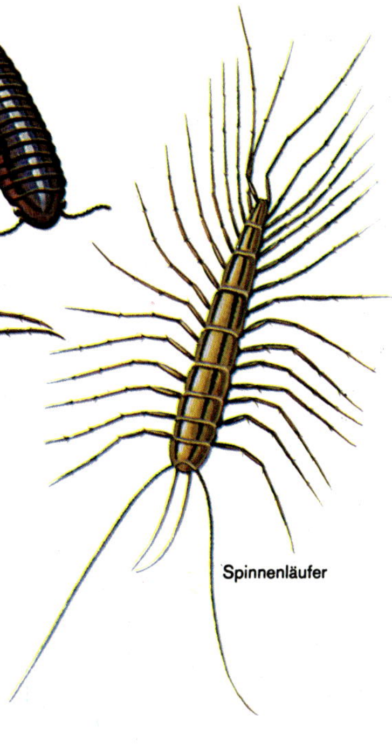

Spinnenläufer

Insekten (Hexapoda)

Körper deutlich gegliedert in Kopf, Brust und Hinterleib. Oft mit 1—2 Flügelpaaren. 3 Beinpaare.

Springschwänze (Collémbola)

Urinsekten. Sehr klein. Hinterleib oft mit Sprunggabel. Flügellos.

Gletscherfloh, *Isótoma sáltans.* — L 2 mm. Blauschwarz. Dicht, kurz behaart. — Auf Gletschern und sommerlichen Schneeflecken von 2500—3880 m oft in großen Mengen in der Schweiz, Österreich und Frankreich. Nahrung: Pollenstaub. (Fam. **Gleichringler, Isotómidae;** Körper unbeschuppt.)

Schneefloh, *Entomóbrya nivális.* — L 2 mm. Weißlich bis gelb, violett oder blau pigmentiert. — Unter Rinden, in Moos und Flechten, auf Schnee bis 3200 m. (Fam. **Laufspinner, Entomobrýidae;** Körper beschuppt.)

Borstenschwänze (Thysanúra)

Urinsekten. Hinterleib mit 1 mittleren (langen) und 2 seitlichen (kürzeren) Schwanzfäden. Körper beschuppt und beborstet.

Tiroler Felsenspringer, *Máchilis tirolénsis.* — L 15 mm. Graubräunlich gefleckt. Fühler schwarz und weiß geringelt, so lang wie Körper. — In Nord- und Südtirol, im Unterengadin an Felsen und Steinen bis 2800 m. Nahrung: Flechten, Spinnen. (Fam. **Felsenspringer, Machílidae.**)

Eintagsfliegen (Ephemeróptera)

Schlank, zart. Vorderflügel — in der Ruhe aufgestellt und aneinandergelegt — wenigstens doppelt so groß wie Hinterflügel (diese auch fehlend); reich geädert. Hinterleib mit 2—3 langen Schwanzfäden. Kurz vor Sonnenuntergang auffallende auf- und absteigende Tanzflüge. Kurze Lebensdauer ohne Nahrungsaufnahme. — Larven mit langen Schwanzfäden und Kiemenplättchen, Körper abgeflacht; Räuber.

Glashaft, *Baétis alpinus.* — L 18—23 mm. Brust schwarz; Hleib os kastanienbraun, us meist aschgrau; Hflügel mit 3-eckigem spitzem Zipfel; Vflügel des ♂ schwach ockerbraun, des ♀ farblos; Schwanzfäden beim ♂ weiß bis aschgrau, beim ♀ rauchgrau; Vschenkel des ♂ grünlich, Hschenkel gelblich. — Im Juli und August an Hochgebirgsbächen und -seen. (Fam. **Baétidae.**)

Aderhaft, *Ecdyonúrus laterális.* — L 13—25 (♀—32 mm). Brust, Vbeine pechbraun oder dunkler, ♀ heller; Hleib os rötlichbraun, mittlere Abschnitte hell, gelblich; Hbeine gelbbräunlich. — Von Mai—August an und in Gebirgsbächen. Larven unter Steinen im Wasser. (Fam. **Ecdyonúridae.**)

Libellen (Odonáta)

Körper lang, schmal. Fühler kurz; große Facettenaugen. Vorder- und Hinterflügel lang. Nahrung: Insekten werden im Flug erbeutet. — Larven im Wasser; Räuber.

Schlankjungfer, *Ágrion hastulátum.* — Hleib 22—26 mm; Hflügel ♂ 16—19, ♀ 19 bis 22 mm. Erzfarbig mit blauer oder grünlicher Zeichnung; Gesicht blaugrün; 8. und 9. Hleibssegment grünlichblau mit schwarzen Flecken. — Von Mai—Juli an Hochmooren und Tümpeln. Ruhiger Flug, fangen sitzende Beute. Flügel in Ruhe zusammengeklappt. (Fam. **Agriónidae.**)

Große Teufelsnadel, Braune Mosaikjungfer, *Áeschna grándis.* — Hleib ♂ 54—60, ♀ 49—55 mm; Flügel 45—48 mm. Gesicht gelbbraun. Stirne mit braunem Querstrich. Beine, Hleib rotbraun; Brustseite mit 2 gelben Binden; Rückenmitte, Hleibsringe blaugefleckt; Flügel dunkelgelb. — Von Juni—September an Seen, Teichen und Bächen sowie an Waldrändern und -lichtungen bis 2000 m. Flügel in Ruhe ausgebreitet. (Fam. **Áeschnidae.**)

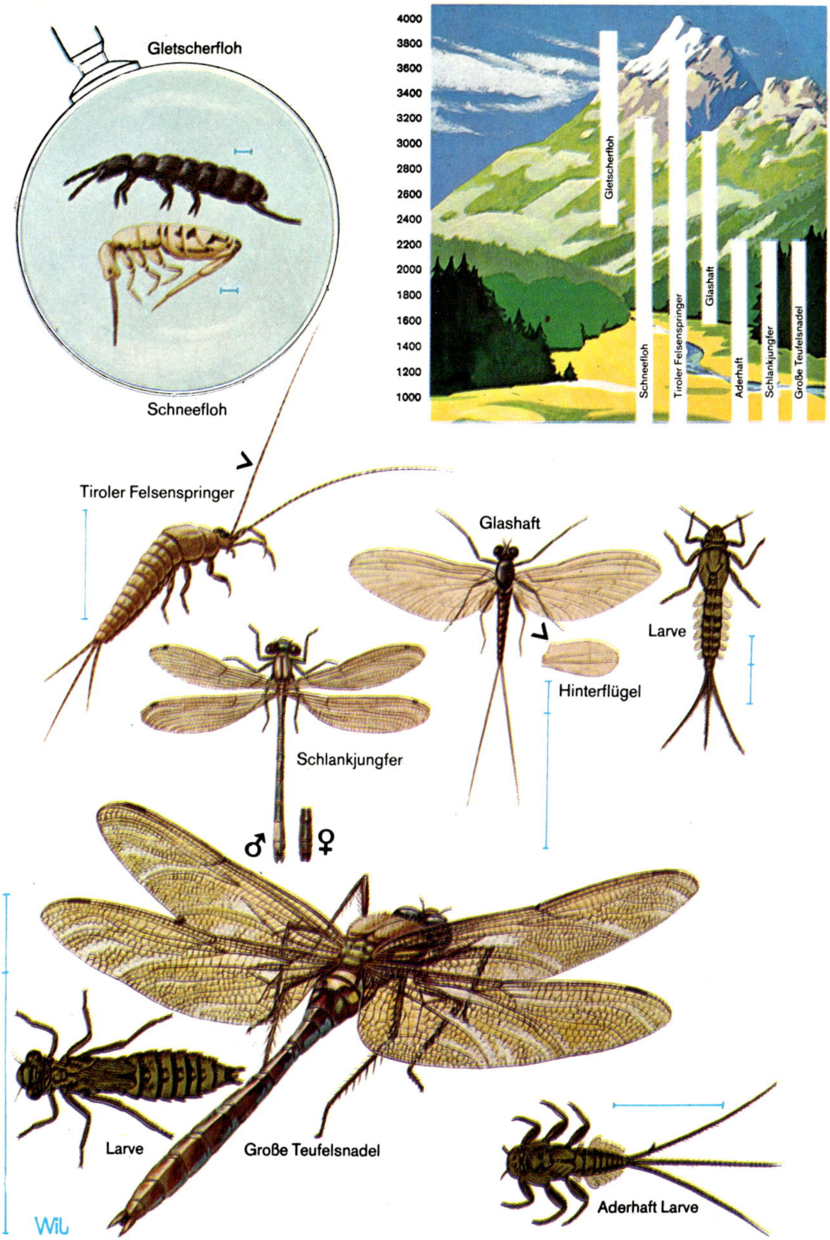

Gletscherfloh
Schneefloh
4000
3800
3600
3400
3200
3000
2800
2600
2400
2200
2000
1800
1600
1400
1200
1000
Gletscherfloh
Schneefloh
Tiroler Felsenspringer
Glashaft
Aderhaft
Schlankjungfer
Große Teufelsnadel
Tiroler Felsenspringer
Glashaft
Larve
Hinterflügel
Schlankjungfer
♂
♀
Larve
Große Teufelsnadel
Aderhaft Larve
Wil

Binsendrachenfliege, *Aéschna júncea.* — Hleib ♂ 53—58,5, ♀ 50—54,5 mm; Flügel 41—46 mm. Kopf breit, schwarzer Nahtstreifen. ♂: Gesicht gelbgrün, Brust dunkelbraun, Binden gelb bis grünlich, Hleib dunkelbraun bis schwarz, kleine Flecken grüngelb und große hellblau, Flügel bräunlich. ♀: Brust heller, Hleib dunkelrotbraun, gelb oder grüngelb gefleckt. — Auf feuchten Wiesen und an kleinen Seen von Ende Juni—Oktober bis 2100 m (in der Schweiz häufig). Flügel in der Ruhe ausgebreitet. Schneller Beuteflug. (Fam. **Aéschnidae.**)

Ufer- oder Steinfliegen (Plecóptera)

Fühler lang. Brustringe deutlich voneinander getrennt. Flügel groß, flach, liegen auf oder um den Körper; beim ♂ manchmal verkürzt. Hinterleib mit meist 2 langen, starren Schwanzfäden. Träge; Flug ungewandt. Lebensalter 2—30 Tage. — Larven leben meist im Wasser und besitzen stets 2 kräftige Schwanzborsten; Nahrung: Algen, Moderstoffe, teils räuberisch (vorwiegend Eintagsfliegenlarven).

Afterfrühlingsfliege, *Perlódes intricáta.* — L 8—18 mm; Sp 30(♂)—45(♀) mm. Kopf glänzend schwarz mit hellem Fleck. Flügel glasartig durchsichtig; Flügelspitzen unregelmäßig geädert. Schwanzfäden überragen die angelegten Flügel weit. — Im Juni an den Ufern klarer, größerer Bäche unter Steinen, an Gräsern von 1400—2000 m. Larven kriechen auch aus dem Wasser und klammern sich an Steine und Pflanzenstengel. (Fam. **Perlôdidae.**)

Große Steinfliege, *Pérla bipunctáta.* — L ♂ 24—28, ♀ 33—39 mm; Sp 20—64 mm. Kopf hell, Fühler braun, Kopfschild meist rotbraun; Halsschild gelbbraun mit 2 dunklen Flecken, dunkel gesäumt und dunklem Mittelstreif; Hleib braungelb; Beine gelblich; Flügel bräunlich mit dunkleren Adern. Larve gelb, braunschwarz gezeichnet. — Im Mai und Juni an größeren Gewässern, ruhend an Baumstämmen, Gebüschen und Felsen; stellenweise häufig. (Fam. **Pérlidae.**)

Nicht selten findet man an Gebirgsbächen auch rotbraune **Steinfliegenlarven** *(Pérla cephalótes).*

Geradflügler (Orthóptera)

Kiefer gut entwickelt. Fühler meist lang, dünn. Schmale, längliche Vorderflügel derber als breite Hinterflügel und als Flügeldecken dienend; letztere manchmal verkümmert oder fehlend. 2 griffelartige Hinterleibsanhänge. Rund 60 Arten im Alpenraum.

Gemeiner Ohrwurm, *Forfícula auriculária.* — L 10—15 mm. Glänzend braun; Vrücken und Beine heller. Zangenspitzen berühren sich. Vflügel verkürzt; Hflügel gefaltet, unter vorderen verborgen. — Unter Moospolstern, Fallaub, Rinde und Steinen bis 1600 m, gelegentlich bis 2500 m; häufig. Nahrung: Kleintiere, weiche Pflanzenstoffe. (Oft als selbständige Ordnung — **Dermáptera** — angesehen.)

Sibirische Keulenschrecke, *Gomphócerus sibíricus.* — L 19—25 mm. Kopf braungrün oder rotbraun. Fühler beim ♂ stark, beim ♀ schwächer keulig verdickt (Name!). Vrücken grünbraun, Hleib os grünlich; Vflügel rotbraun, beim ♂ länger, beim ♀ kürzer als Körper. Vschienen des ♂ kugelig verdickt. Hschenkel os mit 3 gelben Flecken; Knie braun; Hschienen rötlich. — Auf Wiesen und Grasweiden von 1000—2600 m; häufig. (Fam. **Feldheuschrecken, Acrídidae;** Nahrung: Pflanzen.)

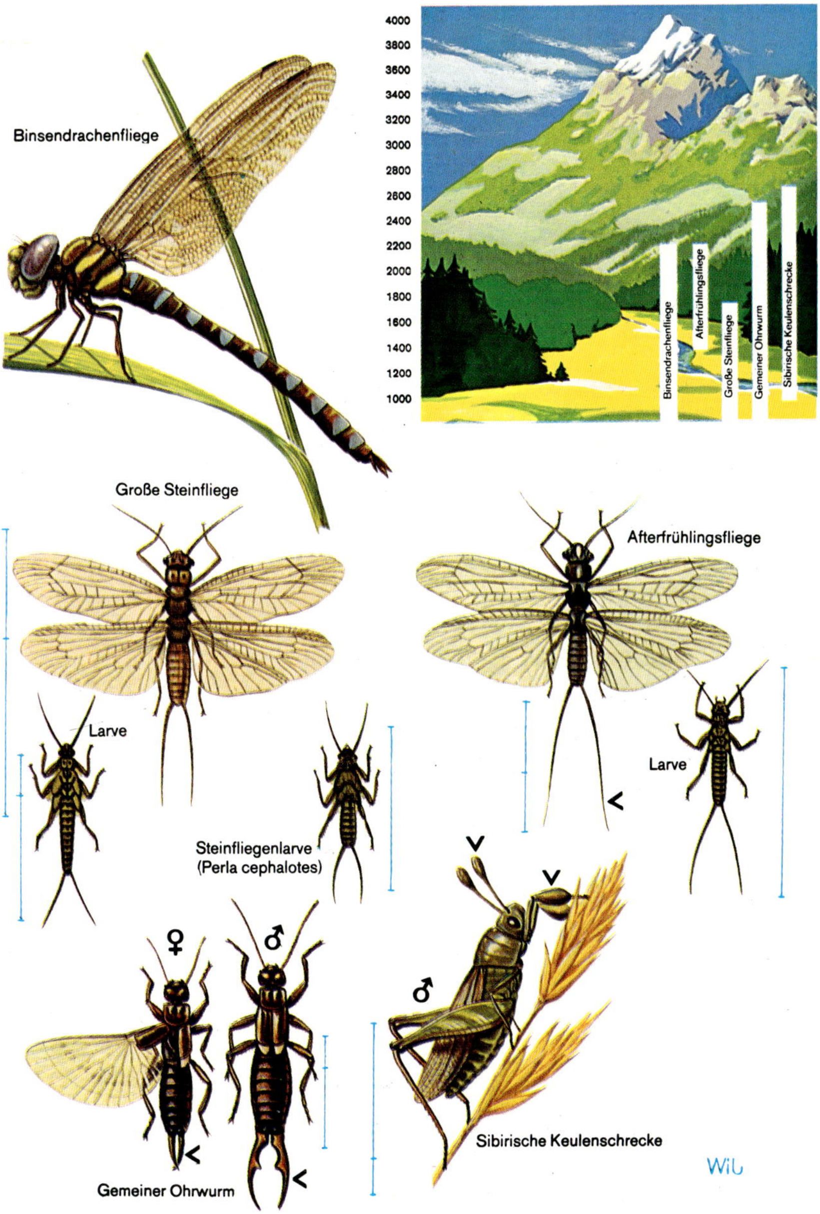

Binsendrachenfliege
4000
3800
3600
3400
3200
3000
2800
2600
2400
2200
2000
1800
1600
1400
1200
1000
Binsendrachenfliege
Afterfrühlingsfliege
Große Steinfliege
Gemeiner Ohrwurm
Sibirische Keulenschrecke
Große Steinfliege
Larve
Afterfrühlingsfliege
Larve
Steinfliegenlarve
(Perla cephalotes)
♀
♂
♂
Gemeiner Ohrwurm
Sibirische Keulenschrecke

Feldheuschrecke, *Arcýptera fúsca.* — L 27(♂)—38(♀) mm. Kopf olivgrün, 2 bräunliche, undeutliche Längsstreifen; Halsschild braun, Seitenlappen heller mit schwarzem Fleck; Hschenkel gelb, rot gestreift; Hleib grünlich, dunkel gefleckt; Bauch gelb; Flügelende dunkel. — Auf feuchten Gebirgswiesen über 1000 m. ♂ schnarrt beim Auffliegen. (Fam. **Feldheuschrecken, Acrídidae.)**

Gefleckte Schnarrschrecke, *Bryodéma tuberculáta.* — L ♂ 27—32, ♀ 37 mm. Braun. Vflügel durchscheinend bräunlich; Hflügel blaßrot (♀ weinrot); Hschenkel gelbbraun, 2 undeutliche dunkle Flecken; Hschienen gelb. — Auf trockenen Plätzen und Geröll ♂ auf- und niederschwebend metallisch schnarrend in der Luft. (Fam. **Feldheuschrecken, Acrídidae.)**

Rote Schnarrheuschrecke, *Psóphus strídulus.* — L ♂ 21—23, ♀ 26—36 mm. Dunkelgesprenkelt oder braun. Flügel rot; Spitze mit brauner Binde; Hrand ohne Binde. — Auf üppigen Wiesen stellenweise (Engadin) bis 1800 m. ♂ klappert laut beim Auffliegen. (Fam. **Feldheuschrecken, Acrídidae.)**

Alpengebirgsschrecke, *Podísma (= Mirámélla) alpína.* — L 18—26 mm. Olivgrün. Hschienen gelbbraun. Flügeldecken eiförmig. Flügel fehlend. — Auf höheren Kräutern und Gebüsch in den S-Alpen bis 2700 m; häufig. (Fam. **Feldheuschrecken, Acrídidae.)** *Podísma frígida* (Braungrün; Hschienen rot) in niederem Gestrüpp von 1800—2800 m.

Warzenbeißer, *Décticus verrucívorus.* — L 28—42 mm. Grün, braun und gelblich marmoriert; Vbrust seitlich mit braunem Fleck. Fühler so lang wie Körper. Flügel lang. — Auf Wiesen bis 2600 m; sehr häufig. Beißt bei Gefahr und gibt braunen Saft ab. (Fam. **Laubheuschrecken, Tettigoníidae.)**

Schnabelkerfe (Rhynchóta)

Körper abgeflacht oder keilförmig. Fühler borstenförmig oder kurz. Stechend-saugende Mundteile bilden gegliederten Rüssel, 4 Stechborsten.

Ungleichflügler, Wanzen (Heteroptera): Vorderflügel in der Grundhälfte meist lederig, an der Spitze häutig. Flügel in der Ruhe waagerecht aufliegend.

Pflanzensauger, Gleichflügler (Homoptera): Flügel meist gleichmäßig, in der Ruhe dachförmig anliegend.

Langwanze, *Trapezonótus arenárius.* — L 4,5—5 mm. Schwarz. Hinteres Vbruststück, Flügeldecken, Beine (♂) gelbbraun. Vschenkel bedornt. — Auf trockenen Grasflächen bis 2000 m; häufig. Flink. (Fam. **Langwanzen, Lygáeidae.)**

Felsenwanze, *Álydus rupéstris.* — L 7—10 mm. Rotbraun, schwarz gezeichnet; mit feinen Silberhaaren; Fühler schwarz; Hflügelende, Hüfte, Hbrust weißlich; Hschenkel mit hellgelbem Ring. Fühler und Beine sehr lang. — Auf niedrigen Pflanzen, zwischen Geröll von 1430—2300 m und auf Gletschern. Bewegt sich langsam fort. (Fam. **Lederwanzen, Randwanzen, Coréidae.)**

Zwergzikade, *Deltocéphalus abdominális.* — L 4—4,5 mm. Os grün; Scheitel gelb; us und Beine schwarz; gelegentlich 2 Punkte an der Scheitelspitze; Vflügel stellenweise (Spitze!) schwarz gerandet. — Von Juni—September auf Wiesen bis 2600 m; häufig. (Fam. **Zwergzikaden, Jássidae**.)

Alpenblattfloh, *Psýlla alpína.* — L 2,5—3 mm. Trüb hellgelb bis rötlich, später Hleib schwarz; Vflügel grau getrübt mit kräftigen braunen Adern. — Im Juni und Juli an Grün-Erlen bis 2430 m. (Fam. **Blattflöhe, Psýllidae.)**

4000
3800
3600
3400
3200
3000
2800
2600
2400
2200
2000
1800
1600
1400
1200
1000
Feldheuschrecke
Gefleckte Schnarrschrecke
Rote Schnarrheuschrecke
Alpengebirgsschrecke
Warzenbeißer
Langwanze
Felsenwanze
Zwergzikade
Alpenblattfloh
Feldheuschrecke
Gefleckte Schnarrschrecke
Rote Schnarrheuschrecke
Alpengebirgsschrecke
Warzenbeißer
Zwergzikade
Langwanze
Alpenblattfloh
Felsenwanze
Wil

Käfer (Coleóptera)

Formenreichste Insektenordnung. Halsschild groß. Vorderflügel stark chitinisiert, zu Flügeldecken umgebildet; Hinterflügel häutig, in der Ruhe unter den Vorderflügeln verborgen.

Sandlaufkäfer (Cicindélidae)

Schlank. Augen stark hervortretend. Fühler und Beine ziemlich lang, zart. Laufen sehr schnell, fliegen bei Störung schnell und niedrig kurze Strecken. Nahrung: Insekten. — Larven (bis 21 mm) in senkrechten, selbstgegrabenen Röhren.

Gallischer Sandläufer, *Cicindéla gállica.* — L 15 mm. Grün. Flügeldecken mit weißen Flecken. — Auf trockenen Wegen und sonnigen Almweiden bis 2700 m.

Laufkäfer (Carábidae)

Schlank. Augen weniger hervortretend. Beine kräftig. Flugunfähig. Nahrung (von Käfern und Larven): Insekten, Schnecken u. a. Kleintiere; meist sehr nützlich.

Schaufelläufer, *Cýchrus rostrátus.* — L 16—19 mm. Schwarz. Flügeldecken eiförmig, gekörnt. — Von April—Juli in Wäldern unter Steinen und Rinde bis 2300 m.

Brauner Dammläufer, *Nébria castánea.* — L 7—11,5 mm. Rot- oder schwarzbraun. Beine dünn, lang. — Unter Steinen an Schneerändern bis 2800 m.

Gyllenhals Dammläufer, *Nébria gyllenháli.* — L 9—12 mm. Schwarz; Füße gelegentlich rostfarben. — Unter Steinen an schnellfließenden Bächen bis 3600 m.

Eilkäfer, *Notióphilus aquáticus.* — L 4—5,5 mm. Schwarz, erzglänzend. Kopf groß, breit. — In Wäldern unter Wurzeln, Laub und Geröll bis 2400 m.

Wald-Laufkäfer, *Cárabus silvéstris.* — L 20—29 mm. Schwarz, bronze- oder grünlich erzfarben; Fühler, Beine schwarz. Flügeldecken mit 3 Grübchenreihen. — In morschem Holz und unter Steinen bis 2000 m.

Acker-Laufkäfer, *Cárabus arvénsis.* — L 13—21 mm. Bronzegrün, kupferrot, violett oder schwarz. Flügeldecken mit feinen Kettenstreifen. — In lichten Wäldern, auf Almwiesen, unter Steinen an schmelzendem Schnee bis 2200 m.

Goldglänzender Laufkäfer, *Cárabus auronítens.* — L 19—28 mm. Dunkel- oder goldgrün; 1. Fühlerglied, Beine meist rot. Flügeldecken mit Längsrippen. — In feuchten Bergwäldern bis 2000 m.

Gletscher-Ahlenläufer, *Bembídion glaciále.* — L 5 mm. Schwarz, schwach metallisch glänzend. Flügeldecken mit feinen, vorn fast erloschenen Punktstreifen. — Auf Almweiden unter Steinen und im Moränenschutt auf Schneefeldern bis 3230 m.

Zweipunktiger Ahlenläufer, *Bembídion bipunctátum.* — L 5 mm. Schwarz; os erzfarben mit Bronzeglanz. Flügeldecken mit feinen, hinten fast erloschenen Punktstreifen. — Unter Steinen und besonders zwischen Graswurzeln bis 3400 m.

Gletscher-Flinkläufer, *Tréchus glaciális.* — L 4 mm. Braunschwarz; Mund, Fühler, Beine gelb. Halsschild seitlich stark gerundet. — Zwischen feinem, vegetationslosem Schutt bis 3500 m, besonders in den Kalk- und westl. Zentralalpen.

Alpen-Flinkläufer, *Tréchus alpícola.* — L 3,5 mm. Pechbraun; Fühler, Beine gelb. Halsschild herzförmig. Flügeldecken kurz, fein gestreift. — Unter Laubstreu, an kleinen Bächen, unter Steinen bis 2800 m, besonders östl. der Hohen Tauern.

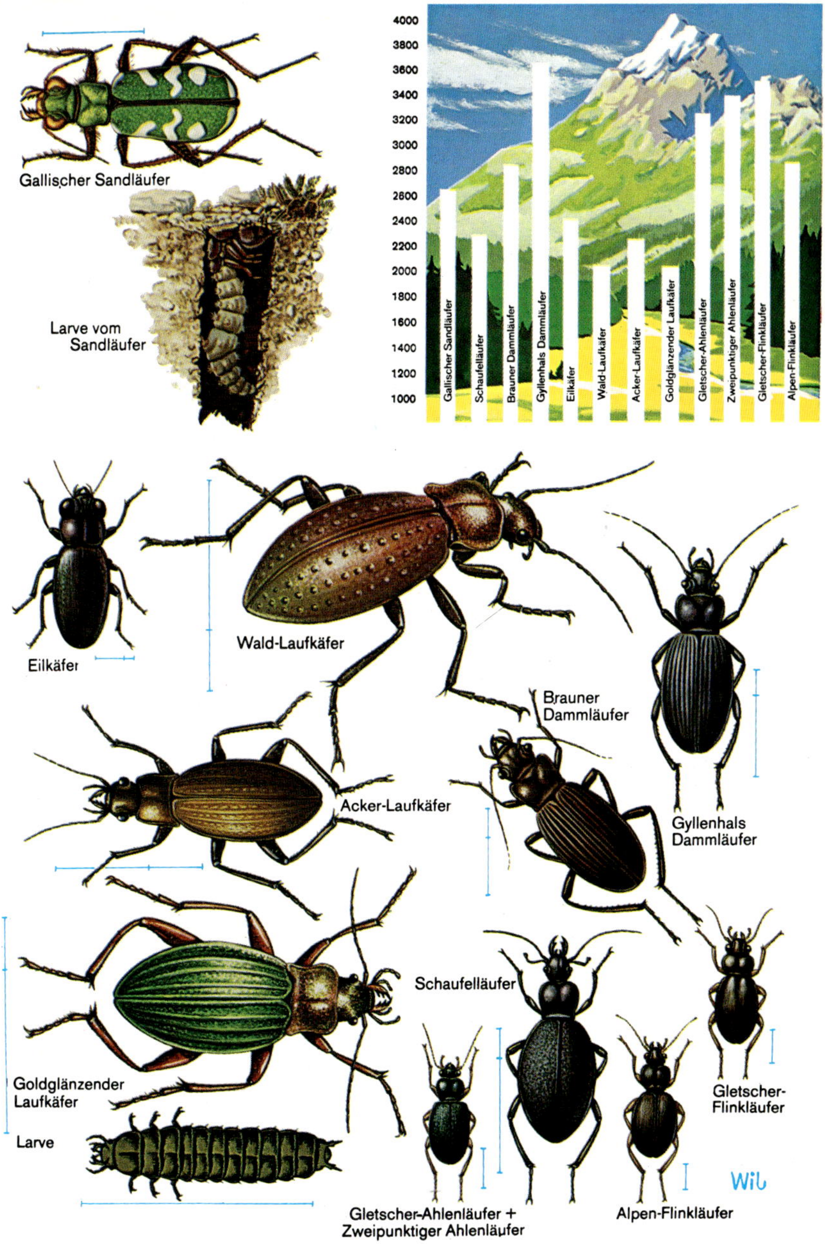
Gallischer Sandläufer
Larve vom Sandläufer
4000
3800
3600
3400
3200
3000
2800
2600
2400
2200
2000
1800
1600
1400
1200
1000
Gallischer Sandläufer
Schaufelläufer
Brauner Dammläufer
Gyllenhals Dammläufer
Eilkäfer
Wald-Laufkäfer
Acker-Laufkäfer
Goldglänzender Laufkäfer
Gletscher-Ahlenläufer
Zweipunktiger Ahlenläufer
Gletscher-Flinkläufer
Alpen-Flinkläufer
Eilkäfer
Wald-Laufkäfer
Brauner Dammläufer
Acker-Laufkäfer
Gyllenhals Dammläufer
Schaufelläufer
Goldglänzender Laufkäfer
Larve
Gletscher-Flinkläufer
Wil
Gletscher-Ahlenläufer + Zweipunktiger Ahlenläufer
Alpen-Flinkläufer

Illigers Grabkäfer, *Pteróstichus illigeri.* — L 10—11 mm. Braunschwarz, glänzend. Mund, Fühler, Beine rot. Flügeldecken oval, flach, Schultern fein gestreift. — In Wäldern und an Schneefeldern bis 2800 m.

Echte Schwimmkäfer (Dytíscidae)

Körper flach, oval. Fühler lang, fadenförmig. Hinterbeine mit langen Wimperhaaren an der Innenseite. Gewandte Schwimmer und Flieger. Käfer und Larven sind Räuber.

Zwergschwimmer, *Hydróporus boreális.* — L 4 mm. Os gelb; seitlich und us schwarz, ebenso 8 Längsstreifen auf den Flügeldecken. — In und an Gebirgsbächen bis 2400 m in den Bayerischen Alpen.
Gefleckter Schwimmkäfer, *Platámbus maculátus.* — L 7—8 mm. Schwarz mit gelber Zeichnung. — In Gebirgsbächen und Quellwasser bis 2300 m.

Kurzflügler (Staphylínidae)

Meist klein, schlank, abgeflacht. Flügeldecken stark verkürzt, lassen den größten Teil des Hinterleibes frei. Laufen flink; krümmen Hinterleibsende häufig in die Höhe. Nahrung: Moderstoffe, Insekten und deren Larven, Würmer, Schnecken.

Kurzflügler, *Athéta tibiális.* — L 2,3—3 mm. Schwarz; Flügeldecken manchmal dunkelbraun; Beine braungelb. — An Schneerändern bis 3500 m.
Alpen-Kurzflügler, *Staphylinus macrocéphalus alpéstris.* — L 14—21 mm. Schwarz fein braun behaart. — Unter Steinen bis 3500 m.
Strauch-Kurzflügler, *Anthóphagus alpínus.* — L 4 mm. Breiter Kopf, Halsschild braunschwarz; Mund, Fühlerbasis, Flügeldecken, Beine rotgelb. — An Zwergsträuchern und Blüten (besonders Eisenhut, Purpurner Enzian) bis 2300 m.
Brauner Kurzflügler, *Arpédium quádrum.* — L 5 mm. Schwarzbraun, glänzend; Fühlerbasis, Beine rotgelb; Halsschildränder, Hrand der Flügeldecken braunrot, punktiert. — Unter Moos und Steinen an versumpften Bach- und an Schneerändern bis 3000 m.
Blüten-Kurzflügler, *Anthóbium alpínum.* — L 2,5 mm. Kopf, Halsschild schwarz; Hleib ♂ schwarz mit rotgelber Spitze, beim ♀ rot und braungelb. Flügeldecken stark entwickelt, fein punktiert, braun mit helleren Rändern oder ganz gelbbraun. — Oft gesellig — besonders im Frühjahr — auf Blüten bis 3400 m.

Aaskäfer (Sílphidae)

Fühler allmählich verdickt oder mit scharf abgesetzter Keule.

Tiroler Aaskäfer, *Sílpha tyrolénsis.* — L 13—17 mm. Schwarz oder mit rotbraunen Flügeldecken. Körper gewölbt, länglich-oval. Flügeldecken unregelmäßig runzelig, grob punktiert. — Im Gras und unter Steinen bis 3400 m. Nahrung: Aas, Schnecken, Insekten, Würmer.

Blatthornkäfer (Scarabáeidae)

Breit, plump, mit blattartig verbreiterten Fühlerendgliedern. Nahrung (von Käfern und Larven): Faulende Pflanzenstoffe, animalische Exkremente.

Schwarzer Dungkäfer, *Aphódius áter.* — L 5—6 mm. Schwarz. Flügeldecken fein gestreift, Zwischenräume punktiert. — An Dung bis 2200 m.
Gemeiner Dungkäfer, Rotecken-Dungkäfer, *Aphódius fimetárius.* — L 6—7 mm. Schwarz; Flügeldecken, Halsschildvorderecken rot. Flügeldecken meist schwarz längsgefurcht. — An Rinderdung und Wildexkrementen bis 2200 m.

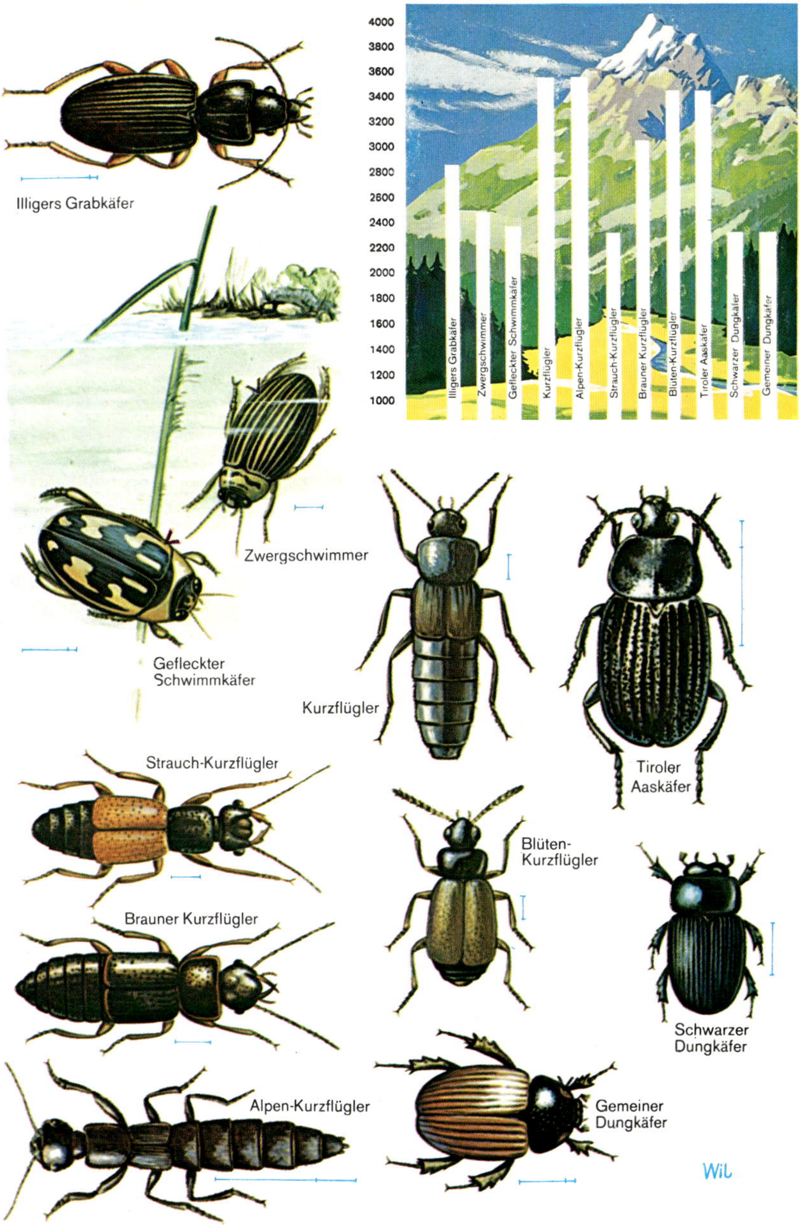
4000
3800
3600
3400
3200
3000
2800
2600
2400
2200
2000
1800
1600
1400
1200
1000
Illigers Grabkäfer
Zwergschwimmer
Gefleckter Schwimmkäfer
Kurzflügler
Alpen-Kurzflügler
Strauch-Kurzflügler
Brauner Kurzflügler
Blüten-Kurzflügler
Tiroler Aaskäfer
Schwarzer Dungkäfer
Gemeiner Dungkäfer
Illigers Grabkäfer
Zwergschwimmer
Gefleckter Schwimmkäfer
Kurzflügler
Tiroler Aaskäfer
Strauch-Kurzflügler
Blüten-Kurzflügler
Brauner Kurzflügler
Schwarzer Dungkäfer
Alpen-Kurzflügler
Gemeiner Dungkäfer
Wil

Alpen-Dungkäfer, *Aphódius alpinus.* — L 5,5—7 mm. Os schwarz; Flügeldecken manchmal rot, punktstreifig. — In Rinderdung bis 2200 m.

Alpen-Mistkäfer, *Geotrúpes alpinus.* — L 11—15 mm. Os schwarz bis schwarzblau, us metallisch schwarzgrün bis -blau; Flügeldecken-, Halsschildränder grünlich. Kopfschild halbkreisförmig. — Auf stark mit Dung durchsetzten Stellen in der Nähe von Sennhütten bis 2500 m. Schwärmen an windstillen Abenden; brummender, niedriger Flug.

Pinselkäfer, *Tríchius fasciátus.* — L 10—14 mm. Schwarz, dicht gelb behaart; Flügeldecken orange- oder hellgelb mit schwarzen Querflecken. — In Waldgegenden auf Blüten (Disteln, Doldengewächsen u. a.) bis 1900 m.

Kolbenwasserkäfer (Hydrophílidae)

Gewölbter und plumper als Schwimmkäfer. Fühler kurz, 1. Glied lang; Endglieder 3—5-gliedrige, fein behaarte Keule. Meist Pflanzenfresser.

Eis-Kolbenwasserkäfer, *Helóphorus glaciális.* — L 2,4—4 mm. Dunkel. Flügeldecken langgestreckt. Halsschild mit 5 Längsfurchen. — In Schneetümpeln bis 3270 m.

Schnee-Kolbenwasserkäfer, *Helóphorus nivális.* — L 3,2—4 mm. Dunkel; Beine rotbraun. Flügeldecken punktstreifig. Halsschild kaum gekörnt. — An stehenden Gewässern bis 3000 m.

Schnellkäfer (Elatéridae)

Schlank, spindelförmig. Fühler fadenförmig. Halsschild groß, Hinterecken mit scharfer Spitze oder dornartig verlängert. Kann sich aus der Rückenlage herumschnellen. — Larven (Drahtwürmer) lang, zylindrisch, meist stark chitinisiert.

Runzeliger Kammschnellkäfer, *Corymbítes rugósus.* — L 10,5—13 mm. Dunkelerzfarben. Flügeldecken mit groben, vielfach unterbrochenen Streifen. — Am Boden, unter Steinen bis 3000 m.

Weichkäfer (Cantháridae)

Meist schlank, weichhäutig. Fühler lang, fadenförmig. Nahrung (von Käfern und Larven): vorwiegend kleine Insekten und ihre Larven. — Larven dicht samtartig, schwarz behaart.

Kurzflügel-Weichkäfer, *Malthódes trifurcátus.* — L 3—6 mm. Dunkelbraun. Flügeldecken graubraun. Kopf breiter als lang. — Auf Gesträuch, Kräutern und Blüten bis 2500 m.

Haar-Weichkäfer, *Dásytes alpigradus.* — L 3,5—5 mm. Schwarz, schwach erzschimmernd; lang abstehend schwarz behaart. — Auf Blüten bis 3000 m.

Bockkäfer (Cerambýcidae)

Langgestreckt. Fühler auffällig lang. Beine schlank. Größere Arten leben auf Bäumen, kleinere auf Blüten. Nahrung: Blütenstaub, Blüten- und Baumsäfte. — Larven fußlos, oft groß, in Holz.

Schusterbock, *Monochámus sútor.* — L 21—28 mm. Schwarz bis braunschwarz, schwach bronzeglänzend. Flügeldecken mit kleinen gelben Haarflecken. Fühler ♂ schwarz und kahl, ♀ weiß oder gelbhaarig geringelt. — In Nadelwäldern bis 2000 m. Larven besonders an Fichten.

Vierfleckbock, *Páchyta quadrimaculáta.* — L 11—20 mm. Schwarz. Flügeldecken blaßgelb, jederseits 2 große, scharf umgrenzte 4-eckige Flecken. — In Wäldern, besonders auf Doldenblüten bis 2000 m.

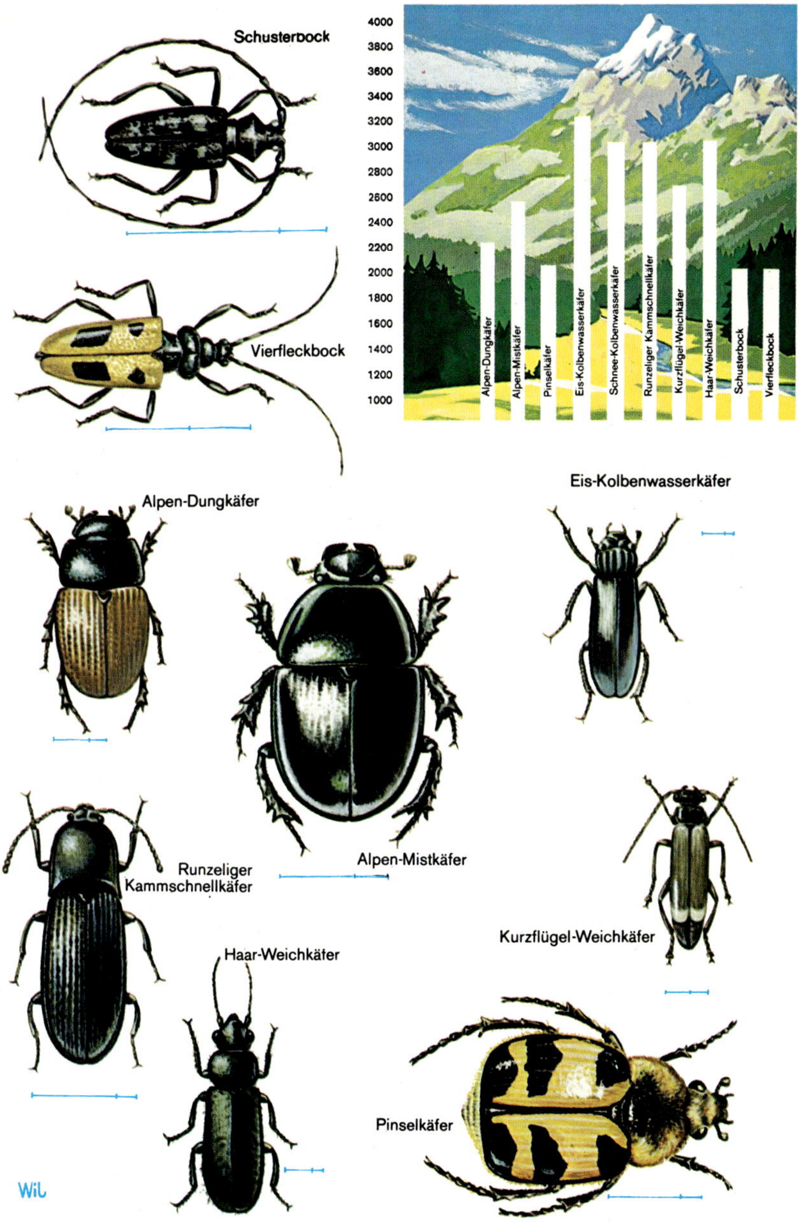
Schusterbock
Vierfleckbock
4000
3800
3600
3400
3200
3000
2800
2600
2400
2200
2000
1800
1600
1400
1200
1000
Alpen-Dungkäfer
Alpen-Mistkäfer
Pinselkäfer
Eis-Kolbenwasserkäfer
Schnee-Kolbenwasserkäfer
Runzeliger Kammschnellkäfer
Kurzflügel-Weichkäfer
Haar-Weichkäfer
Schusterbock
Vierfleckbock
Alpen-Dungkäfer
Eis-Kolbenwasserkäfer
Runzeliger Kammschnellkäfer
Alpen-Mistkäfer
Kurzflügel-Weichkäfer
Haar-Weichkäfer
Pinselkäfer
Wil

Alpenbock, *Rosália alpína.* — L 24—39 mm. Blaßblau behaart; mattschwarze Flecken am Halsschildvorderrand und auf den Flügeldecken; 2 Basalglieder und Spitze der folgenden Fühlerglieder schwarz. — In und auf alten abgestorbenen Buchen bis 1800 m. △

Blattkäfer (Chrysomélidae)

Körper gedrungen, meist stark gewölbt. Vorwiegend bunt oder metallisch gefärbt. Fühler mäßig lang, fadenförmig. Nahrung (von Käfern und Larven): Blätter.

Prächtiger Blattkäfer, *Chrysochlóa gloriósa.* — L 6—14 mm. Glänzendgrün. Naht, Seitenkante und eine Längsbinde auf jeder Flügeldecke dunkelblau oder rot. — An Bächen auf Gemswurz und Habichtskraut, auf Almmatten unter Steinen bis 3000 m. Eiförmig breite Larve frißt große Löcher in die Blätter.

Seidenglänzender Fallkäfer, *Cryptocéphalus sericeus.* — L 7—8 mm. Metallisch goldgrün, purpurfarben oder grün-blau-violett. — Auf Korbblütlern bis 2700 m. Larve steckt in einem festen, vorn sehr engen Sack, den sie beim ruckweisen Fortkriechen schräg aufgestellt mit sich trägt.

Gemeiner Buschblattkäfer, Gelber Weidenblattkäfer, *Lochmǽa cápreae.* — L 4 bis 6 mm. Schwarz; Halsschild, Flügeldecken braungelb. — An Bachufern; besonders zwischen 1700—1800 m an Weiden oft in großen Mengen.

Rüsselkäfer (Curculiónidae)

Meist schlank, hochgewölbt, vielfach dicht beschuppt. Kopf mehr oder weniger stark rüsselartig verlängert. Fühler meist gekniet, mit langem Schaft und deutlicher Keule. Träge. Nahrung (von Käfern und Larven): meist spezialisiert auf bestimmte Pflanzen; schädlich. — Larven madenförmig, bleich, mit verkümmerten Beinen, leben im Inneren verschiedener Pflanzenteile.

Großer Fichtenrüßler, *Hylóbius abietis.* — L 9—14 mm. Düster braun, gelblich behaart. Halsschild runzelig, glänzend. Flügeldecken gestreift, punktiert, mit 4 Querreihen gelblichweißer Flecken. — An Fichten und Kiefern bis 2000 m. In Kulturen sehr schädlich; Käfer fressen in den unteren Teil der Rinde trichterförmige Löcher. Larven in flach liegenden Wurzeln abgestorbener Bäume.

Glänzender Lappenrüßler, *Otiorrhýnchus gemmátus.* — L bis 11 mm. Schwarz. Flügeldecken mit kleinen, metallisch grünglänzenden Punkten. — Besonders in Hochstaudenfluren bis 2500 m.

Schwarzer Fichtenlappenrüßler, *Otiorrhýnchus níger.* — L 7—13 mm. Schwarz, ziemlich glänzend. Flügeldecken grau behaart. Beine rot, Knie schwarz. Halsschild dicht gekörnt. — An Nadelhölzern bis 2000 m. Larve besonders an Wurzeln in jungen Fichten- und Kiefernkulturen.

Weißpunkt-Pechrüßler, *Pissódes notátus.* — L 5—7 mm. Rotbraun. Halsschild mit hellen Flecken. Flügeldecken mit Querbinden, vordere in der Mitte unterbrochen, hintere außen gelb, innen weißlich. — Von März—September auf Nadelbäumen (besonders Kiefern) bis 2000 m. Larve nagt breite Gänge unter die Rinde.

Borkenkäfer (Scolýtidae)

Klein, walzenförmig. Kopf dick. Fühler gekniet mit Endkeule. In den verschiedensten Holzgewächsen lebend; fast jede Art hat ein typisches Fraßbild; gefährliche Forstschädlinge.

Latschen-Borkenkäfer, *Pityóphthorus hénscheli.* — L 1,5—1,8 mm. Schwarz, glänzend. — In den Zweigspitzen der Arven, Lärchen, Latschen bis 2400 m.

Arven-Borkenkäfer, *Íps cémbrae.* — L 5—6,5 mm. Schwarz, auffallend gelb beborstet. Flügelhinterende eingedrückt. — Auf Lärchen, Arven und Fichten bis 2500 m. Sehr flink. Gänge bilden 3—5-armige Sternfigur.

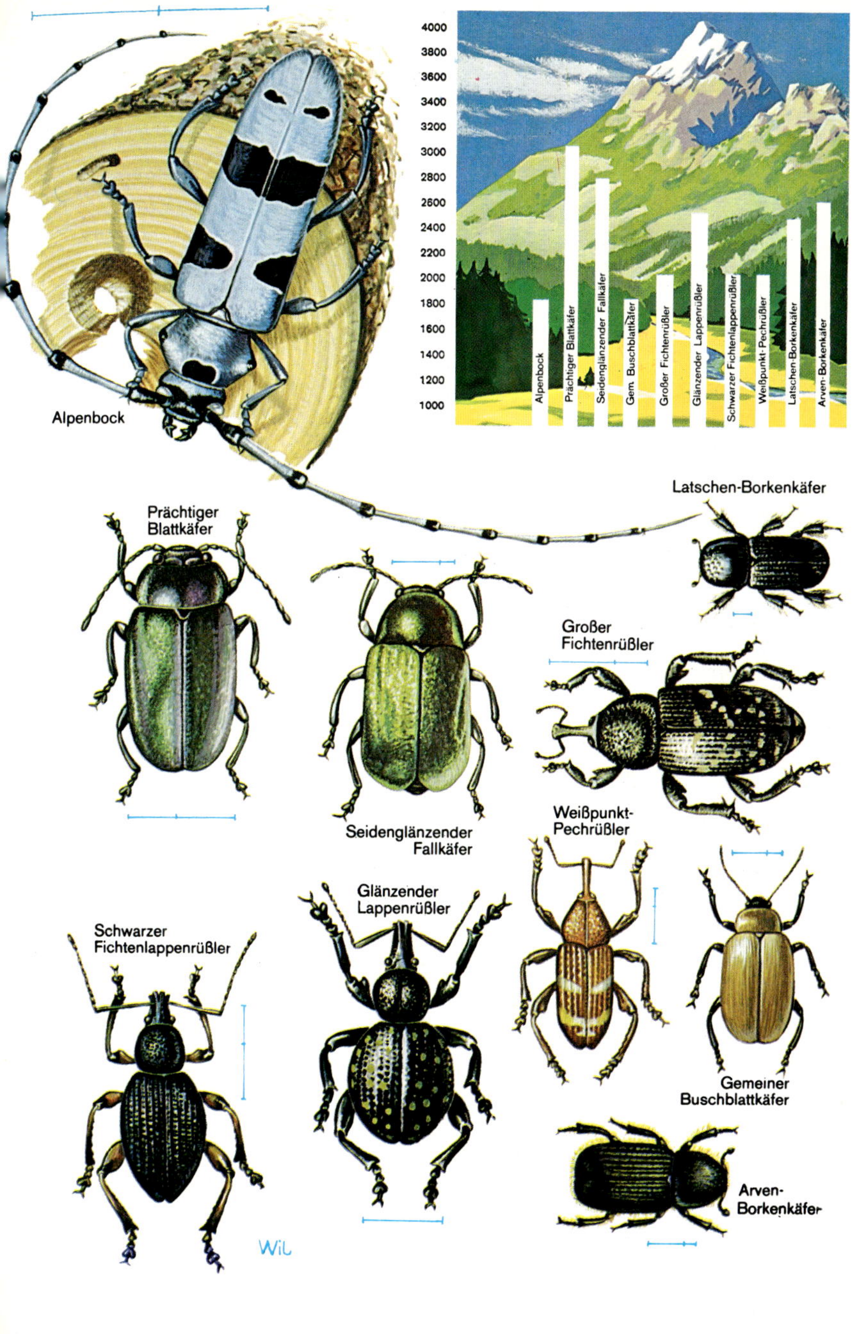

4000
3800
3600
3400
3200
3000
2800
2600
2400
2200
2000
1800
1600
1400
1200
1000
Alpenbock
Prächtiger Blattkäfer
Seidenglänzender Fallkäfer
Gem. Buschblattkäfer
Großer Fichtenrüßler
Glänzender Lappenrüßler
Schwarzer Fichtenlappenrüßler
Weißpunkt-Pechrüßler
Latschen-Borkenkäfer
Arven-Borkenkäfer
Alpenbock
Latschen-Borkenkäfer
Prächtiger Blattkäfer
Großer Fichtenrüßler
Seidenglänzender Fallkäfer
Weißpunkt-Pechrüßler
Glänzender Lappenrüßler
Schwarzer Fichtenlappenrüßler
Gemeiner Buschblattkäfer
Arven-Borkenkäfer

Hautflügler (Hymenóptera)

Insektenordnung mit meist 4 häutigen, mäßig stark geäderten Flügeln; diese in der Ruhe über dem Hinterleib liegend. Legeröhre oft frei stehend oder zu Giftstachel umgewandelt.

Blattwespen (Tenthredínidae)

Hautflügler. Hinterleib sitzt breit am Brustteil. Flügel reich geädert. Legeröhre sägeförmig. Pflanzenfresser. — Larve raupenähnlich (Afterraupen) mit 10 Beinpaaren.

Blattwespe, *Allántus arcuátus.* — L 8—12 mm. Dunkel; Brust seitlich mit gelbem Fleck; Flügel gelb oder breit gelb gerandet. — Besonders an Doldenblüten bis 2600 m.

Bienen (Ápidae)

Mittelgroße bis große Hautflügler. Meist dicht behaart. Fühler gekniet. ♀ mit Sammelapparat (Bein- oder Bauchsammler). Nahrung für Larven: Blütenstaub, Nektar. — Hummeln gehören wie die Honigbiene zu den sozialen Bienen (führen Staatenleben und füttern ihre Larven bis zur Verpuppung).

Gerstaeckers Hummel, *Bómbus gerstǽckeri.* — L ♂ bis 20, ♀ bis 27 mm. Brust und 1. Hleibsring hell gelbbraun, 2. und 3. Hleibsring schwarz, die folgenden os weiß behaart. Kopf viel länger als breit. — An Eisenhut und besonders in den südl. und nördl. Kalkalpen bis 3000 m.

Trügerische Hummel, *Bómbus méndax.* — L bis 22 mm. Schwarz behaart; Vrand (♂ auch Hrand) der Brust, Seiten des 1. Hleibsringes gelb, ab 4. Hleibsring rot behaart. — Besonders an Alpenrosen und Eisenhut bis 3000 m.

Gebirgshummel, *Bómbus lefébvrei.* — L ♂ bis 17, ♀ bis 22 mm. Schwarz, struppig. Ende des 3. und 4.—7. Hleibsring rotbraun; ♂ Brust und Hleibsbasis manchmal auch hellgelb behaart. — Besonders an Alpenrosen, Eisenhut und verschiedenen Disteln bis 2800 m; häufiger als vorige Art.

Sichels Hummel, *Bómbus sícheli.* — L ♂ bis 16, ♀ bis 22 mm. Schwarz. V- und Hrand der Brust (♂ auch Gesicht), 1. und 2. Hleibsring os gelb, die folgenden rot behaart. — Besonders an Alpenrosen und Stengellosem Leimkraut bis 2900 m.

Lappländische Hummel, *Bómbus lappónicus.* — L ♂ bis 16, ♀ bis 27 mm. 1. und 2. Hleibsring gelb oder schwarz, die anderen rot behaart. — Besonders an Fetthennen-Steinbrech, Fleischers Weidenröschen, Stengellosem Leimkraut und Disteln bis 3000 m.

Alpenhummel, *Bómbus alpínus.* — L ♂ bis 16, ♀ bis 28 mm. Kopf, Brust (♂ Vrand selten gelb), 1. Hleibsring schwarz, die folgenden rotbraun behaart. — An Blüten der Schwarzen Krähenbeere und des Roten Steinbrech bis 3100 m.

Ameisen (Formícidae)

Staatenbildende Hautflügler. Fühler gekniet. Kopf breiter als Vorderbrust. Hinterleib stielförmig mit Brust verbunden. ♂ mit Flügeln, ♀ verliert Flügel nach der Paarung, Arbeiterin (verkümmertes ♀) ungeflügelt.

Herkules-Roßameise, *Camponótus herculeánus.* — L ♂ bis 13, ♀ bis 19 mm, Arbeiterin bis 14 mm. Schwarz; Brust und manchmal auch Hleib rotbraun. — Nest im (Nadel-)Holz und unter Steinen bis 2500 m.

Rote Waldameise, *Formica rúfa.* — L ♂, ♀ bis 11, Arbeiterin bis 9 mm. Kopf, Hleib schwarz-, Brust rotbraun. ♂ Brust und Hleib stark behaart. — In Wäldern und bis 2600 m. Große Nesthaufen aus Zweigen, Fichten-, Tannen- und Lärchennadeln. In einem Staat leben bis zu 500 000 Einzeltiere. Nahrung: Blattlaushonig, Insekten und deren Larven. △

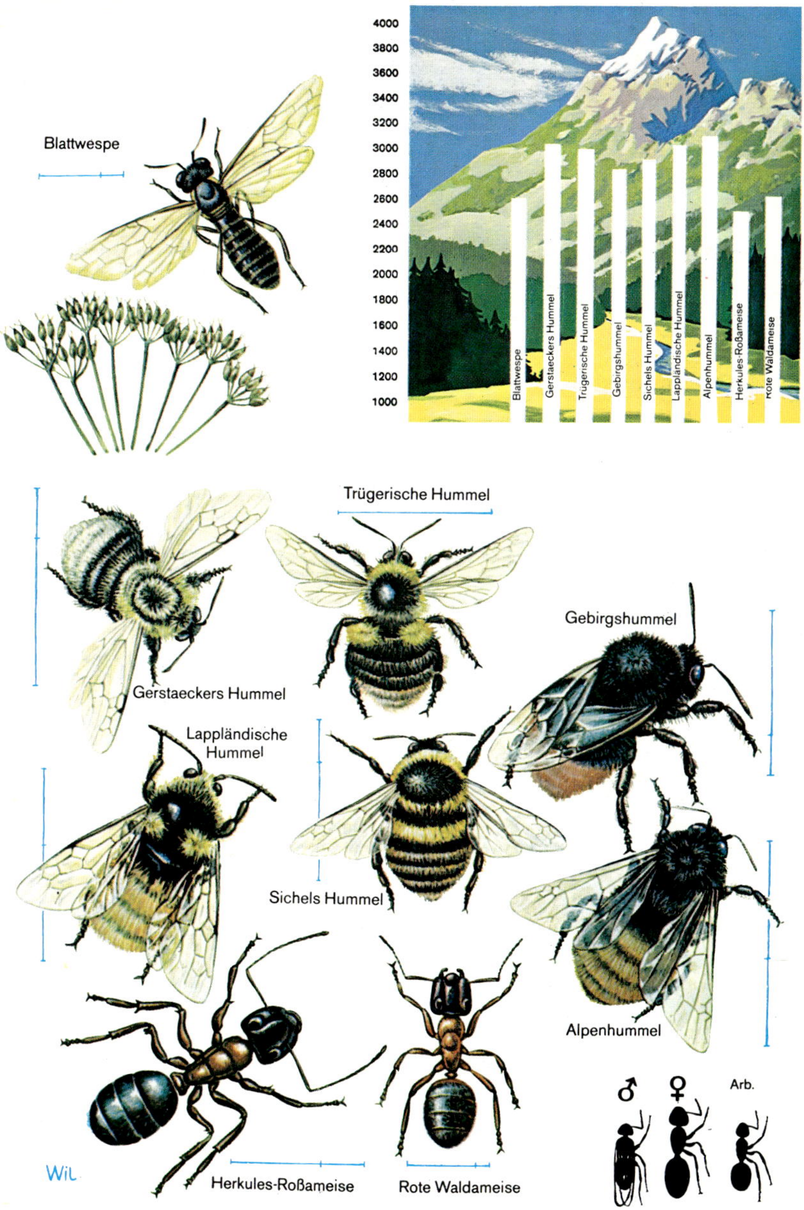

Blattwespe
4000
3800
3600
3400
3200
3000
2800
2600
2400
2200
2000
1800
1600
1400
1200
1000
Blattwespe
Gerstaeckers Hummel
Trügerische Hummel
Gebirgshummel
Sichels Hummel
Lappländische Hummel
Alpenhummel
Herkules-Roßameise
Rote Waldameise
Trügerische Hummel
Gebirgshummel
Gerstaeckers Hummel
Lappländische Hummel
Sichels Hummel
Alpenhummel
♂
♀
Arb.
Wil
Herkules-Roßameise
Rote Waldameise

Rasenameise, *Tetramórium cæspitum.* — L ♂, ♀ bis 8, Arbeiterin bis 3,5 mm. Braun oder schwarzbraun, mit abstehenden Borsten. Beine, Fühler hellbraun. Hleib glatt, glänzend. — Unter Steinen, an Weg- und Waldrändern bis 2600 m. Ausgedehnte Nester an trockenen, lichten Stellen im Boden.

Schnabelfliegen (Mecóptera)

Insektenordnung. Kopf schnabelartig nach unten verlängert. Fühler lang, fadenförmig. — Larven raupenartig, im Boden.

Gletschergast, Schneefloh, *Boréus hiemális.* — L ♂ 2,3, ♀ (mit Legeröhre) 3,5 mm. Grünbraun. Flügel verkümmert. Hbeine sehr lang. — Im Winter auf abschmelzendem Schnee und im Moos bis 3800 m; Nahrung: Pflanzliche und tierische Substanzen im Zersetzungsstadium. (Fam. **Winterhafte, Boréidae.)**

Zweiflügler (Díptera)

Insektenordnung mit nur einem häutigen Flügelpaar. Hinterflügel zu sehr kleinen „Schwingkölbchen" umgewandelt. Fühler kurz. — Larve fußlos.

Alpenschnake, *Oreomýza glaciális.* — L 18 mm. Unscheinbar gefärbt. Fühler ♂ 15-, ♀ 14-gliedrig. Beine sehr lang. — Von 2000—3000 m. Larven im Moos. (Fam. **Schnaken, Tipúlidae.)**

Gletscherzuckmücke, *Brachydiamésa steinbœcki.* — L 5 mm. Unscheinbar gefärbt. Vbeine führen beim Sitzen zuckende Bewegungen aus. — An Gletscherbächen bis 3100 m. Beim Hochzeitsflug in dichten Schwärmen. Larven in Eistümpeln und Schmelzwasser. (Fam. **Zuckmücken, Chironómidae.)**

Rinderbremse, *Tabánus bovínus.* — L 19—22 mm. Schwarzbraun; Augen leuchtend grün; Hleibsbasis gelbbraun, jeder Ring mit rotgelbem Hrand; Flügel braungrau mit gelbbraunen Adern. — An Blüten (♂) und Tieren (♀) bis 3200 m. Flug gewandt, summend, oft rüttelnd. Larve in feuchtem, lockerem Boden; Nahrung: andere Insekten, Würmer. (Fam. **Bremsen, Tabánidae.)**

Goldaugenbremse, *Chrýsops caecútiens.* — L 11 mm. Augen goldgrün; Hleibsbasis weiß mit brauner Rückenzeichnung; Flügel dunkel gebändert, werden im Sitzen halb offengehalten. Fühler länger als Kopf. — In der Nähe von Gewässern, Sennhütten und Viehweiden bis 2000 m; auf Doldenblüten, ♀ auch Blutsauger. Larve im Wasser. (Fam. **Bremsen, Tabánidae.)**

Gewürfelte Tanzfliege, *Émpis tessaláta.* — L 5—10 mm. Bräunlichgrau; Brust os mit 3 schwarzen Längsstreifen; Hleib mit würfelartigen lichteren Flecken; Flügel hellbraun mit braunen Randlinien. Stark behaart. Rüssel lang und dünn, senkrecht auf die Brust zurückgeschlagen. — Auf Blüten und im Gebüsch bis 2300 m. Im Frühjahr und Sommer Schwärme von ♂♂, tanzende Kreisbewegungen. (Fam. **Tanzfliegen, Empídidae.)**

Mistbiene, *Erístalis ténax.* — L 16 mm. Schwarz; Augen braun; Hleib gelb gebändert. — In Gewässernähe bis 3000 m, u. a. auf Steinbrech und Gletscher-Hahnenfuß. Schmutziggraue Larve (bis 2 cm lang) in Jauche mit bis 10 cm langem, teleskopartig einziehbarem Atemrohr. (Fam. **Schwebfliegen, Sýrphidae.)**

Dungfliege, *Scatóphaga stercoraria.* — L 11 mm. Dicht gelblich behaart; Vrand der Flügel rötlich, in der Mitte schwarzer Fleck. — Scharenweise auf Kuhfladen, wo sich auch die Larven entwickeln, bis 3000 m. (Fam. **Kotfliegen, Scatophágidae.)**

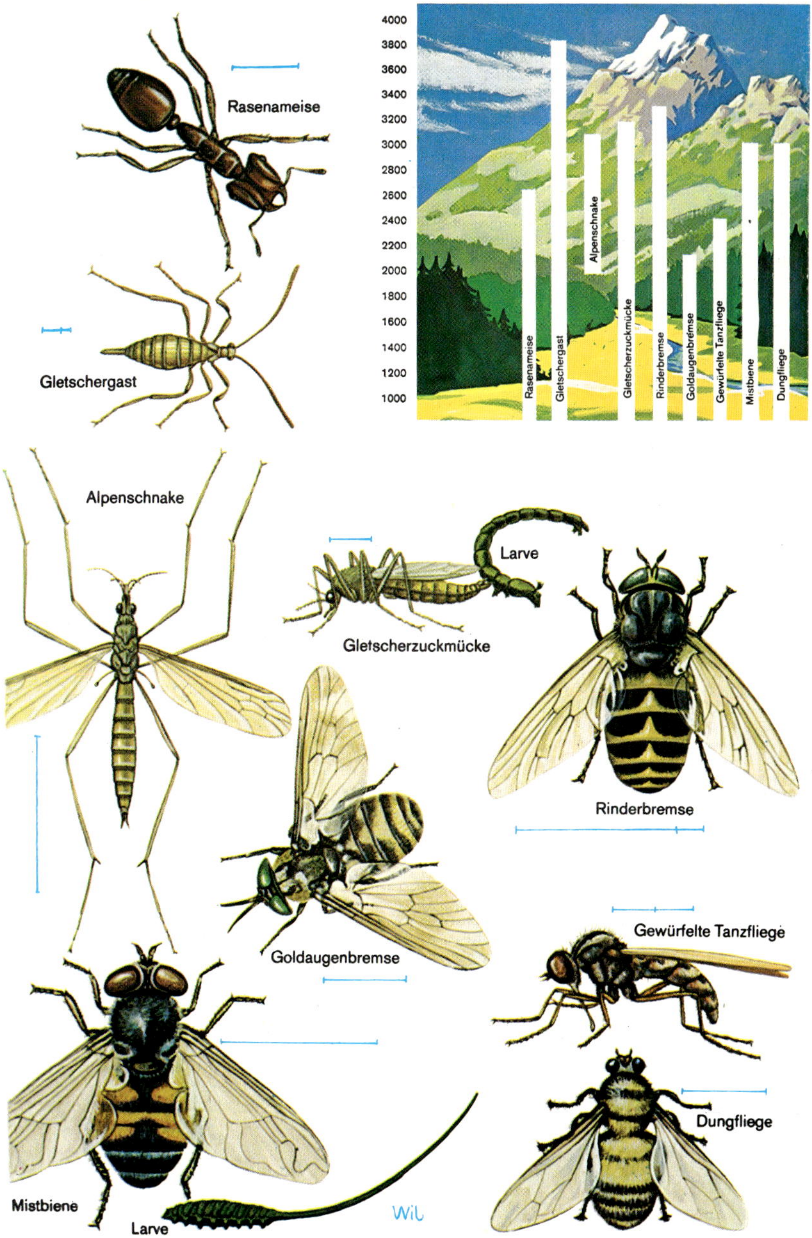
Rasenameise
Gletschergast
4000
3800
3600
3400
3200
3000
2800
2600
2400
2200
2000
1800
1600
1400
1200
1000
Rasenameise
Gletschergast
Alpenschnake
Gletscherzuckmücke
Rinderbremse
Goldaugenbremse
Gewürfelte Tanzfliege
Mistbiene
Dungfliege
Alpenschnake
Larve
Gletscherzuckmücke
Rinderbremse
Goldaugenbremse
Gewürfelte Tanzfliege
Dungfliege
Mistbiene
Larve
Wil

Netzflügler (Neuróptera)

Insektenordnung mit 2 gleichgestalteten, durchsichtigen, stark netzaderigen Flügelpaaren; diese in der Ruhe dachartig über den Hinterleib gelegt. Fühler lang.

Schlammfliege, Wasserflorfliege, *Síalis flavilátera.* — Sp bis 38 mm. Schwarz; Flügel bräunlich. Im Frühling träge an stehenden Gewässern und Pflanzen bis 2400 m. Larve (mit zangenartigen Kiefern, kräftigen Beinen und dünnem, gegliedertem, fein behaartem Schwanzfaden) im Schlamm. (Fam. **Schlammfliegen, Siálidae.)**

Florfliege, *Chrysópa vulgáris.* — Sp bis 28 mm. Graugrün. Augen groß, goldglänzend; Kopf, Flügel gelbgrün; Rücken mit gelbem Längsmittelstreifen. — Auf Pflanzen bis 3000 m. Eier (langgestielt) und Larve (bräunlich; kräftige, spitze Kieferzangen) auf Blättern und an Zweigen. Nahrung: Blattläuse und andere kleine Insekten. (Fam. **Florfliegen. Chrysópidae.)**

Köcherfliegen (Trichóptera)

Insektenordnung mit feinbehaarten oder seltener haarförmigen „Schüppchen“ besetzten 2 Flügelpaaren: diese in der Ruhe dachförmig über den Hinterleib gelegt. Fühler sehr lang. Tiere meist in Wassernähe. — Larven im Wasser; weicher Hinterleib sehr oft in transportablen Gehäusen (Köchern) aus Pflanzenteilen, Sandkörnchen oder Schneckenschalen; Nahrung: kleine Wassertiere, Pflanzenteile.

Köcherfliege, *Rhyacóphila obtúsidens.* — Sp 30 mm. Vflügel bräunlich, dunklere Bänder und Flecken; Hflügel hell, ungefleckt. — An stark fließenden Bächen bis 2400 m besonders im Juni und Oktober. Larve gehäuslos. (Fam. **Rhyacophílidae.)**

Köcherfliege, *Philopótamus ludificátus.* — Sp 20—28 mm. Schwarz; Kopf, Brust goldgelb behaart; Fühler, Flügel dunkelbraun; Vflügel gelb gefleckt. — Von Mai bis August an stark fließenden Bächen bis 2400 m. Larven bauen trichterförmige Röhren. (Fam. **Philopotámidae.)**

Schmetterlinge (Lepidóptera)

Insektenordnung mit 2 schuppentragenden Flügelpaaren. ♀ legt Eier fast ausnahmslos an die Futterpflanzen der Raupen. Diese Larven haben im allgemeinen 3 Paar gegliederte Brustfüße, 4 Paar ungegliederte Bauchfüße und 1 ungegliedertes Beinpaar am letzten Hinterleibsring.

Zünsler (Pyrálidae)

Nachtfalter, genannte Arten aber tagfliegend. Körper schlank; Beine lang. Hinterflügel fast dreieckig, mit Haftborsten. — Raupen schwach behaart, lebhaft, in Gespinströhre.

Zünsler, *Titánio phrygiális.* — Sp 20 mm. Flügel dunkelgrüngrau oder grau bestäubt; Hflügel schwärzlich. Saumfransen dunkelgrau. Beine weißlich behaart. — Im Juli an Felsen bis 2700 m.

Zünsler, *Titánio schrankiána.* — Sp 20 mm. Vflügel dunkelbraun, blaugraue Querbinden und Zellflecken; Hflügel dunkelbraun. Us hellgrau, dunklere äußere Querleiste und Mittelpunkt. — Juni—Juli an Felsen bis 2700 m.

Larve
Florfliege
4000
3800
3600
3400
3200
3000
2800
2600
2400
2200
2000
1800
1600
1400
1200
1000
Schlammfliege
Florfliege
Köcherfliege
Zünsler
Schlammfliege
Larve
Köcherfliege
(Philopotamus ludificatus)
Köcherfliege
(Rhyacophila obtusidens)
Larve
Zünsler
(Titanio phrygialis,
Zünsler
(Titanio schrankiana)
Wil

Spanner (Geométridae)

Nachtfalter. Meist breitflügelig, unscheinbar gefärbt; deutlich sichtbare Gehörorgane (je eine Öffnung an der Hinterleibsbasis). Flatternder, unsicherer Flug am Tage. Flügel in der Ruhe häufig flach ausgebreitet. — Raupen (grün oder braun, nackt, schlank) mit meist nur 2 Bauchbeinpaaren; sie bewegen sich deshalb „spannend“ fort (unter starker Leibeskrümmung mit starker Streckung).

Blaugrauer Gebirgsspanner, *Laréntia caesiáta.* — Sp 35—40 mm. Vflügel bläulichgrau bis dunkelgrün, gewellte, dunkel geteilte, weißliche Querstreifen; Hflügel hellgrau, dunkel begrenzte Querstreifen. — Juni—August in lichten Nadelwäldern und an Felsen bis 2400 m. Zickzackflug. Raupe an Sträuchern.

Zellers Kugelstirnspanner, *Gnóphos zelleraria.* — Sp ♂ 46, ♀ 30 mm. Flügel bläulich-aschgrau, schwach glänzend, schwärzliche Mittelpunkte und hellere Querstreifen; us weißgrau, schwarzgraue Saumbinde. — Im Juli auf Geröllhalden bis 3500 m. Raupe (grau-braun gesprenkelt) an niedrigen Pflanzen und unter Steinen.

Spanner, *Gnóphos caelibária.* — Sp ♂ 38, ♀ 10 mm. Vflügel aschgrau, selten grünlich und grünblau gesprenkelt, 2 Querlinien und Mittelring; Hflügel mit Querstreifen. — Im Juli auf Geröllhalden bis 3400 m. Raupe an niedrigen Pflanzen und Steinen.

Dunkler Spanner, *Dasýdia tenebrária.* — Sp 35 mm. Schwarzgrau mit verloschenen Mittelpunkten und Querstreifen. — Juli—August auf Geröllhalden an Polsterpflanzen von 2000—3400 m. Scheu. Raupe an niedrigen Pflanzen.

Alpenspanner, *Psódos alticolária.* — Sp 25 mm. Flügel schwarzbraun, dunklere gezähnte Querstreifen, innen dunklere Wellenlinie; us dunkle äußere Querleiste, saumwärts 2 weißliche Querstreifen. — Im Juli an Polsterpflanzen bis 3730 m in der Schweiz und Tirol. Raupe (grau-braun gesprenkelt) unter Steinen.

Spanner, *Psódos coracína.* — Sp 25 mm. Flügel braun (♀ oft silbergrau), leicht grün bestäubt. Querleisten mäßig gezähnt. Hflügel nur am Saum hell bestäubt. — Im Juli auf Schuttkegeln und benachbartem Weidegelände meist dicht über dem Boden bis 3325 m.

Schwärzlicher Spanner, *Pygmǽna fúsca.* — Sp ♂ 20—24, ♀ 17 mm. Flügel ♂ rußig-schwärzlich, ♀ hellgelbbraun; Vflügel mit fast geradem, dunklem Querstreifen und dunklem Mittelpunkt. — Im Juli auf Schuttkegeln und benachbartem Weidegelände bis 3400 m; ♀ im Gras verborgen (flugunfähig). Raupe an niedrigen Pflanzen.

Widderchen (Zygǽnidae, Anthrocéridae)

Nachtfalter, aber tags fliegend. Fühler lang, keulig. Plump, träge. Entleeren bei Berührung öliges Sekret, daher oft ungenießbar. Lebhaft gefärbt (Warnfärbung!). — Raupen dick, gewölbt, fein behaart. Verpuppen sich in pergamentartigem Gespinst.

Schotenklee-Widderchen, *Zygǽna éxulans.* — Sp 30 mm. Vflügel blaugrau mit 5 karminroten Flecken; Hflügel blutrot, schwarz gefranst, grau gesäumt. ♀ meist gelbgraue Vflügel. Hleib zottig behaart, schwarz. — Juli—August auf Almweiden und Geröllhalden von 1600—3100 m. Raupe (grünschwarz, gelbe Ringeinschnitte, 2. und 10. Ring gelb gefleckt; überwintert gesellig) an Schmetterlingsblütlern.

Blaugrauer Gebirgsspanner

Zellers Kugelstirnspanner

Spanner
(Gnophos caelibaria)

Dunkler Spanner

Alpenspanner

Schwärzlicher Spanner

Spanner
(Psodos coracina)

Schotenklee-Widderchen

Bärenspinner (Arctíidae)

Nachtfalter meist auffallend gefärbt in Flecken und Streifen, oft nur an den Hinterflügeln. Vorderflügel in der Ruhe dachförmig anliegend. Körper und Raupen meist stark bürstenartig behaart.

Dunkler Flechtenbär, *Endrósa ramósa.* — Sp 20 mm. Flügel orangegelb, braunschwarze Randpunkte, schwarze Äderung. — Im Juli bis 3200 m. Raupe (schwarz, gelbe Fleckenreihen) an Steinflechten.

Steinflechtenbär, *Philéa (Endrósa) irrorélla.* — Sp 25—35 mm. Vflügel dottergelb, 3 schwarze Punktreihen; Hflügel blaßgelb, schwarze Punkte oft verschwommen. Körper schwarz, gelb gefleckt. — Von Juni—August bis 3400 m. Raupe (blauschwarz, gelbe Fleckenreihen) an Stein- und Waldflechten.

Bunter Wegerichbär, *Parasémia plantáginis.* — Sp 40 mm. Vflügel weiß; Hflügel bleichgelb; schwarze Bandzeichnungen und Saumbinde. — Von Mai—August auf Wiesen und an bewachsenen Wegen bis 2900 m. Raupe (August—Juni, überwintert; schwarz, vordere Hleibsringe ziegelrot; dicht rot und gelbbraun behaart) an Wegerich- und Nelkengewächsen.

Engadiner Bär, *Árctia flávia.* — Sp 60 mm. Vflügel schwarz-weiß gerändert, weiße, sich kreuzende Querstreifen; Hflügel ockergelb, schwarze Flecken. Kopf, Brust schwarz; Halskragen vorn gelblich; Hleib rot, schwarze Rücken- und Seitenstreifen sowie Spitze. — Im Juli lokal in der Schweiz und Tirol von 1600—3000 m. Raupe an niedrigen Pflanzen.

Quensels Bär, *Árctia quensélii.* — Sp 30—38 mm. Flügel schwarz, breite weiße oder gelbe Adern und Querstriche; Hflügel mit dunklen Saumflecken. Körper schwarz; Hals- und Schultergegend gelblich; Hleib beim ♀ seitlich breit gelb. ♂ kleiner als ♀. — Juli—August an niedrigen Pflanzen bis 3000 m; nur lokal verbreitet. Raupe an niedrigen Pflanzen und unter Steinen.

Eulen (Noctúidae)

Größte Nachtfalterfamilie. Körper dick, hinten abgestumpft, meist dicht behaart. Vorderflügel mit typischer „Eulenzeichnung", in der Ruhe flach dachförmig angelegt. Gehörorgane (beiderseits der letzten Brustringe) stark entwickelt. — Raupen meist nackt, walzenförmig, lichtscheu und oft sehr schädlich.

Gammaeule, *Phytométra gámma.* — Sp 38 mm. Vflügel braungrau, schwärzlichbraun marmoriert, weißes γ-Zeichen; Hflügel gelbbraun, breite Saumbinde schwarzgrau. Brust dunkel-, Hleib hellgrau. — Von April—Oktober auf Wiesen, Weiden, Moränen und Schuttkegeln bis 3000 m. Fliegt bei Tag und Nacht. Raupe (50 mm; grünlich, weiße Längsstreifen) an Klee, Leingewächsen u. a.

Schwarzeule, *Anárta nigríta.* — Sp 25 mm. Flügel schwärzlichgrau. Vflügel hellgraue Vrandflecken; Hflügel weiß gefranst. — Juli—August auf Schutthalden an Stengellosem Leimkraut von 2200—2750 m.

Felseneule, *Anárta melanópa.* — Sp 25 mm. Flügel schwärzlich, dicht olivfarben und grau bestäubt; schwarze, gezackte Querstreifen und Saumpunkte, Fransen gescheckt; Hflügel schmutzigweiß. — Juli—August auf Weiden und Schuttkegeln, an abschmelzendem Schnee bis 3100 m. Fliegt am Tage.

Alpeneule, *Agrótis fatídica.* — Sp 40 mm. Vflügel bräunlich; schwärzlich gezackte Querstreifen; Hflügel hellgrau. ♀ schwärzlich mit stark verkümmerten Flügeln; Hflügel braun. — Im Juli auf Grasheiden von 1800—2700 m; ♂ oft auf Disteln, flugunfähiges ♀ unter Steinen und im Grase. Raupen (schwärzlich) an Gras und unter Steinen.

Dunkler Flechtenbär

Steinflechtenbär

Schwarzeule

Engadiner Bär

Felseneule

Quensels Bär

Alpeneule

Bunter Wegerichbär

Gammaeule

Wib

Hausmutter, Sauerampfereule, *Nóctua (Agrótis) prónuba.* — Sp 55 mm. Vflügel gefleckt, rotbraun bis lederfarben; Hflügel gelb, schwarze Saumbinde. — Von Juni bis Oktober auf Almweiden bis 2000 m. Fliegt gelegentlich durch das Licht angelockt in Wohnräume (Name!). Raupe (60 mm; braun, zuweilen grünlich, 3 helle und 2 dunkle unterbrochene Rückenlinien) benagt Stengel der Blätter von Sauerampfer, Aurikel u. a.

Schwärmer (Sphíngidae)

Nachtfalter mit spindelförmigem Körper. Saugrüssel lang (bis 8 cm). Vorderflügel lang, schmal; in der Ruhe dachförmig. Flug gewandt, sehr schnell. Nektarsauger, nicht sitzend, sondern rüttelnd schwirrend. — Raupen kräftig, meist nackt, oft prächtig gefärbt, mit Horn über dem After; nehmen in der Ruhe oder gereizt „Sphinxstellung" (Familienname!) ein, d. h., sie richten den Vorderkörper steil auf.

Taubenschwänzchen, *Macroglóssum stellatárum.* — Sp 40—45 mm. Vflügel dunkelbraun, zackige, schwarze Querlinien; Hflügel rötlichgelb. Körper grau, hinten schwarz, weiße Seitenflecken, Haarbüschel am Hleib schwanzartig. — Von Juli—September vor Blüten und Polsterpflanzen bis 3200 m; Tagflieger. Überwintert als Falter. Raupe (50 mm; grün, weiße Seitenstreifen und Punkte, je 1 gelber Fußstreifen; Horn bläulich, Spitze braunschwarz) an Labkraut.

Glucken (Lasiocámpidae)

Plumpe Nachtfalter. Flügel in der Ruhe steil dachförmig gehalten. — Raupen pelzig behaart. Verpuppen sich in einem festen Gespinst.

Alpen-Ringelspinner, *Malacosóma alpícola.* — Sp 25—35 mm. ♂ dunkelolivbraun, gelbliche Querstreifen; ♀ mit dunkelgrauem Hleib. — Juli—August auf Almweiden an Pflanzen und Blüten von 1600—2300 m; Tagflieger. Raupen jung gesellig in Seidengespinsten.

Dickköpfe (Hesperíidae)

Kleine Tagfalter mit oft sehr großem Kopf. Flug schnell, schwirrend. — Raupen dicht kurzhaarig, spindelförmig; einzeln in Gespinsten und Blattröhren.

Dickkopffalter, *Pýrgus (Hespéria) serrátulae.* — Sp 28 mm. Flügel os schwärzlichbraun, deutliche weiße Flecken; us Hflügel mit runden Flecken. — Von Mai—Juli an feuchten Stellen bis 2500 m, besonders auf Kalkboden. Raupe auf Fingerkraut.

Ritter (Papiliónidae)

Große, schöngefärbte Tagfalter. — Raupen mit vorstülpbarer, fleischiger Nackengabel, die stark riechendes Sekret absondert.

Apollo, *Parnássius apóllo.* — Sp 75 mm. Vflügel weißlich mit glasigem Saumrand, große schwarze Flecken; Hflügel mit je 2 großen roten, schwarzgesäumten und weißgekernten Augenflecken. — Von Juni—August auf Almweiden bis 2000 m. Raupe (Juni—Juli; samtschwarz, stahlblaue Wärzchen, rote Seitenflecken) bei Sonnenschein besonders an Dickblattgewächsen, sonst unter den Futterpflanzen versteckt. △

Alpenapollo, *Parnássius phœbus.* — Sp 62 mm. Flügel gelbweiß. Fühler schwarzweiß geringelt. 1—3 rote Vflügelflecken. — Von Juni—Anfang August in der Nähe von Quellen und Bächen von 1500—2600 m. In Deutschland nur im Allgäu. Raupe (Juli—August; samtschwarz, orangefarbene Flecken) an Fetthennen-Steinbrech. △

Schwarzer Apollo, *Parnássius mnemosýne.* — Sp 63 mm. Flügel weiß; Vflügel am Saum glasig, 2—3 schwarze Flecken; Hflügel mit schwärzlichem Innenrand. — Von Mai—Juli auf feuchten Wiesen bis 1700 m, stellenweise bis 2200 m. Raupe (April—Mai; schwarz, orangerote Flecken) an Lerchensporn. △

Hausmutter

Taubenschwänzchen

Schwarzer Apollo

Alpenapollo

Alpen-Ringelspinner

Dickkopffalter

Apollo

WiL

Schwalbenschwanz, *Papílio macháon.* — Sp 70 mm. Flügel schwefelgelb mit schwarzem Rand und Flecken, breiter blauer, schwarzgesäumter Binde über V- und besonders Hflügel. Hflügelinnenseite mit je einem rostroten Fleck. Hflügel in Schwanzspitze ausgezogen. — Von April—August (2 Generationen) bis 2400 m. Raupe (Juni bis August; dick, grün, schwarze Querbinden, rote Punkte) auf Doldengewächsen.

Weißlinge (Piéridae)

Mittelgroße Tagfalter. Grundfarbe der Flügel weißlich, gelb oder orange. Bekanntester Vertreter: **Kohlweißling** *(Píeris brássicae)*; auch er kommt bis in Höhen von 3000 m vor. — Raupen dicht kurzhaarig, grün oder grau, längsgestreift.

Alpenposthörnchen, Grüner Heufalter, *Cólias phicomóne.* — Sp 42 mm. Flügel os ♂ grüngelb, ♀ weißlich; mit Ausnahme des Vflügels ♀ dunkelgrau bestäubt; schwarze Randbinde mit rosarotem Saum. Us Hflügel und Teile des Vflügels gelb. — Von Juni bis August auf Wiesen bis 2500 m, seltener bis 2900 m. Raupe (September—Mai; überwintert; dunkelgrün, fein schwarz punktiert, weißer Seitenstreifen) an Schmetterlingsblütlern.

Alpenweißling, *Synchlóe (Píeris) callídice.* — Sp 46 mm. Flügel weiß; Vflügel mit schwärzlichen oder bräunlichen Flecken, beim ♀ auch im Hflügel als Fleckenbinden. Us grünliche Zeichnung, weiße Pfeilflecken. — Im Juli—August von 1500—3300 m. Raupe (August—September; dunkelblaugrau, fein schwarz punktiert, Rücken mit 2 weißen, gelbgefleckten Längsstreifen, weiße Seitenstreifen) an Resedablättrigem Schaumkraut und anderen Kreuzblütlern.

Fleckenfalter (Nymphálidae)

Tagfalter. Vorderbeine schwächer als die anderen, zu Putzpfoten umgebildet. — Raupen oft mit Dornen oder Kopf mit Hörnchen.

Alpen-Perlmutterfalter, *Bolória (Argýnnis) páles.* — Sp 40 mm. Flügel rötlichgelb, regelmäßige schwarzbraune Fleckung. — Von Juni—August auf Almmatten von 1600—3140 m. Flug schwirrend, nahe am Boden. Raupe (Juli—Juni; überwintert; 30 mm; braunschwarz, fein hell und dunkel punktiert, Rückenlinie bräunlich, weiße Flecken, rote Wärzchen, gelbrote Dornen) an Veilchen.

Großer Perlmutterfalter, *Mesoacidália charlótta (Argýnnis aglaía).* — Sp 55 mm. Flügel os rotgelb, schwarzbraune Flecken; us gelbbraun mit Perlmutterflecken. — Von Juni—August auf Wiesen und Weiden bis 2400 m. Raupe (August—Juni; überwintert; 48 mm; schwarzbraun, fein weiß gefleckt, weißliche Rückenstreifen, rote Seitenflecken, schwarze, ästige Dornen) an Veilchen.

Alpen-Scheckenfalter, *Melitǽa astéria.* — Sp 25 mm. Flügel os braunrot, gegen den Saum zu heller, 3 dunkle, ungerade Binden; us gelbweiß. Mittelraum mit 2 rostroten Querbinden. Brust lang-zottig schwarz behaart. — Juli—August auf Wiesen von 2000—3000 m, besonders in Graubünden, Tirol und Kärnten (Großglockner). Flug schwirrend. Raupe (weiche Dornenwarzen) meist an Kräutern.

Veilchen-Scheckenfalter, *Euphýdryas (Melitǽa) cýnthia.* — Sp 48 mm. Flügel os rotbraun, dunkle, unterbrochene Längsbinde, größere dunkle rostbraune Felder, ♀ mit weißer Fleckenzeichnung. — Von Juni—August auf grasigen Halden, besonders an Kratzdisteln, meist über 1800 bis 3140 m. Raupe (schwarz, gelbe Einschnitte und Seitenstriche) an niedrigen Pflanzen.

Veilchen-Scheckenfalter

Alpenposthörnchen

Alpenweißling

Schwalbenschwanz

Alpen-Perlmutterfalter

Großer Perlmutterfalter

Alpen-Scheckenfalter

Trauermantel, *Nymphális (Vanéssa) antiopa.* — Sp 70 mm. Flügel dunkelsamtbraun, breiter gelber Saum, davor blaue Flecken in schwarzem Saum; 2 hellgelbe Flecken am Vrand. — Von Juli—September an Waldrändern bis 2700 m. Überwintert als Falter in Baumlöchern. Raupe (Juni—Juli; 50 mm; schwarz, gelblich punktiert, rostrote Rückenflecken, steife, schwarze Dornen) zeitweise gesellig an Laubbäumen.

Kleiner Fuchs, *Agláis (Vanéssa) urticae.* — Sp 50 mm. Flügel fuchsrot; Vrand jedes Vflügels mit 3 schwarzen Flecken; blaue Halbmonde in dunklem Saum. — Von Juli—Oktober an Blüten bis 3000 m. Überwintert als Falter. Raupe (Mai—August; schwarz oder grau, grüngelbe Längsstreifen, kurze, steife Dornen) gesellig an Brennesseln.

Großer Fuchs, *Nymphális (Vanéssa) polychlóros.* — Sp 60 mm. Flügel os rotgelb bis -braun, schwarz gefleckt; Hflügel mit blauen Mondflecken in dunklem Saum; 1 größerer dunkler Fleck. — Von Juli—Oktober bis 1500 m. Überwintert als Falter (♀). Raupe (Mai—Juli; schwarzblau, rostbraune Längsstreifen, steife rostgelbe Dornen) zeitweise gesellig an Laubbäumen.

Augenfalter (Satýridae)

Tagfalter von meist brauner, schwärzlicher oder gelber Grundfarbe und mit Augenflecken. Vorderbeine zu „Putzpfoten" verkümmert. — Raupen spindelförmig, letztes Segment endet gabelförmig; ohne Warzen. Tagsüber meist verborgen, fressen nachts an Gräsern.

Großer Alpenschwärzling, Alpen-Mohrenfalter, *Erébia prónoë.* — Sp 45 mm. Flügel os schwarzbraun mit hellerer Binde, in dieser schwarze, weißgekernte Augen; us Vflügel rostbraun mit heller Binde, Hflügel grau, violett schimmernd, dunkelbraune Binde. — Von Juli—September auf Lichtungen, Wiesen und grasigen Hängen bis 2500 m. Raupe (schmutzig rötlichgelb, schwarze Rücken-, hellere Seitenlinie) an Gräsern.

Kleiner Mohrenfalter, *Erébia górge.* — Sp 40 mm. Flügel os graubraun; Vflügel mit rostrotem Band, darin schwarze, weißgekernte Augen; us Vflügel rostrot, Hflügel dunkelbraun marmoriert. — Von Juni—August auf steinigen, vegetationsarmen Stellen von 1600—3200 m. Raupe (Mai—Juni) an Gräsern.

Eis-Mohrenfalter, Gletscherschwärzling, *Erébia plúto (alécto).* — Sp 46 mm. Flügel dunkelbraun, evtl. mit Augenzeichnung; breite, rotbraune Saumbinde (kaum erkennbar), beim ♀ auch am Hflügel. — Im Juli und August in Schuttkaren, Geröllfeldern und nahezu vegetationslosem Gelände von 2000—3300 m.

Lappländischer Schwärzling, *Erébia pandróse (lappóna).* — Sp 45 mm. Flügel dunkel schwarzbraun; Vflügelbinde rotbraun, in dieser 4 dunkle, kernlose Punkte. — Von Juni—August auf kurzrasigen Almweiden von 1600—3250 m.

Gelbgefleckter Mohrenfalter, *Erébia mánto.* — Sp 40 mm. Flügel dunkelbraun; Vflügel mit roter Querbinde, ♀ mit schwarzen Punkten darin; Hflügel mit rötlicher Fleckenreihe. — Von Juni—September von 1200—2500 m auf grasigen Flächen.

Gletscherfalter, *Oenéis aéllo.* — Sp 48—58 mm. Flügel braungrau, dunkle Saumflecken; Vflügel mit 1—2 dunklen Augenflecken, einer am Hflügel. — Von Juni bis August auf Gras- und Geröllhalden von 1500—2600 m; nur jedes 2. Jahr häufiger. Raupe (rötlichbraun, gestreift) an Gräsern.

Großer Alpenschwärzling

Eis-Mohrenfalter

Lappländischer Schwärzling

Kleiner Mohrenfalter

Gelbgefleckter Mohrenfalter

Gletscherfalter

Trauermantel

Kleiner Fuchs

Großer Fuchs

Bläulinge (Lycaénidae)

Kleine Tagfalter. ♂ meist blau, violett oder rot mit Metallglanz, ♀ vielfach braun oder dunkler. Hinterflügel zuweilen leicht geschwänzt; Fühler schwarz-weiß geringelt. — Raupen assel- oder schneckenförmig, meist grün. Scheiden aus dem letzten Hinterleibsring honigartige Flüssigkeit aus, die von Ameisen gerne aufgenommen wird. An Kräutern und Sträuchern.

Großer Feuervogel, Dukatenfalter, *Heódes (Chrysóphanus) virgáureae.* — Sp 30 mm. Flügel os ♂ rotgold glänzend, schwarzer Außensaum; ♀ bräunlicher, dunkle Fleckenreihen. Vflügel us ledergelb, rötlich bestäubt, leicht schwarz gefleckt, auch mit hellen Punkten. — Von Juni—August auf Wiesen und an Waldrändern bis 2500 m. Raupe (27 mm; grün, gelbe Rückenlängslinien) an Knöterichgewächsen.

Kleiner Ampferfeuerfalter, *Palaeochrysóphanus (Chrysóphanus) hippóthoe.* — Sp 32 mm. Flügel ♂ rotgold, schwarz gesäumt. Vrand kupferglänzend; Hflügel mit blauschillerndem Feld, helle Randbinde; ♀ schwarzbraun und rotgelb, schwarz gepunktet. — Von Mai—Juli auf feuchten Wiesen bis 2000 m. Raupe (dunkelgrün) auf Knöterichgewächsen.

Deutscher Alpenbläuling, *Albulína (Lycǽna) orbítulus.* — Sp 26 mm. Flügel ♂ blaugrau mit Purpurschimmer, feiner schwarzer Saum; ♀ bräunlicher; us aschgrau; Hflügel stellenweise olivgrün. — Im Juli an Tragant von 1800—3000 m. Raupe (grün, dunkle Rückenlinie, gelbgrüne Linie über den Füßen) unter Steinen und an Tragant.

Heller Alpenbläuling, *Lycǽna pherétes.* — Sp 30 mm. Flügel ♂ os hellblau, schmaler, schwarzer Saum; ♀ braun; Vflügel us bräunlich grau, dunkler Mittelstrich und Bogenreihe hellumzogener Punkte; Hflügel us grünlich, 2 große weiße Fleckenreihen. — Im Juli und August auf Weiden und Almmatten bis 3000 m. Raupe (asselförmig) wahrscheinlich an Schmetterlingsblütlern.

Fische (Písces)

Lachsfische (Salmónidae)

Hintere Rückenflosse als Fettflosse.

Äsche, *Thymállus thymállus.* — L 25—50 cm. Os graublau oder grünlichbraun; Seiten, Bauch gelblich bis silberweiß; os und seitlich unregelmäßig klein schwarz gefleckt. Langgestreckt; Mund fast unterständig; Rückenflosse groß; Sflosse stark eingeschnitten. — In sauerstoffreichen Bächen mit steinigem Boden bis 1400 m. Geschätzter Speisefisch! Laichzeit: März—Mai (ca. 5000 Eier; halb so groß wie Forellen). Nahrung: Mückenlarven, Würmer, kleine Schnecken, Fischlaich, gelegentlich kleine Fische.

Blaufelchen, Große Schwebrenke, *Coregónus wartmánni.* — L 30—50 cm. Os dunkel- bis blaugrün; us, Seiten silberweiß. Torpedoförmig; Mund klein, end-, selten unterständig. — In fast allen größeren Alpenseen meist sehr tief. Häufigste Renkenart! Schmackhafter, grätenarmer Speisefisch! Laichzeit: November—Dezember. Nahrung: Plankton, gelegentlich Fische.

Seesaibling, *Salvelinus alpinus.* — L 25—30 cm (Wildfangsaibling L bis 70 cm, 3—5 kg; Schwarzreuter L bis 25 cm, bis 100 g). Färbung sehr verschieden nach Standort und Alter: os graublau bis -grün oder braun; Seiten heller, hell (rot, gelb, weiß) punktiert; us gelbweiß (Laichzeit besonders ♂ rötlich); Brust-, Bauch-, Afterflosse rötlich, vorn weiß umrandet. Schlank bis gedrungen; Mundspalte bis hinter das Auge reichend. — In sauerstoffreichen Seen nördlich des Zentralkammes bis 2300 m; meist sehr tief. Schmackhafter Speisefisch! Laichzeit: besonders September—Januar (5000 Eier im Kiesgeröll der Bachmündungen). Nahrung: Plankton, Würmer, Schnecken; Wildfangsaibling: Renken u. a.

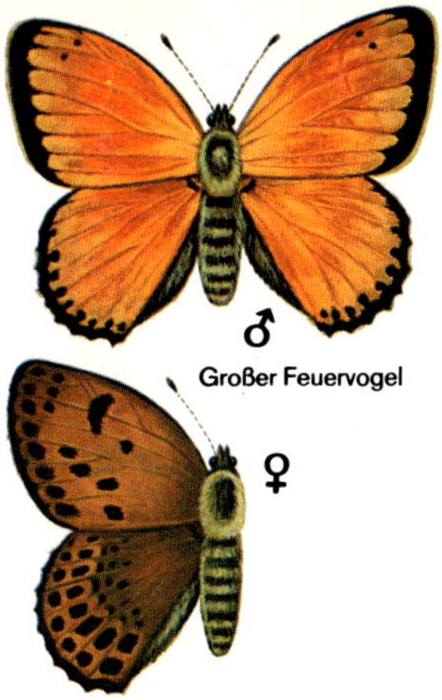

Großer Feuervogel

Kleiner Ampferfeuerfalter

Deutscher Alpenbläuling

Heller Alpenbläuling

Äsche

Blaufelchen

Seesaibling

Regenbogenforelle, *Sálmo irideus.* — L 25—40 cm. Färbung nach Standort sehr verschieden: os dunkelbraun oder grünlich, us heller; breites, in Regenbogenfarben schillerndes Seitenband; Kopf, Rücken- und Sflosse zahlreich schwarz gefleckt. Gedrungen; Mundspalte bis hinter das Auge reichend. — In Bächen bis 2500 m. 1880 aus N-Amerika eingeführt. Guter Speisefisch! Laichzeit: Dezember—Mai. Nahrung: Kleintiere aller Art, Plankton, Fische (eigene Art, Elritzen).

Bachforelle, *Sálmo trútta f. fário.* — L 30 cm. Färbung sehr verschieden: os blaugrün bis bräunlich; Seiten heller, rot-hellblau oder weiß umrandet und schwarz punktiert; us gelbweiß; juv. 6—9 dunkle Querbinden. Torpedoförmig; Schnauze kurz, stumpf; Mundspalte bis hinter das Auge reichend. — In sauerstoffreichen Fließgewässern und Seen mit kiesigem und steinigem Untergrund bis 2500 m; Standfisch; Kopf in Gegenströmung gerichtet. Wohlschmeckender Speisefisch! Laichzeit: Oktober bis Januar (Eizahl: 1000—1500). Nahrung: wie vorige Art.

Seeforelle, *Sálmo trútta f. lacústris.* — L 40—80(140) cm. Färbung sehr verschieden: os blaugrün oder braungrau; Seiten heller, schwarz, rotbraun oder orangefarben gefleckt; us weißlich. Walzenförmig; Mundspalte bis hinter das Auge reichend. — In tiefen, sauerstoffreichen Seen — zur Laichzeit auch in deren Zuflüssen — bis 1800 m. Geschätzter Speisefisch! Laichzeit und Nahrung: wie vorige Art.

Karpfenartige (Cyprínidae)

Ohne Fettflosse. Mit Rundschuppen.

Elritze, Pfrille, *Phoxínus phoxínus.* — L 6—14 cm. Os schmutziggraugrün; Seiten heller, silberweiß glänzend, oft mit ewa 15 dunklen Querbinden oder gelben Längsstreifen; us gelbweiß (♂ zur Laichzeit rot). Torpedoförmig, fast rund; Mund endständig; Schuppen sehr klein. — In großen Schwärmen am Ufer klarer Seen und Bäche bis 2500 m bei kiesigem und sandigem Untergrund. Laichzeit: Juli (ca. 500 Eier). Beide Geschlechter mit „Laichausschlag". Nahrung: Plankton, Würmer, Insekten.

Schmerlen (Cobítidae)

Ohne Fettflosse; 6—10 Barteln. Afterflosse kurz, Schuppen klein oder verkümmert.

Bartgrundl, *Nemachílus barbátulus.* — L bis 12(19) cm. Os dunkeloliv bis -gelb; Seiten heller; dunkle, ungleichmäßig verstreute gelbe Flecken. 6 Barteln. — In klaren Bächen mit steinigem Grund und der Uferregion klarer Seen bis 1950 m. Laichzeit: April—Mai. Nahrung: Kleintiere aller Art, Fischlaich.

Groppen (Cóttidae)

Kopf dick, breit; Kiemendeckel mit kräftigem Dorn.

Koppe, Groppe, *Cóttus góbio.* — L 10—15 cm. Schmutziggelb, große braune Flecken; us fast weiß. Keulenförmig; Mund endständig; Mundspalte sehr breit. Seitenlinie vollständig, sonst schuppenlos. Brustflossen auffallend groß; Sflossen rund. — Unter Steinen, in klaren, schnellfließenden Bächen und Seen mit Kies- und Steinboden bis 2300 m. Laichzeit: Mai—Juli. ♂ übernimmt Betreuung des Geleges (500—1000 Eier). Nahrung: Kleine Fische, Insektenlarven, Würmer, Fischlaich u. a.

Koppe

Bartgrundl

Elritze

Seeforelle

Regenbogenforelle

Bachforelle

Wil

Lurche (Amphíbia)

Haut stets mehr oder weniger feucht, glatt oder mit Wärzchen bedeckt, ohne Hornschilder. Im Wasser oder meist in dessen Nähe lebend. Nahrung: Würmer, Spinnen, Schnecken, Insekten. Winterschlaf. — Larven meist mit Kiemenatmung.

Schwanzlurche (Caudáta)

Ordnung der Lurche. Langgestreckt, Schwanz stets vorhanden. Hinter- und Vorderbeine fast gleich stark entwickelt. — Larven mit sichtbaren, äußeren Kiemen.

Salamander, Wassermolche (Salamandrídae)

Alpensalamander, *Salamándra átra.* — L bis 16 cm. Schwarz. Schlank. — Auf steinigen Almweiden und in feuchten Wäldern bis 3000 m; tagsüber meist versteckt und gesellig unter Steinen und in Erdlöchern. Lebendgebärend, 1—2 vollentwickelte Junge. △

Feuersalamander, *Salamándra salamándra.* — L bis 24 cm. Schwarz, mit gelben oder orangegelben Flecken bzw. Längsstreifen. Plump. — In feuchten Schlupfwinkeln bis 1250 m. Weitentwickelte Larven (10—70) werden im Wasser abgesetzt. △

Alpenmolch, Bergmolch, *Tritúrus alpéstris.* — L bis 10 cm. Os schwarzbraun; us leuchtend orange; Flanken dunkel gesprenkelt. ♂ im Frühjahr und Sommer mit glattrandigem Rückenkamm; S seitlich abgeflacht. — Unter Steinen, Baumstrünken und in Gewässern bis 3000 m. Eiablage Mai—Juli in Seen und Tümpeln an Wasserpflanzen. △

Alpen-Kammolch, *Tritúrus cristátus cárnifex.* — L bis 15 cm. Os olivbraun; us orangegelb oder rötlich; dunkel gefleckt; Flanken weiß getüpfelt. Gedrungen; S seitlich abgeflacht, beim ♂ mit hellem Längsband. Rückenkamm gezackt. — Im österreichischen Alpenraum und den S-Alpen bis über 1000 m. Eiablage April—Mai einzeln an Wasserpflanzen. △

Südlicher Teichmolch, *Tritúrus vulgáris meridionális.* — L bis 9,2 cm. Os braun oder olivbraun, dunkle, rundliche Flecken; us gelb oder orange, dunkel gefleckt; Kopf mit 5 dunklen Längsstreifen. — Im südlichen Alpenraum bis 1500 m in sonnigen, pflanzenreichen Gewässern. Fortpflanzung wie Alpenmolch.

Froschlurche (Saliéntia)

Ordnung der Lurche. Gedrungen, Schwanz nur im Larvenstadium vorhanden. Hinterbeine länger und kräftiger als Vorderbeine. — Larven nur in den ersten Entwicklungsstadien mit äußeren Kiemen.

Scheibenzüngler (Discoglóssidae)

Geburtshelferkröte, *Alýtes obstétricans.* — L 5,5 cm. Os aschgrau mit schwärzlichen Flecken; us weißlich. Pupille senkrecht. Keine Schallblase. Schwimmhäute reichen kaum bis zur halben Zehenlänge. ♪ kurze, flötenartige ü-Laute. — Unter Steinen und alten Baumwurzeln in der Schweiz bis 1600 m. ♂ trägt Eier (20—90 Stck.) um Hbeine geschlungen mit sich herum, geht nach 2—3 Wochen damit ins Wasser, wo Laich abgestreift wird und die Larven schlüpfen. △

Gelbbauch-Unke, *Bombina variegáta.* — L 5 cm. Os olivgrau oder bräunlich, manchmal dunkel gefleckt; us gelb oder orange, dunkel gefleckt. Finger, Zehenspitzen gelb. Pupille rundlich bis herzförmig. ♪ ug-ug-ug. — In stehenden und fließenden Gewässern bis 1800 m. Laich in kleinen Klümpchen. △

Alpensalamander
Feuersalamander
4000
3800
3600
3400
3200
3000
2800
2600
2400
2200
2000
1800
1600
1400
1200
1000
Alpensalamander
Feuersalamander
Alpenmolch
Alpen-Kammolch
Südlicher Teichmolch
Geburtshelferkröte
Gelbbauch-Unke
Alpenmolch ♂
Alpen-Kammolch ♂
Südlicher Teichmolch ♂
Geburtshelferkröte ♂
Gelbbauch-Unke
Wil

Kröten (Bufonídae)

Haut warzig.

Erdkröte, *Búfo búfo.* — L bis 13 cm. Os braun oder graubraun, warzig und trocken; us heller. Kopf breit, abgerundet; Pupille waagerecht; Iris gold- oder kupferrot. ♪ ♂ leise bellend uägg oder ugg. — In Erdlöchern, unter Baumstämmen und Moos bis 2000 m. Laichschnüre (über 6000 Eier) 3—5 m lang, um Wasserpflanzen gewunden. △

Echte Frösche (Ranídae)

Haut wenig warzig. Pupille waagerecht.

Springfrosch, *Rána dalmatína.* — L bis 8 cm. Os hell rötlichbraun; us weißlich. In der Ohrgegend dunkler Fleck. Kopf spitz. Bei nach vorn seitlich an den Körper gelegten Hbeinen reicht Fersengelenk über die Schnauzenspitze hinaus. ♪ og-og-og-. — An feuchten, schattigen Orten, in lichten, grasigen Wäldern bis 1300 m. Springt bis 2 m weit. Laich in Ballen (600—1200 Eier) in Gräben und Teichen. △

Grasfrosch, *Rána temporária.* — L bis 10 cm. Os rötlich- oder dunkelbraun, dunkel gefleckt; us weißlich, meist grau (♂) oder braunrot (♀) gefleckt. In der Ohrgegend dunkler Fleck. Kopf stumpf. ♪ dumpfes Knurren; or-or-or. — Zumeist im Wasser, sonst an schattigen Orten bis 2600 m. Laich in Ballen mit bis zu 4000 Eiern (Mai—Juli).

Kriechtiere (Reptília)

Lang und schlank. Haut stets mit trockenen Hornschuppen oder Hornschildchen bedeckt. Sehr wärmeliebend. Winterschlaf. — Kein Larvenstadium.

Echsen (Saúria)

Unterordnung der Kriechtiere. Hornschilder in mehreren Längsreihen auf der Bauchseite. Augenlider beweglich. Beine gut entwickelt, lange Zehen und Krallen (Ausnahme: beinlose Blindschleiche). Nahrung: Würmer, Spinnen, Insekten aller Art. Fast alle Eidechsen legen ihre Eier an warmen Stellen im Boden ab, manche sind lebendgebärend.

Schleichen (Anguídae)

Blindschleiche, *Ánguis frágilis.* — L bis 50 cm. Os grau- oder rötlichbraun; us dunkel graublau. Schlank, schlangenähnlich, mit glatten Schuppen, keine Beine. — Auf sonnigen Halden, Schlägen, Lichtungen und Wiesen bis 2000 m. Im Spätsommer lebendgebärend (6—26 Junge). △

Halsbandeidechsen (Lacertídae)

Zauneidechse, *Lacérta ágilis.* — L bis 24 cm. Os ♂ im Frühjahr leuchtend grün mit braunem Mittelstreif, ♀ bräunlich; us ♂ grün, ♀ weißlich, schwarz punktiert. Gedrungen; Kopf und Schnauze stumpf. — An Hecken, Halden und Waldsäumen bis 1300 m; weitverbreitet. Eier (5—14; pergamentartig) in feuchter Erde vergraben. △

Mauereidechse, *Lacérta murális.* — L bis 20 cm. Os rötlichbraun oder grau und dunkel gefleckt; us ♂ ziegelrot, ♀ gelblich; Flanken blau oder schwarz gefleckt. Schnauze spitz; S sehr lang und schlank. Zahlreiche Rassen. — An Ruinen, Mauern und Felsen der S-Alpen bis 1700 m. Eier (2—8; pergamentartig) in Erdlöchern. △

Smaragdeidechse, *Lacérta víridis víridis.* — L bis 40 cm. Os grün oder gelbgrün, kleine dunkle Flecken und Punkte, ♀ manchmal mit 2—4 hellen Längsstreifen; us weißlichgelb. Kehle des ♂ zur Paarungszeit leuchtend blau. Juv. bräunlich mit weißer Musterung. — An trockenen, pflanzen- und steinreichen Orten in der SW-Schweiz, in Südtirol und Italien bis 1300 m; sehr scheu. △

Erdkröte
Laichschnüre
4000
3800
3600
3400
3200
3000
2800
2600
2400
2200
2000
1800
1600
1400
1200
1000
Erdkröte
Springfrosch
Grasfrosch
Blindschleiche
Zauneidechse
Mauereidechse
Smaragdeidechse
Grasfrosch
Springfrosch
Blindschleiche
Mauereidechse
Smaragdeidechse
Zauneidechse
Wil

Waldeidechse, Bergeidechse, *Lacérta vivípara.* — L bis 17 cm. Os braun, oft mit dunklem Seitenband und Mittelstreifen sowie gelben und schwarzen Punktflecken; us orangegelb, schwarz getupft, ♀ weißlich. Juv. fast schwarz. — An Baumstrünken, Zäunen, auf Schlägen und in Hochmooren bis 3000 m. Im Juli und August lebendgebärend (3—10 Junge). △

Schlangen (Serpéntes)

Unterordnung der Kriechtiere. Hornschilder nur in einer Längsreihe auf der Bauchseite. Augenlieder unbeweglich. Stets beinlos. Eiablage erfolgt an feuchtwarmen Orten (z. B. Misthaufen), manche Schlangen sind lebendgebärend.

Nattern (Colubrídae)

Pupille kreisförmig. Nicht giftig!

Glattnatter, Schlingnatter, *Coronélla austríaca.* — L bis 75 cm. Os braun oder graubraun, 2—4 dunkle Fleckenreihen; us bräunlich. Von der Nase zum Mundwinkel und zur Halsseite ein dunkler Streifen, am Hkopf und Nacken ein dunkler Fleck. Kopf oval. Schuppen glatt, ohne Kiele. — Auf sonnigen Schlägen und Hängen bis 1900 m. Im Herbst lebendgebärend (3—15 Junge). Nahrung: vorwiegend Eidechsen. △

Äskulapnatter, *Eláphe longíssima.* — L bis 170 cm. Os glänzend braun, nach vorn heller werdend; us rahmfarben. Schuppen ohne Kiele. Größte deutsche Schlange! — In lichten Laubwäldern, auf sonnigen Wiesen und an Gemäuern in den W-Alpen bis 1600 m. Klettert gut und gern. Eierlegend (5—8; in Felsspalten, hohle Bäume u. a. O.). Nahrung: vorwiegend Mäuse. △

Ringelnatter, *Nátrix nátrix nátrix.* — L bis 150 cm. Os schwarzgrau oder graublau, oft 4—6 Reihen kleiner schwarzer Flecken; us weißlich mit dunklem Würfelmuster; beiderseits des Hkopfes weißgelber, halbmondförmiger Fleck. Rückenschuppen mit Kielen. Kopf und S nicht deutlich vom Rumpf abgesetzt. — In der Nähe von Gewässern in den O-Alpen bis 2300 m. Schwimmt gewandt. Eierlegend (Juli—August 20—30 Stück mit pergamentartiger Hülle). Nahrung: Frösche, seltener Fische. △

Ottern (Viperídae)

Pupille spaltförmig. GIFTIG! Beutetiere werden vor dem Verschlingen durch Biß vergiftet. Lebendgebärend.

Sandotter, *Vípera ammodýtes.* — L bis 90 cm. Os grau bis graubraun, mehr oder weniger deutliches Zickzackband; us schmutziggelb, dunkel getüpfelt. Weiches, kleines Horn auf der Schnauzenspitze. — Auf sonnenbeschienenem, steinigem Gelände der SO-Alpen bis 2000 m. Hält 7 Monate Winterschlaf. Nahrung: Mäuse, Eidechsen.

Aspisotter, *Vípera áspis.* — L bis 60 cm. Os grau oder hellbraunrötlich, mit Zickzackband oder schwarz gefleckt; us schwärzlichgelb. Kopf 3-eckig. Rückenschuppen stark gekielt. Sspitze us lebhaft gelborange gefärbt. — Auf sonnigem, felsigem Grund an Waldrändern in Südtirol, den Französischen und Schweizer Alpen bis 2600 m; selten bis 2950 m. Nahrung: vorwiegend Mäuse, Eidechsen.

Kreuzotter, *Vípera bérus.* — L bis 75 cm. Os aschgrau oder dunkelgrau (selten ganz schwarz oder rötlich), dunkles Zickzackband; us dunkel. Kopfseiten mit dunklem Längsstreifen; am Hkopf ein dunkler Winkel oder ein Kreuz. S und Kopf jeweils deutlich vom Rumpf abgesetzt. — Auf sonnigen Halden, Schlägen und Hochmooren bis 3000 m; weitverbreitet. 5—25 Eier. Nahrung: Mäuse, Eidechsen, Frösche.

Wiesenotter, *Vípera ursínii.* — L bis 60 cm. Os graubraun, meist mit hellem Längsband, dunkle Würfelzeichnung; us weißlichgelb, schwarz gewürfelt. Nacken mit winkelförmigem Fleck. Kopf eiförmig. — In Frankreich und Italien bis 2400 m. Nahrung: vorwiegend Eidechsen, Frösche, kleine Mäuse. △

Waldeidechse
4000
3800
3600
3400
3200
3000
2800
2600
2400
2200
2000
1800
1600
1400
1200
1000
Waldeidechse
Glattnatter
Äskulapnatter
Ringelnatter
Sandotter
Aspisotter
Kreuzotter
Wiesenotter
Glattnatter
Äskulapnatter
Ringelnatter
Kopf von oben
Sandotter
Aspisotter
Wiesenotter
Kreuzotter
Kopf von oben
Wil

Vögel (Áves)

Alle genannten Arten △.

Greifvögel (Accipítridae)

Sehr groß. Segelflug, langsamer Flügelschlag. **Geier:** Nur Schnabelspitze gebogen; Kopf meist nackt. Flügel länger als beim Adler. Nahrung: Aas. — **Adler:** Großer Hakenschnabel.

Gänsegeier, Weißkopfgeier, *Gýps fúlvus.* — L 100 cm, Sp 250 cm. Sandfarben. Kopf, Hals weiß; Flügel, S schwarz. Hals lang, beim Flug eingezogen; Flügel breit; S kurz, rechteckig abgeschnitten. Vom Mai bis zum Herbst an steilen Südhängen der SO-Alpen (Hohe Tauern). Horst in Felsnischen. 1 weißes Ei (⌀ 9,2×7 cm).

Bartgeier, Lämmergeier, *Gypáetus barbátus.* — L 110 cm, Sp 250 cm. Kopf hell, schwarzer Augenstreif und Kinnbart; os, Flügel, S grauschwarz; us gelblich rotbraun, juv. Hals, Kopf dunkel. Flügel schmal, gewinkelt; S lang, keilförmig; Lauf befiedert. — In entlegenen Bergketten der Salzburger und SO-Alpen Irrgast. Kleiner Horst in Felshöhlen an Abgründen. 2 rosafarbene oder gelbweiße Eier (⌀ 8,3×6,5 cm), dunkelrot gefleckt. Knochenfresser (das Mark größerer Säugetiere).

Steinadler, *Áquila chrysáëtos.* — L 85 cm, Sp 2 m. Dunkelbraun; Scheitel, Nacken goldbraun; juv. Handschwingen- und Swurzel weiß. S kaum gerundet; Lauf bis an die Zehen befiedert. ♪ kihä. — An unzulänglichen Felswänden von 1200—3000 m; selten. Noch ca. 12 Paare in der BRD und 50 Paare in Österreich. Großes Reisignest meist unter 2000 m. April 1—2 weiße Eier (⌀ 7,7×6 cm), oft grauviolett, gelb und braun gefleckt. Nahrung: Mittelgroße Säugetiere (u. a. Murmeltiere, Hasen, Jungfüchse, Gamskitze) und Vögel (Schnee-, Steinhühner u. a.) Jahresvogel.

Rauhfußhühner (Tetraónidae)

Plump; vorwiegend Bodenvögel. Nahrung: vor allem Insekten, Spinnen, Beeren, Knospen.

Alpenschneehuhn, *Lagópus mútus.* — L 35 cm, Sp 60 cm. Us, Flügel, befiederte Füße stets weiß. Sommer: os ♂ grau-, ♀ gelbbraun, weiß-schwarz gefleckt. Winter: weiß, nur S schwarz. Schnabel schwarz. Rote Lappen (Rosen) über den Augen. ♂ schwarzer Streif vom Schnabel durch das Auge. ♪ err, gögögö. — Auf steinigen Matten von 1700—3600 m; gesellig; im Winter — sogar unter Schnee lebend — bis 1400 m absteigend. Flug niedrig, surrend. Nest zwischen Alpenrosen und unter Felsen. Juni—Juli 6—12 gelbliche Eier (⌀ 4,4×3 cm), große schwarzbraune Flecken. Jahresvogel.

Birkhuhn, *Lyrúrus tétrix.* — L ♂ 55 cm (Sp 95 cm), ♀ 45 cm. ♂ blauschwarz glänzend; Flügelbinde, Unterschwanzdecken weiß; ♀ braun, schwarz gebändert. Rote Lappen (Rosen) über den Augen. S leierförmig (♂) oder gegabelt (♀). ♪ ♂ Balz tschuushui, kollern; ♀ och-achach. — In lichten Wäldern und auf Moorwiesen bis 2400 m; gern auf Bäumen. Flug niedrig, rauschend. Bodennest in Heidekraut. Mai—Juni Juni 6—12 gelbliche Eier (⌀ 4,4×3 cm), große schwarzbraune Flecken. Jahresvogel.

Auerhuhn, *Tetráo urogállus.* — L ♂ 90 cm (Sp 140 cm), ♀ 65 cm. ♂ blaugrün glänzend; us, S weiß gezeichnet; ♀ braun, dunkel gebändert und gefleckt, rostfarbener Brustfleck. ♂ mit Kinnbart. Rote Haut über dem Auge. S rund, fächerförmig. ♪ Balz puck-puck-teck-puckteckteck; ♀ göhgäh-gök. — In großen, dichten, stillen Wäldern bis 1600 m; scheu. Flug polternd. Bodennest gut versteckt. Balz April—Juni im Morgengrauen, meist auf Bäumen. Mai—Juni 6—10 ockergelbe Eier (⌀ 6×4,1 cm), dicht rotbraun gefleckt. Jahresvogel.

Bastarde zwischen Auer- und Birkhuhn: „Rackelwild".

Gänsegeier
Bartgeier
Steinadler
Steinadler
4000
3800
3600
3400
3200
3000
2800
2600
2400
2200
2000
1800
1600
1400
1200
1000
Gänsegeier
Bartgeier
Alpenschneehuhn
Steinadler
Birkhuhn
Auerhuhn
Gänsegeier
Bartgeier
♀
♂
Birkhuhn
Auerhuhn
♂
♀
♀
Sommer
Alpenschneehuhn
Winter
♂
Wil

Haselhuhn, *Tetrástes bonásus.* — L 40 cm. Rotbraun; braun-schwarz gefleckt und gebändert; breiter weißer Schulterstreifen; us weiß, braun gezeichnet; ♂ Kehle schwarz, scharfe weiße Randbinde; ♀ Kehle weißlich. S grau, schwarze Endbinde, fächerförmig, rund. Kleine Kopfhaube. ♪ pfeifendes pitt-tserie. — In dichten Wäldern bis 1800 m; gern auf Bäumen; scheu. Bewegungen schnell, geduckt. Bodennest im Gestrüpp. Mai—Juni 8—12 gelbbraune Eier (⌀ 4×3 cm), vereinzelt braun gefleckt. Jahresvogel.

Steinhuhn, *Aléctoris grǽca.* — L 35 cm, Sp 55 cm. Stirn grau; os graublau bis -braun; us rotbraun; Seiten stark gebändert; Kehle weiß, schwarz begrenzt; Schnabel, Augenrand, Füße rot. Beine und Zehen unbefiedert. ♪ witt-witt, bei Gefahr pitschi-i. — Auf sonnigen Geröllhalden zwischen Krummholz und Alpenrosen bis 2700 m, im Winter tiefer; scheu; paarweise; selten, nur in den S-Alpen häufiger. Bodennest zwischen Felsen. Juni 9—16 ledergelbe Eier (⌀ 4,4×3,2 cm), einige rötliche Punkte. Jahresvogel.

Regenpfeifer (Charadríidae)

Mornellregenpfeifer, *Charádrius morinéllus.* — L 22 cm. Breiter weißer Überaugenstreif; Scheitel schwarz; Brust braungrau, durch weißen Streifen begrenzt gegen rotbraune Us; Bauch schwarz. Im Winter heller. ♪ trillernd dürr-irr. — Auf kurzrasigen Matten besonders der O-Alpen, in der Nähe der Schneegrenze; selten, sehr zutraulich. Lauf trippelnd. Brütet in den Seethaler Alpen. Bodennest zwischen Moos und niedrigen Pflanzen. Nahrung: Insekten. Zugvogel (Mai—September in den Alpen).

Kuckucke (Cucúlidae)

Kuckuck, *Cucúlus canórus.* — L 33 cm. Os, Kehle grau- oder rotbraun; us weißlich, dunkel gebändert. S lang. ♪ ♂ kukuk im Sitzen, ♀ kwickkwick im Flug. — In offenem Gelände bis 2300 m; häufig. Flügelschlag rasch. Brutschmarotzer (Eier nach Farbe und Größe meist Wirtsvogel angepaßt). Nahrung: vor allem Raupen, Insekten, Spinnen, Würmer. Zugvogel (Mai—August in den Alpen).

Eulen (Strígidae)

Kopf groß, rund; Gesicht platt; Federn bilden Kranz (Schleier) um die nach vorn gerichteten, meist großen Augen; Schnabel krumm. Krallen kräftig; Zehen meist befiedert. Flug lautlos. Vorwiegend Dämmerungs- und Nachttiere. Nahrung: vor allem Mäuse.

Sperlingskauz, *Glaucídium passerínum.* — L 18 cm. Os dunkelbraun, hell gefleckt; us hellgrau, schwarz-grau längsgestreift; Gesicht weißlich; Augen gelb; S braun-weiß gebändert. Kopf schlank. Kleinste Eule Europas! ♪ dü. — In stillen, lichten Wäldern bis 1970 m; auch tagsüber lebhaft, häufig. Schwanzwippen; Flug rasch. Nistet in Baum- und kleinen Spechthöhlen. April 4—7 weiße Eier (⌀ 3×2,4 cm). Jahresvogel.

Rauhfußkauz, *Aególius funéreus.* — L 25 cm. Os hellgraubraun, große weiße Flecken; us hell, braun quergestreift; Scheitel fein weiß gefleckt; Augen gelbgrün; deutlicher Schleier weiß-schwarz; Beine, Füße weiß befiedert. Kopf auffallend dick. Juv. rotbraun. ♪ puch-puuch, pfit. — In den Hochwäldern bis 1700 m, im Winter tiefer. Nistplatz wie Sperlingskauz. Mai 4—5 weiße Eier (⌀ 3,3×2,7 cm). Jahresvogel.

Mornellregenpfeifer
4000
3800
3600
3400
3200
3000
2800
2600
2400
2200
2000
1800
1600
1400
1200
1000
Haselhuhn
Steinhuhn
Mornellregenpfeifer
Kuckuck
Sperlingskauz
Rauhfußkauz
Rauhfußkauz
Kuckuck
♀
♂
Sperlingskauz
♂
Steinhuhn
♀
Haselhuhn
Wil

Segler (Cypsélidae)

Schwalbenähnlich. Flügel sichelförmig. Schwanz kurz. Nahrung: Insekten im Flug.

Alpensegler, *Ápus mélba.* — L 22 cm, Sp 55 cm. Os dunkel graubraun; us weiß; Brustband braun, breit. Schnabel kurz, tief gespalten. Klammerfüße, 4 Zehen nach vorn gerichtet. ♪ skri, tirr. — An kahlen Steilabstürzen bis 3000 m in der Westschweiz, im westl. Österreich und in den S-Alpen; im deutschen Alpenraum selten; gesellig. Napfförmige Schlammnester kolonieweise in Felsspalten und an -wänden. 2—3 weiße Eier (⌀ 3×2 cm). Zugvogel (April—August in den Alpen).

Spechte (Pícidae)

Schnabel kräftig, Zunge lang. Stützschwanz kurz. Starke Kletterfüße. Baumhöhlenbrüter. Nahrung: Insekten und deren Larven, Sämereien.

Schwarzspecht, *Picus mártius.* — L 45 cm. Schwarz. ♂ Scheitel rot, ♀ nur roten Nackenfleck. 4 Zehen (2 nach vorn, 2 nach hinten gerichtet). Größter europäischer Specht! ♪ brürbrür, klüh; lautes dumpfes Trommeln. — In stillen Wäldern bis 1800 m; scheu. Flug schwerfällig. April 3—5 weiße Eier (⌀ 3,5×2,5 cm). Jahresvogel.
Weißrückenspecht, *Dendrócopus leuconótus.* — L 26 cm. Scheitel ♂ rot, ♀ schwarz; os schwarz; Bürzel weiß; Flanken längsgefleckt; us weiß—rosa, schwarz längsgestreift; Unterschwanzdecken rot; Flügel schwarz-weiß gebändert. ♪ kück. — In Wäldern besonders der O-Alpen bis 1800 m; selten. 3—4 weiße Eier (⌀ 2,8×2 cm). Jahresvogel.
Dreizehenspecht, *Picoídes tridáctylus.* — L 22 cm. Os dunkel; Mittelrücken weiß; Wangen schwarz, oben und unten schmaler weißer Streifen; Scheitel ♂ gelb, ♀ (Stirn weiß) dunkel; Flügel schwarz, weiße Querbinden; us weiß, Flanken schwarz gebändert. Juv. grau, os schwarz-weiß gefleckt. Nur 3 Zehen (1 Hinterzehe fehlt). ♪ kjek, im Frühjahr langsames Trommeln. — In Wäldern von 1000—1800 m; selten. 3—4 glänzend weiße Eier (⌀ 2,5×2 cm). Jahresvogel.

Schwalben (Hirundínidae)

Schlank. Schnabel kurz. Flügel lang, spitz. Nahrung: Insekten im Flug.

Felsenschwalbe, *Ptyonoprógne rupéstris.* — L 15 cm, Sp 30 cm. Os hell graubraun; us weißlich; S weiß gefleckt, fast gerade. ♪ drü. — An sonnigen, trockenen Hängen bis 2000 m; in den N-Alpen seltener. Offenes, halb napfförmiges Lehmnest, kolonieweise in Felsnischen. Mai 4—5 weiße Eier (⌀ 2×1,4 cm), gelbbraun punktiert. Teilzieher (vor allem März—Oktober in den Alpen).
Mehlschwalbe, *Délichon úrbica.* — L 13 cm. Os stahlblau; us, Bürzel weiß; Füße weiß befiedert; S kurz, gegabelt. ♪ scrüb, tsirr. — In offenem Gelände und oft an Gebäuden bis 1900 m; gesellig. Flug flatternd. Halbkugeliges Lehmnest, kolonieweise unter Dachrändern und an Felswänden. Mai—August 2mal 4—5 weiße Eier (⌀ 1,2×1,3 cm), violett—rot gesprenkelt. Zugvogel (April—September in den Alpen).

Stelzen (Motacíllidae)

Schlanke, hochbeinige Bodenvögel. Lauf flink, trippelnd. Kräftige Zeichnung. Schwanz lang, wippend. Nest gut versteckt, in Bodennähe.

Gebirgsstelze, *Motacílla cinérea.* — L 20 cm. Augenstreif weiß, undeutlich; ♂ im Sommer Kehle schwarz, sonst wie bei ♀ weiß; os, Kopf, Wangen grau; Bürzel gelbgrün; us gelb; S schwarz-weiß, Unterschwanzdecken gelb. ♪ zip, zitzit. — An Bächen bis 2300 m; ungesellig. Schneller Bogenflug. Nest in Wassernähe in Mauer-, Fels- und Erdlöchern. Mai—Juni 4—6 bräunlichweiße Eier (⌀ 2×1,5 cm), rotbraun gefleckt. Nahrung: vorwiegend Insekten und deren Larven. Teilzieher (einzelne überwintern vor allem März—Oktober in den Alpen).

4000
3800
3600
3400
3200
3000
2800
2600
2400
2200
2000
1800
1600
1400
1200
1000
Alpensegler
Schwarzspecht
Dreizehenspecht
Weißrückenspecht
Felsenschwalbe
Mehlschwalbe
Gebirgsstelze
♂
♀
Schwarzspecht
Alpensegler
♀
Dreizehenspecht
Mehlschwalbe
♂
Felsenschwalbe
♂
Gebirgsstelze
♀
♂
Weißrückenspecht
Wil

Bergpieper, Wasserpieper, *Ánthus spinolétta ssp. spinolétta.* — L 17 cm. Os graubraun, undeutlich schwarzgrau längsgestreift; us weißlich, zur Brutzeit rötlich, ungestreift, im Winter gestreift; weißer Augenstreif; Beine schwärzlich; Skanten weiß. Hzehenkrallen lang. ♪ zip, zisst; Gesang meist im Balzflug. — Auf feuchten Matten und an Bächen bis 2800 m; häufig. Im Winter tiefer und teilweise südlicher (Poebene). Nest an trockenen Rainen unter Steinen oder zwischen dichtem Gras. Mai—Juni 4—6 hellgraue Eier (⌀ 2×1,5 cm), dünn dunkel gefleckt oder längsgezeichnet. Nahrung: Spinnen, Insekten. Teilzieher.

Wasseramseln (Cínclidae)

Körperform dicklich. Schwanz kurz, oft gestelzt.

Wasseramsel, Bachamsel, *Cínclus cinclus.* — L 19 cm. Os braunschwarz; Kehle, Brust weiß; Bauch rotbraun. Flügel kurz. ♪ rauh zerr; Gesang auch im Winter, lerchenartig. — An schnellfließenden Bächen bis 2600 m; dort auch nach Nahrung (Wasserinsekten, Krebschen) tauchend; ungesellig. Lebhaft knicksend; schnelle Flügelschläge; Flug schnurrend. Nest unter Brücken, Wasserfällen und Erdhängen. April—Juli 2mal 4—6 weiße Eier (⌀ 2,5×1,9 cm). Nahrung: Wasserinsekten. Jahresvogel.

Braunellen (Prunéllidae)

Geduckt hüpfend; viel am Boden; versteckt lebend. Flug niedrig.

Alpenbraunelle, Flüevogel, *Prunélla collàris.* — L 18 cm. Kehlfleck weißlich, schwarz gefleckt; os grauschwarz gestreift; Brust grau; Flanken rotbraun gestreift; 2 weiße Flügelbinden. Juv. Kehle grau, ungefleckt. ♪ trrilit, drrüi. — An sonnigen Steilhängen von 2000—3000 m auf Latschen- und Alpenrosenmatten, im Winter tiefer; gesellig. Schwanzwippen. Nest in Felsspalten, zwischen Steinen und unter Latschen. Juni—Juli 3—5 blaß grünblaue Eier (⌀ 2,3×1,7 cm). Nahrung: Insekten, Spinnen, Schnecken, Beeren, Grassamen. Teilzieher.

Sänger (Muscicápidae)

Berglaubsänger, *Phyllóscopus bonélli.* — L 11 cm. Os hell graugrünlich; Bürzel gelblich; Augenstreif hell; Kehle, us weiß. ♪ ho-ihed; Gesang loser Triller auf demselben Ton. — An sonnigen Berghängen und in Wäldern (Föhre) sowie an Bächen bis 1600 m. Kugelnest am Boden unter Bäumen. Mai—Juni 5—6 cremefarbene Eier (⌀ 1,5×1,2 cm), rot-braun punktiert. Zugvogel (Mai—Anfang August in den Alpen).
Hausrotschwanz, *Phoenicúrus ochrúros.* — L 15 cm. Bürzel, S rotbraun; ♂ grauschwarz; Flügelspiegel weiß; us heller; ♀ schiefergrau bis bräunlich. ♪ tiktik. — Auf steinigen Weiden bis 2800 m, aber auch in Dörfern und Städten. Ständiges Schwanzzittern; gern frei sitzend; Flug schnell. Nest in Felsspalten und Gebäuden. Juni 4—6 weiße Eier (⌀ 2×1,5 cm). Nahrung: Insekten, Spinnen, Tausendfüßler, Würmer, Schnecken, Beeren. Teilzieher (vorwiegend April—Oktober in den Alpen).
Steinschmätzer, *Oenánthe oenánthe.* — L 15 cm. Os, Flügel bräunlich; Bürzel weiß; S schwarz-weiß; us gelbbraun. ♂ im Sommer: weißer Augenstreif, os blaugrau, Flügel schwarz; us gelblichweiß. S kurz. ♪ täck-gji; kurzer Singflug. — Auf Matten, Geröllhalden und an Felsen bis 2600 m; scheu. Bodenvogel; Bewegungen flink; langsames Schwanzwippen. Nest in Felsspalten und unter Steinen. Mai—Juni 5—7 hell blaugrüne Eier (⌀ 2×1,5 cm). Nahrung: Insekten, deren Larven, Spinnen, Tausendfüßler, Samen. Zugvogel (April—September in den Alpen).

Hausrotschwanz

Berglaubsänger

Wasseramsel

Alpenbraunelle

Bergpieper

Steinschmätzer

Wil

Steinrötel, *Montícola saxátilis.* — L 20 cm. S braun, kurz, rostbraun gerändert; Bürzel weiß; ♂ im Brutkleid: Kopf blaugrau, Rücken weißlich, us rostrot, Flügel schwarz, sonst matter; ♀ os braun gefleckt, us gelblich gefleckt. ♪ täck; Singflug. — An sonnigen Geröllhalden besonders der S-Alpen bis 2400 m; selten; sehr scheu. Aufrecht sitzend; knicksend. Ungesellig. Nest in Felsspalten. Mai 4—5 blaugrüne Eier (⌀ 2,5×2 cm), eventuell rotbraun punktiert. Nahrung: Würmer, Schnecken, Eidechsen, Insekten, Spinnen, Tausendfüßler. Zugvogel (April—September in den Alpen).

Blaumerle, *Montícola solitárius.* — L 21 cm. ♂ dunkelblaugrau; ♀ os braunblau, us braungrau gebändert. ♪ tschack. — An kahlen, warmen Felshängen der S-Alpen bis 1600 m; selten. Ungesellig; sehr lebhaft. Nest in Felsspalten. 4—6 blaugrüne Eier (⌀ 2,7×2 cm), rotbraun punktiert. Nahrung: Spinnen, Insekten, Würmer, kleine Schlangen. Vorwiegend Jahresvogel.

Misteldrossel, *Túrdus viscívorus.* — L 26 cm. Os graubraun; us gelbweiß, dicht dunkel gefleckt; Unterflügel weiß. Juv. os gefleckt. ♪ errr; Gesang amselähnlich, aber härter, kürzer, von Baumspitzen. — In lichten Wäldern und auf Almweiden bis 2100 m; scheu; gesellig. Napfförmiges Nest auf hohen Bäumen. Mai—Juli 2mal 4—5 hellgrüne bis blaugraue Eier (⌀ 3×2,2 cm), rotbraun gefleckt. Nahrung: Würmer, Schnecken, Beeren, Insekten und deren Larven Teilzieher.

Ringdrossel, Ringamsel, *Túrdus torquátus ssp. alpéstris.* — L 26 cm, Sp 42 cm. ♂ schwarz, weißes halbmondförmiges Brustband; ♀ bräunlicher, Brustband schmaler und matter. Juv. ohne Band, gefleckt, os rostgelb, us hellbraun. ♪ däckdäck. — In lichten Nadelwäldern und auf Matten von 1000—2150 m, gern an Bächen. Flug schnell; Schwanzwippen. Offenes, napfförmiges Nest in Bodennähe meist auf Nadelbäumen. Mai—Juni 4—5 grünblaue Eier (⌀ 3×2,2 cm), rotbraun gefleckt. Nahrung: wie vorige Art. Teilzieher (vor allem April—Oktober in den Alpen).

Meisen (Páridae)

Klein; kurzschnäbelig; sehr wendig. Fast ausschließlich Höhlenbrüter, große Vermehrungsquote. Flug kurz, schnurrend. Nahrung: Insekten, deren Eier, Samen.

Alpenmeise, Weidenmeise, *Párus montánus.* — L 12 cm. Braungrau; Kopfplatte, Kehle schwarz; Wangen weiß; Flügel mit weißem Längsfleck. ♪ sii, däh. — In Nadelwäldern und Krummholz besonders der O-Alpen bis 2300 m; häufig. Mai 6—11 weiße Eier (⌀ 1,5×1,6 cm), rosarot gefleckt. Jahresvogel.

Tannenmeise, *Párus áter.* — L 11 cm. Kopf, Kehle, Vbrust schwarz; Wangen, Nackenfleck weiß; os olivgrau; us hellgrau; Flanken rahmfarben. Juv. Wangen, Nackenfleck, us gelblich. ♪ dwi, sisi. — In Nadelwäldern bis 1900 m. Mai 6—8 weiße Eier (⌀ 1,5×1,2 cm), stark rötlich punktiert. Jahresvogel.

Spechtmeisen (Síttidae)

Mauerläufer, *Tichodróma murária.* — L 16 cm. Os graublau; Flügel schwarz, große weinrote und nach außen zu weiße Flecken; Kehle, Vbrust schwarz (Sommer) oder weiß (Winter); S schwarz, weißer Endsaum. ♪ düi. — An steilen, überhängenden Felswänden von 1600—3500 m; im Winter tiefer. Fortbewegung am Felsen ruckartig, Flügel ausgebreitet. Flug schmetterlingsartig. Nest in Felsspalten. 4 weiße Eier (⌀ 2×1,5 cm), rotbraun punktiert. Nahrung: Insekten, Spinnen, Tausendfüßler. Teilzieher.

4000
3800
3600
3400
3200
3000
2800
2600
2400
2200
2000
1800
1600
1400
1200
1000
Steinrötel
Blaumerle
Misteldrossel
Ringdrossel
Alpenmeise
Tannenmeise
Mauerläufer
Mauerläufer
Tannenmeise
♀
Steinrötel
♂
Alpenmeise
♂
Blaumerle
Ringdrossel
Misteldrossel

Finken (Fringíllidae)

Schnabel kegelförmig, stark, kurz. Haltung aufrecht. Flug wellenförmig. Nahrung: Samen, Knospen, Blattspitzen, Insekten, Raupen.

Zitronengirlitz, *Serínus citrinélla.* — L 12 cm. Grüngelb; Nacken, Halsseiten grau; Flügel schwarz, grüngelbe Binde. Juv. graubraun, gestreift; us heller. ♪ zij . . . dit. — In Krummholz und lichten Nadelwäldern von 1500—2300 m; im Winter in tieferen Lagen. Gesellig. Nest vorwiegend hoch auf Bäumen. März—Mai 4—5 Eier (⌀ 1,6×1,3 cm), ähnlich Erlenzeisig. Jahresvogel.

Erlenzeisig, *Carduélis spínus.* — L 12 cm. Gelbgrün, streifig; ♂ Scheitel, Kehle schwarz, Flügelbinde gelb, Hinteraugenstreif, Sseiten, Bürzel gelb; ♀ und juv. grauer, us weißlich. S stark gegabelt. ♪ üüi, dsejitt; Singflug. — Zwischen Latschen und in Nadelwäldern bis 2000 m; im Winter tiefer. Bewegungen trippelnd, hüpfend. Gesellig. Nest hoch in dichten Wäldern. Mai 4—6 blauweiße Eier (⌀ 1,5×1,2 cm), hellrötlich gefleckt. Teilzieher.

Alpenbirkenzeisig, *Carduélis flámmea ssp. cábaret.* — L 12 cm. Os braun, dunkel streifig; Stirn karminrot; Kehle schwarz; ♂ Brust, Bürzel rosa; Bauch weißlich. ♪ dschedd; Singflug. — Zwischen Latschen und in lichten Nadelwäldern bis 2600 m; im Winter tiefer. Flink; gesellig. Nest in Felsspalten, Büschen oder zwischen Steinen. Mai 4—5 hell- oder grünblaue Eier (⌀ 1,8×1,2 cm), rotbraun gefleckt oder punktiert. Teilzieher.

Webervögel (Plocéidae)

Schneefink, *Montifringilla nivális.* — L 18 cm. Os graubraun; us, Sseiten, breite Flügelbinde weiß; Kehle, Smitte schwarz; Schnabel (Winter und juv.) orangegelb, sonst schwarz. ♪ zuik, triti; am Boden laufend singend, Singflug. — Auf Geröllhalden von 1800—3000 m; im Winter tiefer; gesellig. Aufrecht sitzend; Schwanzzucken. Nest in Felsspalten, unter Dächern. Mai—Juni 4—5 weiße Eier (⌀ 2,4×1,7 cm). Nahrung: Insekten, Spinnen, Knospen, Samen. Jahresvogel.

Rabenvögel (Córvidae)

Schnabel kräftig, lang; Nasenlöcher durch Borsten verdeckt. Flug geradlinig, verhältnismäßig ruhig. Krallen stark, stumpf. Nest aus Reisern.

Tannenhäher, *Nucífraga caryocatáctes.* — L 30 cm. Dunkelbraun bis schwarz; weiß getupft; Schwanzendbinde, Unterschwanzdecken weiß. Breitflügelig. ♪ dchrräh. — Besonders in Nadelwäldern bis 2000 m; gern auf Baumspitzen. März 3—4 blaßblaugrüne Eier (⌀ 3,4×2,4 cm), braun gefleckt. Nahrung: Samen (bes. Zirbelkiefer), Früchte, Insekten, Würmer, Schnecken, Eier und Jungvögel. Jahresvogel.

Alpenkrähe, *Pyrrhócorax pyrrhócorax.* — L 40 cm. Blauschwarz glänzend; Schnabel, Füße rot. Schnabel dünn, groß, gebogen. ♪ krja. — Auf Matten bis 4200 m in den S- und W-Alpen; selten; gesellig. Nest in Felshöhlen. April 4—5 weißliche Eier (⌀ 4×2,8 cm), olivbraun gefleckt. Nahrung: Insekten, deren Larven, Spinnen, Würmer, Samen, Früchte. Jahresvogel.

Alpendohle, *Pyrrhócorax gráculus.* — L 37 cm. Blauschwarz; Schnabel gelb; Füße rot. Schnabel kurz, fast gerade. ♪ brü. — Auf Matten und Felsgipfeln von 1800 bis 4200 m; im Winter tiefer; häufig, bei Hütten oft zutraulich. Nest in Felshöhlen. Mai 4—5 gelbliche Eier (⌀ 3,8×2,6 cm), olivbraun gefleckt. Nahrung: Insekten, Würmer, Schnecken, Beeren, Knospen. Jahresvogel.

Kolkrabe, *Córvus córax.* — L 60 cm. Schwarz glänzend; Schnabel, Beine schwarz. Zottige Kehlfedern; S keilförmig. ♪ klong. — Paar- oder familienweise bis 3800 m; im Winter tiefer; scheu. Im Flug Kopf vorgestreckt. Horst auf hohen Bäumen und Steilfelsen. März—April 4—6 grünliche Eier (⌀ 5×3,3cm), braun gefleckt. Allesfresser. Jahresvogel.

Alpendohle
Kolkrabe
Alpenkrähe
4000
3800
3600
3400
3200
3000
2800
2600
2400
2200
2000
1800
1600
1400
1200
1000
Zitronengirlitz
Erlenzeisig
Alpenbirkenzeisig
Schneefink
Tannenhäher
Alpenkrähe
Alpendohle
Kolkrabe
Kolkrabe
Alpenkrähe
Alpendohle
Tannenhäher
♂
Erlenzeisig
Schneefink
Zitronengirlitz
Alpenbirkenzeisig
Wil

Eigentliche Fledermäuse, Glattnasen (Vespertiliónidae)

Nase ohne häutigen Besatz. Mit Ohrdeckel, einem senkrechten Auswuchs des inneren Ohrrandes. Jährlich 1—2(3) Junge. Orientierung durch Echopeilung. ♪ schrill. Tagsüber und Winterschlaf in Höhlen, Spalten, Gebäuden (Dachstühlen, hinter Fensterläden, Kellern). Nahrung: Insekten.

Langohrfledermaus, Großohr, *Plecótus auritus.* — KK 5 cm, S 4,5 cm, Sp 25 cm. Os graubraun; us heller bis grauweiß; Oberlippe mit weißem Bart. Ohren lang (3,5 cm), am Grunde des Innenrandes miteinander verwachsen und mit rundlichen Vorbuchtungen, 20—24 Querfalten; Ohrdeckel schmal, leicht zugespitzt; lange Haare um die Augen. 36 Zähne. — In der Nähe menschlicher Siedlungen an Waldrändern und -lichtungen bis 1500 m; häufig. Flatternder, niedriger Zickzackflug, späte Abendstunden bis Morgengrauen. Winterschlaf Oktober—Mai. △

Mopsfledermaus, Breitohr, *Barbastélla barbastéllus.* — KK 5 cm, S 5 cm, Sp 27 cm. schwarz-, us graubraun; Backen schwarz behaart. Ohren breit, in Scheitelmitte miteinander verwachsen; Ohrdeckel schmal, spitz; Schnauze breit, kurz. 34 Zähne. Sporn mit Hautlappen. — An Waldrändern bis 1500 m. Flug: Frühe Abenddämmerung bis Morgengrauen. Winterschlaf Oktober—März. △

Frühfliegende Fledermaus, Abendsegler, Speckmaus, *Nýctalus nóctula.* — KK 7,5 cm, S 5 cm, Sp 40 cm. Os rotbraun, us heller; Ohren, Flughaut dunkelbraun. Kopf, Ohren rundlich; Ohrdeckel nach oben verbreitert. Flughaut unter Oberarm behaart, lang, schmal. 34 Zähne. — In Wäldern bis 1200 m. Sehr hoher, rascher Flug schon am Spätnachmittag ab April. Sehr gesellig. △

Rauharmige Fledermaus, Kleinabendsegler, *Nýctalus léisleri.* — KK 6 cm, S 4 cm, Sp 27cm. Ähnlich voriger Art. Arm us bis Handgelenk fein behaart. — In Wäldern bis 2000 m; selten. Flug ab März in der frühen Dämmerung, etwas niedriger als vorige Art. Gesellig. △

Zwergfledermaus, *Pipistréllus pipistréllus.* — KK 4 cm, S 3 cm, Sp 18 cm. Os, Ohren und Flughaut rötlich bis dunkelbraun; us heller. Ohren klein, breit; Ohrdeckel nach oben verschmälert. Flügel schmal; Daumen kurz. 34 Zähne. Kleinste europäische Fledermaus! — An Waldrändern und -lichtungen bis 2000 m in der Nähe menschlicher Siedlungen. Flug schnell, nach Sonnenuntergang. Winterschlaf Oktober bis Februar. △

Alpenfledermaus, Bergflatterer, *Pipistréllus sávii.* — KK 4,5 cm, S 3,5 cm, Sp 23 cm. Os schwarzbraun; Haarspitzen gelbbraun; us weißgrau. Ohrdeckel mit 2 Vorsprüngen. 34 Zähne. Sspitze ragt aus Flughaut. — Auf Almen und an Waldrändern, besonders in den S- und Zentralalpen bis 2600 m. Verhältnismäßig ruhiger Flug, Abenddämmerung bis Morgengrauen. △

Nordische Fledermaus, *Eptésicus nilssónii.* — KK 5,5 cm, S 4,5 cm Sp 33 cm. Os schwarzbraun; Haarspitzen goldgelb; us gelblich, langhaarig. Ohrdeckel lang, gerundet. 32 Zähne. Sspitze ragt aus Flughaut. — An Waldrändern bis 2000 m; verhältnismäßig selten. Flug bis 10 m hoch, Abenddämmerung bis Morgengrauen. Winterschlaf bis März. △

Zweifarbige Fledermaus, *Vespertílio murínus.* — KK 6 cm, S 4 cm, Sp 29 cm. Os dunkelbraun; us rings um den Körper weißhaarig; os stärker, us weniger mit gelbweißem Hauch; Kehle und zwischen Hbeinen weiß. Ohren breiter als hoch; Ohrdeckel gedrungen, abgerundet. 32 Zähne. — An Waldrändern bis 2000 m. Flug oft sehr hoch, Sonnenuntergang bis Morgengrauen. Winterschlaf sehr gesellig bis März. △

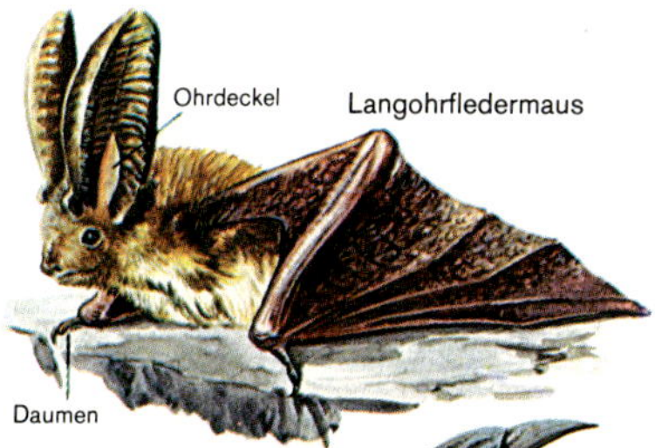

Langohrfledermaus

Rauharmige Fledermaus

Alpenfledermaus

Frühfliegende Fledermaus

Nordische Fledermaus

Zweifarbige Fledermaus

Mopsfledermaus

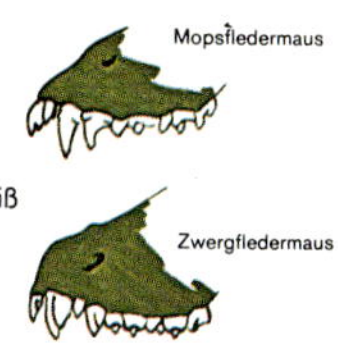

Gebiß

Zwergfledermaus

Wil

Gefranste Fledermaus, *Myótis nattéreri.* — KK 5 cm, S 4 cm, Sp 25 cm. Os rotgraubraun; us weißlich. Ohren lang, 5—6 Querfalten; Ohrdeckel sichelförmig. Sflughaut mit starren Wimperhaaren. 38 Zähne. — In Waldgegenden bis 2000 m; nicht häufig. Flug langsam, niedrig, meist spätabends. Langer Winterschlaf. △

Bartfledermaus, *Myótis mystacinus.* — KK 4,5 cm, S 4 cm, Sp 20 cm. Os dunkel graubraun; us blaß- bis dunkelgrau. Lang- und kraushaarig. Ohrmitte eingebuchtet, nach oben verschmälert, 4—6 Querfalten; Ohrdeckel lang, schmal, spitz. Oberlippe mit Bart. 38 Zähne. Sspitze ragt aus Flughaut. — An Waldrändern und trägen Gewässern bis 1200 m; selten. Flug niedrig, Abenddämmerung bis Morgengrauen, zuweilen auch tagsüber. Winterschlaf kurz und unterbrochen; meist einzeln. △

Wasserfledermaus, *Myótis daubentóni.* — KK 4,5 cm, S 3,5 cm, Sp 23 cm. Os rötlichgraubraun; us grauweiß; Ohren, Flughaut graubraun, Basis heller. Ohren klein, 4 Querfalten; Ohrdeckel gerade, Spitze leicht abgerundet. Flughaut bis Mitte der Fußsohle reichend. 38 Zähne. Sspitze ragt aus Flughaut. — An stehenden und langsam fließenden Gewässern bis 1300 m; häufig. Gesellig. Flug niedrig, kurz nach Sonnenuntergang. Winterschlaf Oktober—März. △

Riesenfledermaus, Großmausohr, *Myótis myótis.* — KK 7 cm, S 5 cm, Sp 38 cm. Os rotschwarzbraun; us grauweiß. Ohren (2,8 cm) nach vorn umgelegt, 7—10 Querfalten; Ohrdeckel spitz, fast gerade. 38 Zähne. Sspitze ragt aus Flughaut. — In Dörfern bis 1700 m. Flug langsam, unbeholfen, späte Nachtstunden. Winterschlaf bis Mai. △.

Kleinmausohr, *Myótis oxygnáthus.* — Ähnlich voriger Art. Ohren und Schnauze spitzer, kleiner (KK 6 cm, S 5 cm). — In Südtirol und der Südschweiz bis 2000 m. △

Hufeisennasen (Rhinolóphidae)

Nase mit hufeisenförmigem Besatz; dient als Ultraschall-Richtvisier. Kein Ohrdeckel. Jährlich 1(—2) Junge. 32 Zähne. Niedriger Flug bei Dunkelheit. Tagsüber und Winterschlaf in Felshöhlen, Dachböden, Kellern. Nahrung: Insekten.

Großhufeisennase, *Rhinólophus férrum-equinum.* — KK 6 cm, S 4 cm, Sp 35 cm. Os grau- (♂) bis rotbraun (♀); us grau. Ohren groß, am Außenrand unten eingebuchtet; Nasenbesatz ganzrandig, nicht gekerbt, bauchig gerundet. Flughaut bis kurz vor Fußwurzel reichend. — In bewaldetem Gebiet bis 2000 m, besonders in den S-Alpen, seltener in den N-Alpen. Winterschlaf bis Mai. △

Kleinhufeisennase, *Rhinólophus hipposidéros.* — KK 4 cm, S 3 cm, Sp 25 cm. Graubraun bis -weiß. Ohren klein, in eine Spitze ausgezogen; Nasenbesatz gezackt, verjüngt sich nach oben. Flughaut bis Ferse reichend. — Bis über 2000 m. Schnellerer Flügelschlag als vorige Art. Winterschlaf bis Mai. △

Igel (Erinacéidae)

Rücken mit etwa 2,5 cm langen Stacheln. Beine kurz; Sohlengänger. Vorder- und Hinterfüße 5-zehig. Losung: blauschwarz, walzenförmig, einige cm lang, dick.

Igel, *Erináceus europǽus.* — KK 25 cm, S 3,5 cm, SH 14 cm. Dunkelgraubraun. Ohren klein, rund. Schnauze spitz; 36 spitze Zähne. Geruch und Gehör gut. ♪ kri, schnüffelnd. — In Gehölzen, Hecken, an Waldrändern bis 2000 m; häufig. Vorwiegend Dämmerungs- und Nachttier. 1—2mal 2—7 Junge mit weißen, weichen Stacheln. Ab November Winterschlaf in Moos-, Gras- oder Laubnest unter Dickicht. Nahrung: Insekten, Würmer, Schnecken, Frösche, Schlangen, Eidechsen, Jungmäuse, gelegentlich Jungvögel, Eier, Pilze, Beeren, Fallobst. △

In den S-Alpen (Tessin): *E. e. itálicus* mit sehr heller Us. △

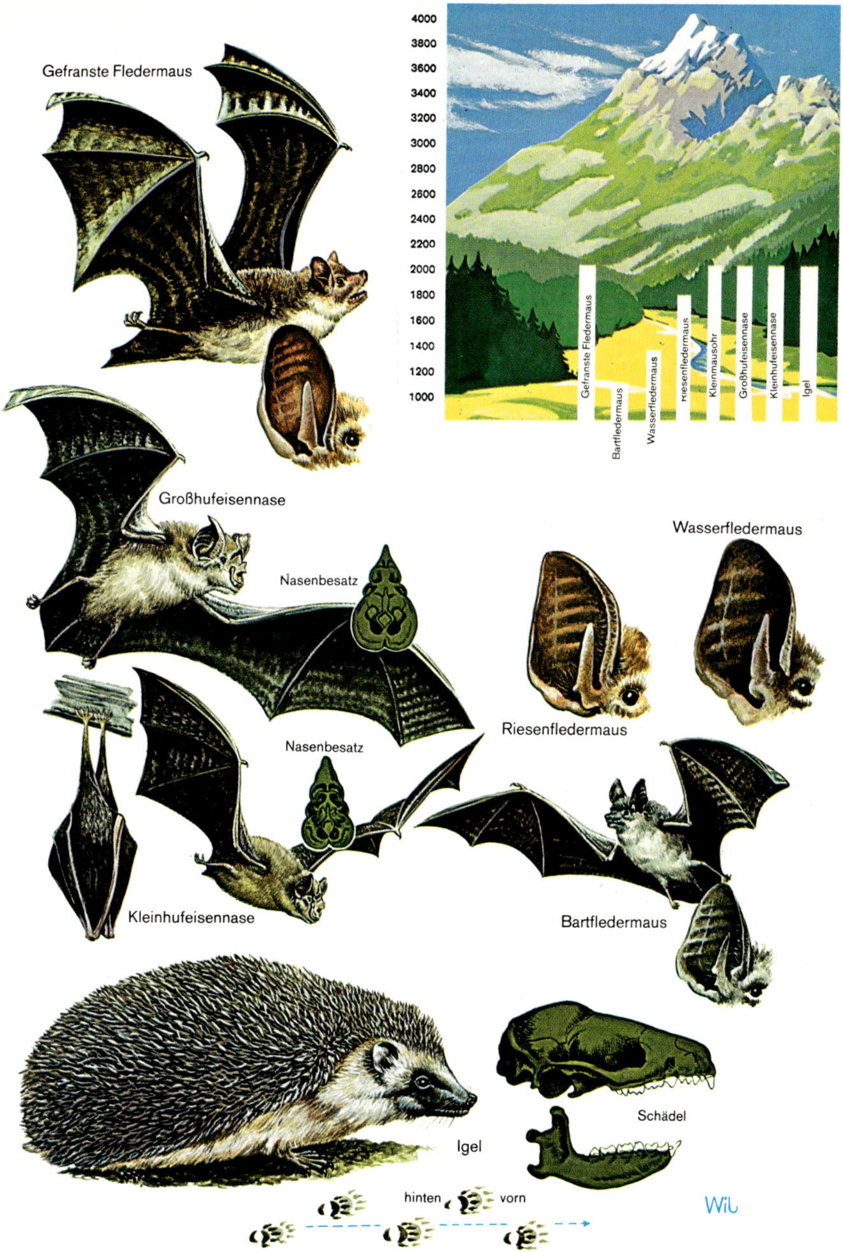

4000
3800
3600
3400
3200
3000
2800
2600
2400
2200
2000
1800
1600
1400
1200
1000
Gefranste Fledermaus
Bartfledermaus
Wasserfledermaus
Riesenfledermaus
Kleinmausohr
Großhufeisennase
Kleinhufeisennase
Igel
Gefranste Fledermaus
Großhufeisennase
Nasenbesatz
Wasserfledermaus
Riesenfledermaus
Nasenbesatz
Kleinhufeisennase
Bartfledermaus
Schädel
Igel
hinten
vorn
Wil

Maulwürfe (Tálpidae)

Walzenförmiger Körper. Wühlrüssel. 44 Zähne. Vorderfüße zu breiten Grabschaufeln umgebildet. Kein Winterschlaf.

Maulwurf, *Tálpa europǽa.* — KK 15 cm, S 2,5 cm, SH 5 cm. Samtartig grauschwarz; Rüsselspitze, Fußsohlen, Sspitze fleischfarben. Augen sehr klein; Schnauze lang. Füße 5-zehig. Geruchssinn ausgeprägt; klettert, schwimmt gut. ♪ piepsend oder schrill zeternd. — In lockeren, bewachsenen Böden bis 2400 m; häufig. Meist unterirdisch; verzweigte Röhren mit Laufgängen und Nestkammer (Kessel). April—Juni 2—7 Junge. Nahrung: Regenwürmer, Schnecken, Insektenlarven, Laufkäfer, kleine Wirbeltiere. — Weitere kleinere Formen in den Alpen und in der Südschweiz.

Spitzmäuse (Sorícidae)

Schnauze spitz. Vorder- und Hinterfüße 5-zehig. Flanken mit Stinkdrüsen, verbreiten bei Gefahr Moschusgeruch. Jungtiere folgen häufig der Mutter in langer Reihe, sich gegenseitig oberhalb der Schwanzwurzel festbeißend. Jährlich 2—3(4)mal 3—8(9) Junge. Kein Winterschlaf.

Wasserspitzmaus, *Néomys fódiens.* — KK 8 cm, S 6 cm. Os dunkelbraun bis schwarz, scharfe Trennung zur weißen oder gelblichen Us; kleiner weißer Fleck hinter dem Auge. Ohren im dichten Pelz versteckt. 30 Zähne, rotbraune Spitzen. Hfüße mit Schwimmborsten. S os kurz behaart, us Doppelreihe borstiger Haare. Schwimmt, taucht gut. ♪ lautes Trillern, Zwitschern, Kreischen. — An Bächen bis 2500 m; gesellig. Selbstgegrabene Röhren oder in Maulwurfs- und Mäusegängen; Ausgang stets ins Wasser. Nest: großer, fester Ballen aus Gras, Wurzeln, Moos. Nahrung: Wasserinsekten, Würmer, Weichtiere, Krebse, Lurche, kleine Fische, Vögel, Mäuse.
Sumpfspitzmaus, *Néomys anómalus* (= **Alpenwasserspitzmaus,** *Néomys milleri*). — KK 7,5 cm, S 5 cm. Os dunkelbraun; us weiß; kleiner weißer Fleck hinter dem Auge. Ohren sehr klein. 30 Zähne, rotbraune Spitzen. Hfüße mit kurzen Schwimmborsten. S gleichmäßig kurz behaart. — In hoch gelegenen Wäldern und nahe an Bächen bis 2000 m; selten. Nicht streng ans Wasser gebunden. Nahrung: Insekten, Würmer, Schnecken, Molche, Eidechsen, Mäuse.
Alpenspitzmaus, *Sórex alpínus.* — KK 7 cm, S 7 cm. Os bräunlich bis grauschwarz; us graubraun; S us weiß. Ohren im Pelz versteckt. 32 Zähne, rotbraune Spitzen. S gleichmäßig kurz behaart. — In hoch gelegenen Wäldern und nahe an Bächen bis 2500 m. Nahrung: Kerbtiere, Würmer, Schnecken und andere Kleintiere.
Zwergspitzmaus, *Sórex minútus.* — KK 5 cm, S 4 cm. Vom Rücken zum Bauch allmählicher Übergang graubraun-gelblich-grauweiß. Füße weiß. 32 Zähne, rotbraune Spitzen. Klettert, schwimmt gut. S dicht behaart. ♪ hell. — Im Gebüsch feuchter Wälder bis 1500 m, besonders in der Steiermark, in Tirol und Graubünden. Lebt in verlassenen Maulwurfs- und Mäusegängen. Nahrung: Mäuse, Würmer, Schnecken.
Waldspitzmaus, *Sórex aráneus ssp. tetragonúrus.* — KK 7,5 cm, S 4 cm. Vom Rücken zum Bauch allmählicher Übergang dunkelbraun-hellbraun-grauweiß. 32 Zähne, rotbraune Spitzen. S abgerundet, 4-kantig, kurz behaart. Läuft schnell, schwimmt gut. ♪ laut piepsend. Häufigste Spitzmausart! — Unter Gebüsch und Gestrüpp sowie an Gewässern bis 2000 m. In selbstgegrabenen oder Maulwurfs- und Mäusegängen. Nest: ballen- bis napfförmig aus Pflanzenstoffen unter Wurzeln und Mauerwerk. Nahrung: Mäuse, Kerbtiere, Würmer, Schnecken.

Bau
Nest
Maulwurf
Schädel
4000
3800
3600
3400
3200
3000
2800
2600
2400
2200
2000
1800
1600
1400
1200
1000
Maulwurf
Wasserspitzmaus
Sumpfspitzmaus
Alpenspitzmaus
Zwergspitzmaus
Waldspitzmaus
vorn hinten vorn vorn
Wasserspitzmaus
Schädel
Bau
Sumpfspitzmaus
Gebiß
Alpenspitzmaus
Gebiß
Waldspitzmaus
Zwergspitzmaus
Gebiß
Wil

Feldspitzmaus, *Crocidúra leucodon.* — KK 8 cm, S 3,5 cm. Os dunkelbraun, scharfe Trennung zur gelbweißen Us. Ohren überragen Fell; besonders S mit einzelnen langen Wimperhaaren. 28 weiße Zähne. ♪ kurzer, schriller Schrei, zih-zih. — In trockenem Gebüsch, Unterholz und an Waldrändern bis 1200 m. Grasnest mit hochgelegenem, seitlichem Eingang an geschützten Stellen. Nahrung: Insekten, Würmer, Schnecken.

Hausspitzmaus, *Crocidúra rússula.* — KK 8 cm, S 4 cm. Os graubraun (juv. schwarzgrau), allmählicher Übergang zur hellgrauen Us; Lippen, Füße braunweiß. Ohren überragen Fell. Fell mit einzelnen langen Wimperhaaren, besonders am Schwanz. 28 weiße Zähne. — In der Nähe menschlicher Siedlungen bis 1600 m in Gebüsch und an Waldrändern. Blätternest. Nahrung: Ungeziefer, Schnecken, Würmer, Mäuse.

Hasen (Lepóridae)

Ohren (Löffel), Hinterfüße (Läufe) sehr groß. Vorderfüße 5-, Hinterfüße 4-zehig. Nahrung: Gräser, Kräuter, Rinde.

Feldhase, *Lépus europæus.* — KK 65 cm, S 9 cm, SH 30 cm. Os braungelb bis -schwarz; us weißgrau; Ohren (bis 15 cm lang) mit breiter, schwarzer Spitze; S (Blume) os schwarz, us weiß. Augen (Seher) groß; Lippen tief gespalten, beweglich, mit Schnurrhaaren. 28 Zähne. — Bis 1600 m. Schnelle, springende Bewegungen und Hakenschlagen. Ungesellig, schreckhaft. Lager: flache Mulde (Sasse) in Wäldern, Strauchwerk, an Gräben im Windschutz. 3(—4)mal 1—5 Junge.

Alpenschneehase, *Lépus tímidus.* — KK 60 cm, S 6 cm. Sommerkleid: Os Kopf graubraun; us weißgrau; S weiß. Winterkleid: vollkommen weiß; Ohrspitzen schwarz. Zehen lang, weit spreizbar, mit steifen Haaren. — Über 1200—3400 m zwischen Steinen, Felsen und Alpenrosen. Äst nur in der Dämmerung. Lager in flachen Mulden unter Felsen im Windschutz 2(—3)mal 2—5(7) Junge.

Langschwanzmäuse (Múridae)

Schnauze spitz; Oberlippe gespalten; 16 Zähne mit Schmelzhöckern. Ohren überragen Pelz. Schwanz fast so lang oder länger als Körper, spärlich behaart, mit deutlichen Ringen. Vorderfüße 4-, Hinterfüße 5-zehig. Vorwiegend Dämmerungs- und Nachttiere. Kein Winterschlaf.

Wanderratte, *Ráttus norvégicus.* — KK 25 cm, S 20 cm. Os rötlichbraungelb, scharf abgesetzt gegen grauweiße Us; auch schwarze Form. Ohren nackt. 1. oberer Backenzahn 8-höckerig. S mit etwa 200 Ringen. Schwimmt, springt gut. — Meist in der Nähe menschlicher Siedlungen oder an Gewässern bis 1600 m; gesellig. Selbstgegrabene Baue mit Nest und Vorratskammern. 3—6mal 5—15 Junge. Allesfresser. Sehr schädlich!

Gelbhalsmaus, Große Waldmaus, *Apodémus flavicóllis ssp. alpinus.* — KK 9,5 cm, S 11,5 cm. Gelber Halsfleck oder -binde; os kastanienbraun, allmählicher Übergang zur dunkelgrau melierten Us; dunkler Fersenfleck. 1. oberer Backenzahn 9-höckerig. Ohren groß. S mit etwa 220 Ringen. Macht weite Sprünge, klettert gut. — In den N-Alpen (Allgäu, Berchtesgadener Land, Steiermark u. a. Orts) von 1000—2000 m in Felsspalten, Wühlmaus- und Maulwurfsgängen. 3mal 2—8 Junge.

Hausspitzmaus
Schädel
Feldspitzmaus
Schädel
4000
3800
3600
3400
3200
3000
2800
2600
2400
2200
2000
1800
1600
1400
1200
1000
Feldspitzmaus
Hausspitzmaus
Feldhase
Alpenschneehase
Wanderratte
Gelbhalsmaus
Alpenschneehase
Winter
Sommer
Fraßbild
hinten
Spur (hoppelnd)
vorn
Feldhase
1. oberer Backenzahn
Gelbhalsmaus
1. oberer Backenzahn
Wanderratte
Schmelzhöcker der Langschwanzmäuse
Losung
Wil

Wühlmäuse (Microtídae)

Schnauze stumpf; 16 Zähne mit Schmelzschlingen. Ohren klein. Schwanz kürzer als Körper, vollbehaart, mit deutlichen Ringen. Kein Winterschlaf.

Waldwühlmaus, Rötelmaus, *Evótomys (Clethriónomys) glaréolus.* — KK 10 cm, S 5 cm. Os (auch S) dunkelrotbraun; Seiten graubraun; us (auch S) grauweiß. Ohren behaart, nicht im Fell verborgen. Sspitze länger behaart als -wurzel. Flink; klettert, schwimmt gut. — In bewaldetem Gelände bis 2200 m, auch in Gebäuden. Zutraulich. Oberflächliche Gänge; Kugelnest aus Heu und Blättern. 3—4mal 3—5 Junge. Nahrung: Kerbtiere, Würmer, Wurzeln, Samen, Rinde. Schädlich!

Im Alpenraum mehrere Unterarten: **Alpenrötelmaus,** *E. gl. nágeri:* Größer (KK 13 cm, S 7 cm) und dunkler (grauschwarz) als vorige; westalpin. — *E. gl. rúttneri:* Os rotgelbbraun, Seiten graugelb, us weißlich; ostalpin. — *E. gl. itálicus:* heller und kleiner als die westalpine Form; am Brenner.

Kleinwühlmaus, Kurzohrmaus, Kleinäugige Erdmaus, *Pítymys subterráneus.* — KK 9 cm, S 3 cm. Os dunkelgraubraun; us weißlich; Füße weißgrau. Augen sehr klein. S nur dünn behaart. Flink; wühlt viel. — Auf feuchten Wiesen bis 2000 m; gesellig. Vorwiegend Nachttier. Nest aus Gras, Moos, Wurzeln. 2—3mal 2—3 Junge. — Mehrere Unterarten im Alpenraum.

Feldmaus, *Micrótus arvális.* — KK 10,5 cm, S 4 cm. Os gelbbraun; Seiten heller; us weißgrau. Ohren behaart, ragen etwas aus dem Pelz heraus; dieser glatt, kurzhaarig. Mittlerer oberer Backenzahn innen 2-, außen 3-zackig. Flink. — Auf Wiesen, in baumlosen Gegenden, seltener an Waldrändern bis 2300 m; gesellig. Vorwiegend Dämmerungs- und Nachttier. Baut Gänge mit 4—6 Eingängen, Nest- und Vorratskammern nahe der Oberfläche. Nest auch am Boden zwischen Gras und Moos. 3—7mal 4—12 Junge. Nahrung: Körner, Beeren, Obst, Nüsse, Eicheln. Sehr schädlich!

Erdmaus, *Micrótus agréstis.* — KK 12 cm, S 3,5 cm. Os (auch S) dunkelgraubraun; Seiten heller; us (auch S) weißgrau. Ohren außen schwach behaart. Pelz langhaarig, rauh. Mittlerer oberer Backenzahn innen und außen 3-zackig. Flink. — Auf Almwiesen und lichtem Waldland bis 2000 m; gesellig. Baut Gänge flach unter die Erde. Kugeliges Grasnest, meist oberirdisch. 3—4mal 4—7 Junge.

Schneemaus, Alpenwühlmaus, *Micrótus nivális.* — KK 13 cm, S 6 cm. Os grau; us grauweiß; S, Füße weiß. Ohren abgerundet. Hinterer oberer Backenzahn innen und außen 3-zackig. Pelz dicht, weich, lang. Klettert, springt gut. — Auf sonnenbeschienenen Matten, zwischen Alpenrosen oder Geröll, auch in Hütten von 1000—3000 m (Nebelhorn, Zugspitze, Karwendel, Berchtesgadener Alpen, Großglockner, Ötztal, Piz Bernina, Säntis). Vorwiegend Tagtier, läuft mit gehobenem S. Höchstlebendes Säugetier der Alpen! Oberflächlicher Erdbau, verzweigte Röhren; Eingang unter vorspringenden Steinen, Sessel ausgepolstert mit Heu. 2mal 2—7 Junge. Nahrung: Kräuter, Gras, Wurzeln, gelegentlich tierische Kost.

Alpenschermaus, *Arvícola schérman ssp. éxitus.* — KK 15 cm, S 6 cm. Os braun bis gelbgrau; Mittellinie dunkler; Seiten ockerfarben; us grau; S gelbgrau oder zweifarbig. — Auf sehr trockenem Gelände bis 1300 m in den W-Alpen bis Tirol und Oberdonau. 2—3mal 2—6 Junge. Nahrung: vor allem Pflanzenwurzeln.

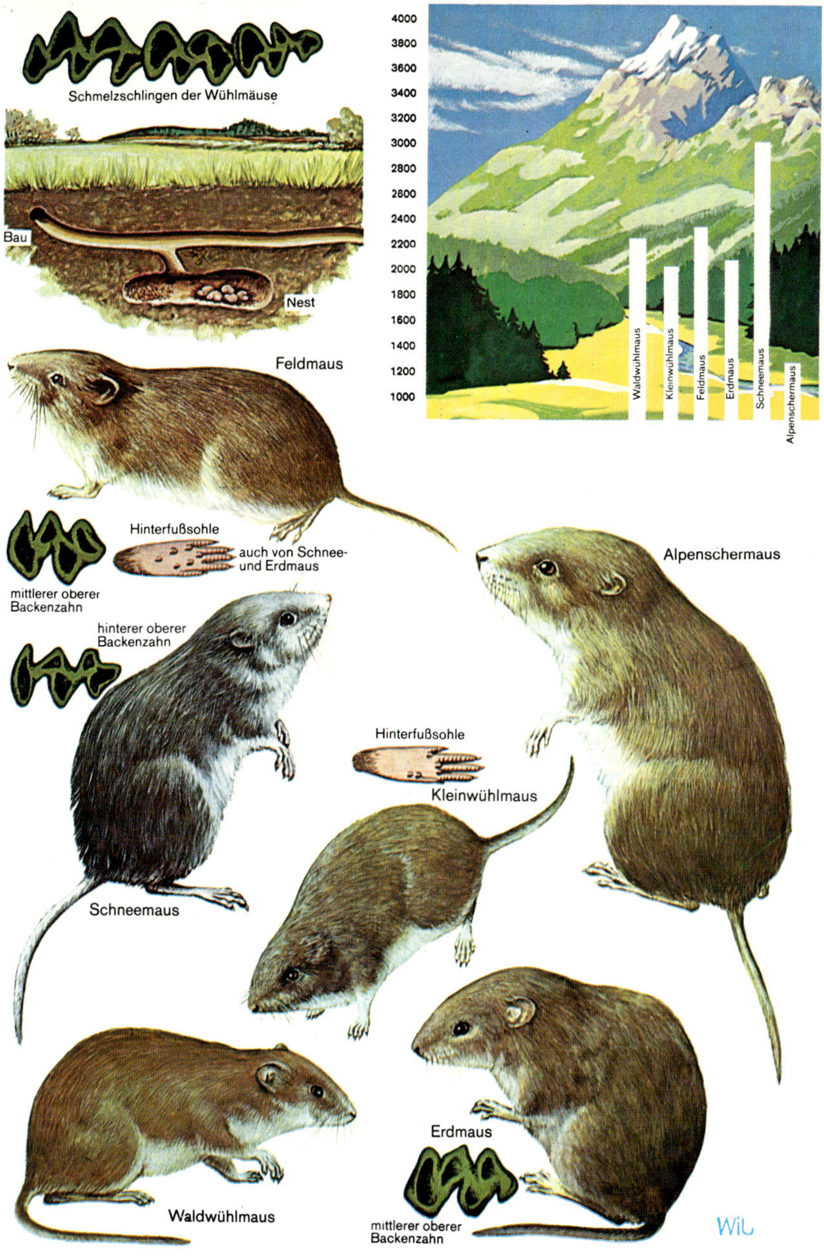
Schmelzschlingen der Wühlmäuse
Bau
Nest
4000
3800
3600
3400
3200
3000
2800
2600
2400
2200
2000
1800
1600
1400
1200
1000
Waldwühlmaus
Kleinwühlmaus
Feldmaus
Erdmaus
Schneemaus
Alpenschermaus
Feldmaus
Hinterfußsohle
auch von Schnee- und Erdmaus
mittlerer oberer Backenzahn
hinterer oberer Backenzahn
Alpenschermaus
Hinterfußsohle
Kleinwühlmaus
Schneemaus
Erdmaus
Waldwühlmaus
mittlerer oberer Backenzahn

Schläfer, Bilche (Muscardínidae)

Nagetiere. 20 Zähne (Oberkiefer mit 4 Backenzähnen). Ohren fast unbehaart. Schwanz lang, buschig behaart. Vorderfüße 4-, Hinterfüße 5-zehig. Klettert und springt gewandt. Vorwiegend Dämmerungs- und Nachttier. Jährlich 1(—2)mal 2—7 Junge. Hauptsächlich Pflanzenfresser (Knospen, junges Laub, Rinde, Obst, Beeren, Eicheln, Bucheckern, Haselnüsse), aber auch tierische Kost (Insekten, Spinnen, Asseln, Schnekken, Vogeleier, Jungvögel, kleine Wirbeltiere). Oberirdisches Kugelnest. Winterschlaf in Erdlöchern, Nestern, Fels- und Baumhöhlen, teilweise auch in Gebäuden.

Gartenschläfer, *Eliomys quercínus.* — KK 13 cm, S 11 cm. Schwarzer Augenring, sich als Streifen bis hinter das Ohr fortsetzend; os, Swurzel rostbraun, scharf abgesetzte Us weiß; Sspitze os schwarz, us weiß; vor und hinter dem Ohr weißer, über dem Ohr schwarzer Fleck; juv. os graubraun. Ohren groß. Nur Sspitze länger buschig behaart. — Überall, aber besonders an Südhängen in den Zentral- und O-Alpen in lichten Wäldern und an buschreichen Waldrändern bis 2000 m; ungesellig. △, soweit Auftreten nicht allzu häufig.

Haselmaus, Haselschläfer, *Muscardínus avellanárius.* — KK 8 cm, S 7 cm. Os gelblichrot; us etwas heller; Kehle, Brust, Füße weiß. Augen groß, vorstehend. Ohren klein, abgerundet. S gleichmäßig buschig behaart, jedoch schwach. Kleinste Bilchart! — In buschreichem Gelände bis 1500 m. △

Tiroler Baumschläfer, *Drýomys nitédula ssp. intermédius.* — KK 10 cm, S 9 cm. Os grau bis gelbbraun; Oberlippe, Wange und us scharf abgesetzt weiß; schwarzer Augenring, bis vor Auge und Ohr reichend; S os dunkelbraun bis grau, us weißgrau, Spitze rostfarben, gleichmäßig buschig behaart. — In lichten, unterholzreichen Wäldern bis 1300 m im Engadin, in Tirol und den O-Alpen (Steiermark, Salzkammergut). △

Siebenschläfer, *Glis glis.* — KK 16 cm, S 13 cm. Os grau; us weiß; dunkler Augenring. S gleichmäßig buschig behaart. — In hohen Laub- und Mischwäldern, besonders in der Steiermark bis 1100 m. 7-monatiger Winterschlaf ab Oktober (Name!). Schädlich in Obstgärten („Schläferringelung")! △

Hörnchen (Sciúridae)

Nagetiere. 22 Zähne (Oberkiefer mit 5 Backenzähnen). Ohren behaart. Vorderfüße 4-, Hinterfüße 5-zehig. Schwanz buschig behaart. Vorwiegend Tagtiere.

Eichhörnchen, *Sciúrus vulgáris.* — KK 21 cm, S 18 cm. Os braunschwarz oder schwarz; us weiß. Ohren groß, im Winter Spitzen mit Haarbüscheln. S lang, dient als „Steuer". ♪ djuk-djuk, bei Ärger Murren. — Überall bis 2100 m; selten gesellig. Kugelnest (Kobel) aus Zweigen, meist dicht am Hauptstamm. 2—5mal 3—7 Junge. Nahrung: Fichtensamen, Knospen, Rinde, Beeren, Pilze, Vogeleier, Jungvögel. Kein Winterschlaf. Losung: kugelig, ⌀ wenige mm.

Murmeltier, *Marmóta marmóta.* — KK 54 cm, S 15 cm. Os graubraun, Kopf stellenweise schwarz; us heller. Ohren, S, Beine kurz. Zähne braunrot. ♪ schriller, pfeifender Warnruf. — Auf sonnigen Hängen von 1000—3000 m, besonders im Allgäu, Berchtesgadener Land und den S-Alpen; meist kolonieweise. Watschelnder Gang; oft auf den Hbeinen sitzend. Winterbaue: Bis 10 m lang, mit Wohnhöhle (bis 3 m Tiefe; Kessel mit Heu gepolstert). Sommerbaue: Nur bis 5 m lang. Juni—Juli 2—4(8) Junge. Langer Winterschlaf. Nahrung: Kräuter, Wurzeln. △

Fraßbild
Eichhörnchen
4000
3800
3600
3400
3200
3000
2800
2600
2400
2200
2000
1800
1600
1400
1200
1000
Gartenschläfer
Haselmaus
Tiroler Baumschläfer
Siebenschläfer
Eichhörnchen
Murmeltier
Siebenschläfer
Fraßbild
Gartenschläfer
Haselmaus
Tiroler Baumschläfer
Murmeltier

Bären (Úrsidae)

Braunbär, *Úrsus árctos.* — KK 2 m, S 10 cm, SH 1 m. Hell- bis dunkelbraun; juv. mit weißem Halsring. Kleiner Höcker am Widerrist. Sohlengänger. — Standwild (3 Stück, darunter ein erwachsenes Paar) am Ostrand der Brentagruppe (im westl. Trentino) über 1500 m. Vorwiegend Dämmerungs- und Nachttier. Dezember bis Februar 2(—4) Junge. Furchtsam, greift Menschen nur in Notwehr an. Winterruhe. Allesfresser. △

Hunde (Cánidae)

Rotfuchs, *Vúlpes vúlpes.* — KK 70 cm, S 40 cm, SH 35 cm. Os rotgelb bis braun; us, Sspitze (Lunte) weiß; Ohren (Lauscher) außen und Vseite der Pfoten schwarz; juv. (Welpen) grau. 42 Zähne. S dickbuschig. ♪ Bellen, Kreischen, Fauchen. — In Wäldern und Gebüschen bis 2500 m; häufig. Tiefe, weitverzweigte Röhren, meist mehrere Eingänge (oft gekennzeichnet durch verstreut liegende Federn und Knochen), eine Vorratskammer und tiefer liegender Wohnkessel. April—Mai 3—6(12) Junge. Vorwiegend Dämmerungs- und Nachttier. Zehengänger, Krallen nicht einziehbar. Nahrung: vor allem Mäuse. Losung: eiförmig, leicht zugespitzt.

Marder (Mustélidae)

Ohren klein, rundlich. Vorder- und Hinterfüße 5-zehig. Stinkdrüsen am After.

Fischotter, Otter, *Lútra lútra.* — KK 80 cm, S 45 cm, SH 30 cm. Os dunkelbraun glänzend; us heller; Kopfseiten, Vorderhals graubraun. Langgestreckt. Schnauze breit; 36 Zähne. Fell kurz anliegend. Füße kurz, mit Schwimmhäuten. Swurzel dick. — An Gewässern bis 2500 m; selten; scheu. Lager: Baum- und Uferhöhlen; Uferbau: Eingang unter Wasser (Otterstiege), Luftröhre nach oben, Kessel oberhalb Wasserspiegel. Vorwiegend Dämmerungs- und Nachttier. Schwimmt, taucht sehr gut. April—Juni 2—4 Junge. Nahrung: Fische, Krebse, Frösche, Wasserratten, Vögel. Losung: walzenförmig, tranig riechend, mit Fischgräten und Schuppen durchsetzt. △

Dachs, *Méles méles.* — KK 70 cm, S 18 cm, SH 30 cm. Kopf weiß; breiter schwarzer Streifen über Augen und Ohren; os grauweiß-schwarz; us, Läufe schwarzbraun; juv. anfangs weiß. Schnauze lang; 38 (36) Zähne. Pelz grob. Beine kurz. Vläufe mit langen, schwach gebogenen, nicht zurückziehbaren Grabkrallen. Sohlen nackt. ♪ Fauchen, Grunzen. — In Wäldern bis 2000 m; selten. Baue mit mehreren Eingängen, Luftröhren und tief liegendem Kessel. Januar—April 3—5 Junge. Vorwiegend Dämmerungs- und Nachttier. Sohlengänger. Allesfresser. Losung: breiig oder walzenförmig.

Baummarder, Edelmarder, *Mártes mártes.* — KK 45 cm, S 25 cm, SH 15 cm. Gelbbraun; Kehlfleck gelblich, kaum gegabelt. Schlanker, längere Beine als folgende Art. 38 Zähne. Sohlen behaart. Springt, klettert gut. — Ausgesprochener Waldbewohner bis 2000 m; selten; scheu. Unterschlupf in Baum- und Spechthöhlen, Eichhornkobeln, Greifvogelhorsten, Felsspalten. März—April 3—5 Junge. Halbsohlengänger. Nahrung: Obst, Insekten, Vögel, Mäuse, Eichhörnchen u. a. kleine Wirbeltiere. Losung: walzenförmig, hat Moschusgeruch.

Steinmarder, Hausmarder, *Mártes foina.* — KK 44 cm, S 25 cm, SH 12 cm. Plumper als vorige Art. Graubraun; Kehlfleck weiß, bis Mitte der Vläufe gegabelt. 38 Zähne. Sohlen unbehaart. — In der Nähe menschlicher Siedlungen (Almhütten usw.) bis 2000 m; meist nicht im Wald, höchstens an den gestrüppreicheren Rändern. Vorwiegend Dämmerungs- und Nachttier. Springt viel und weit. Unterschlupf in Baumhöhlen, Steinhaufen. April—Mai 3—5 Junge. Nahrung: wie vorige Art, aber mehr Geflügel. Losung: walzenförmig, oft mit Kirschkernen, unangenehm riechend.

hinten
Schrittspur
vorn
Braunbär
4000
3800
3600
3400
3200
3000
2800
2600
2400
2200
2000
1800
1600
1400
1200
1000
Braunbär
Rotfuchs
Fischotter
Dachs
Baummarder
Steinmarder
Spur (schnürend)
Rotfuchs
Schrittspur
vorn
hinten
Kessel
Losung
Fischotter
Dachs
Baummarder
hinten
Spur
vorn
hinten
vorn
Steinmarder
Bau
Kessel
Wil

Iltis, Ratz, *Mustéla putórius.* — KK 40 cm, S 18 cm. Os, Beine, Rute dunkelbraun; Seiten gelbraun; Kehle, us schwarzbraun; Lippen, Kopfseiten, Kinn weißlich; juv. fast weiß. 34 Zähne. Körper gestreckt. Schwimmt gut. Bewegungen gewandt, mit gekrümmtem Rücken. — In deckungsreichem Gelände und an Bachläufen in der Nähe menschlicher Siedlungen bis 2000 m; ungesellig. Lebt im Sommer versteckt in Erdlöchern (u. a. Fuchs-, Kaninchenbauen), im Winter in Gebäuden (Hütten, Scheunen, Ställen). Vorwiegend Dämmerungs- und Nachttier. Mai 4—7 Junge. Nahrung: Geflügel, deren Eier, Würmer, Käfer, Kleinsäuger. Losung: dünnflüssig, teerartig.

Hermelin, Großes Wiesel, *Mustéla erminea.* — KK 25 cm, S 9 cm. Os rotbraun; us scharf abgesetzt gelbweiß. Winter: weiß, Sspitze stets schwarz. Körper zierlich, langgestreckt. 34 Zähne. Beine kurz, scharfe Krallen. S ziemlich lang. Läuft, klettert, schwimmt gewandt. ♪ trillernd, bei Gefahr kri-kri. — In wald- und deckungsreichem Gelände bis 3000 m in Gebäudenähe. Unterschlupf in Felsspalten, Steinhaufen, Löchern, im Winter oft in Almhütten. Vorwiegend Dämmerungs- und Nachttier, auch tags unterwegs. Mai 4—7 Junge. Nahrung: Kleinsäuger (besonders Mäuse), Kriechtiere, Vögel und deren Eier. — Unterart: **Zwerghermelin,** *Mustéla erminea ssp. minima.* — KK 20 cm, S 10 cm. Im Hochgebirge der Zentral- und W-Alpen.

Mauswiesel, Kleines Wiesel, Heermännchen, *Mustéla nivális.* — KK ♂ 23 cm, ♀ 19 cm, S ♂ 6 cm, ♀ 5 cm. Os, S, Füße, Zehen rotbraun; us weißgelb; Grenzlinie os/us meist unregelmäßig; am Mundwinkel brauner Fleck. Sspitze dunkel. In den Hochalpen im Winter weiß. Körper langgestreckt. 34 Zähne. S kurz. — In deckungsreichem, trockenem Gelände bis 3000 m. Unterschlupf und Nahrung ähnlich Hermelin. Vorwiegend Dämmerungs- und Nachttier, aber auch tagsüber unterwegs. 5—7 Junge. Das kleinere **Zwergwiesel,** *Mustéla minúta,* kann nach neueren Untersuchungen kaum als eigene Art mehr angesprochen werden.

Schweine (Súidae)

Wildschwein, *Sús scrófa.* — KK 140 cm, S 18 cm, SH 1 m. Schwarzgrau. Juv. (Frischling) braungelb längsgestreift. Winterhaar borstig, besonders am Rückenkamm (liefert den „Saubart"). Eckzähne verlängert, besonders untere scharf und spitz (Gewehre), obere — nach oben gebogen — schwächer (Haderer). ♀ (Bache) mit kleineren, selten herausstehenden Eckzähnen (Haken). Schnauze: knorpelige Rüsselscheibe. 44 Zähne. S dünn. ♪ Grunzen. — In dichten, feuchten Wäldern bis 1800 m. Als Standwild in freier Wildbahn im Leithagebirge sowie im Bachergebirge. Vorwiegend Dämmerungs- und Nachttier; ungestört, auch tagsüber auf Nahrungssuche. Alte Keiler (♂♂) einzeln, ♀♀ und Jungtiere in Rotten. 1(2)mal 3—10 Junge. Allesfresser. Losung breiig-dick; große, unregelmäßige Klumpen.

Horntiere (Bóvidae)

♂ stets, ♀ meist mit Hörnern; diese sind hohl, sitzen auf kegelförmigen Stirnzapfen und werden nicht abgeworfen.

Mufflon, *Óvis músimon.* — KK 120 cm, S 5 cm, SH 70 cm. ♂ os dunkel- bis rotbraun, Kopf graubraun; us, Läufe weißlich; S os braun, us weißlich; Flanken: weißgrauer Sattelfleck. ♀ fahlbraun. Gehörn des ♂ schneckenförmig (bis 80 cm lang, 5 kg schwer), an der Wurzel von vorn nach hinten zusammengedrückt, beim ♀ fehlend oder klein (5—6 cm lang) wie bei Jungböcken. Sieht und springt gut. ♪ ähnlich Hausschaf, bei Schreck schriller Pfiff. — Ursprünglich in Korsika und Sardinien. Jetzt vielerorts eingebürgert. Liebt trockenen, steinigen Waldboden bis 2000 m; abends zum Äsen auf Bergwiesen. Meist in Rudeln (ca. 25 Stück) unter Führung eines Altschafes. März—April 1—2 Junge. Nahrung: Harte Gräser, Kräuter, Laub, Knospen, Eicheln, Bucheckern.

Iltis
Mauswiesel
4000
3800
3600
3400
3200
3000
2800
2600
2400
2200
2000
1800
1600
1400
1200
1000
Iltis
Hermelin
Mauswiesel
Wildschwein
Mufflon
Winter
Hermelin
Sommer
Mufflon
♀
♂
♀
Fährte (ziehend)
♂
Losung
Wildschwein
Wil

Gemse, Gams, *Rupicapra rupicapra.* — KK 120 cm, S 4 cm, SH 75 cm. Sommer: Os rotbraun, Rückenstrich schwarz (Aalstrich), us gelblichrot. Winter: Os dunkelbraun, us weiß. Kopf gelblichweiß; breiter, brauner Augenstreifen bis Mundwinkel. Hörner (Krickel, Krucken) ca. 25 cm (♀ kleiner), steil stehend, rund, an der Wurzel geringelt, Spitze hakig, nach hinten gebogen; hinter den Hörnern Drüse (Brunftfeige, Viole). Rückenmähne im Winter mit bis 20 cm langen Haaren (Gamsbart). Kräftige Beine, 2 stark spreizbare Zehen. Klettert, springt gut. ♪ schriller nasaler Warnpfiff, Meckern. — An steilen Hängen und Felsen von 1200—3200 m, vor allem im Unterengadin, Berner und Walliser Alpen, Karwendel, Berchtesgadener und Salzburger Land, in der Steiermark und Kärnten. Vorwiegend Tagtier. Meist in Rudeln (20 Stück und mehr). Mai 1—2 Junge. Nahrung: Kräuter, Moose, Flechten, Knospen. Losung: ähnlich Ziege. Bekannteste Krankheit: Gamsräude; hervorgerufen durch Milben.

Alpensteinbock, *Cápra íbex.* — KK 140 cm, S 15 cm, SH 85 cm. Os rötlich- bis gelblichbraun; us, Aftergegend weiß. ♂ mit (bis 1 m) langem, bis 15 kg schwerem Gehörn; ♀ (Steingeiß) mit kurzem (bis 20 cm) Gehörn; (bis 24) starke Querwülste. Alte Böcke: Kinnbart, kurze Nackenmähne. Sieht ausgezeichnet; klettert, springt besser als Gemse. ♪ Meckern, schriller Warnpfiff. — Oberhalb 2000 m bis zur Schneegrenze, besonders an sonnigen Südhängen. Lebensraum höher als der der Gemse. Wild nur im Gran Paradiso (Grajische Alpen), wieder ausgesetzt im Schweizer Nationalpark in Graubünden und an verschiedenen Orten der Schweizer und Österreichischen sowie Berchtesgadener Alpen. Tagtier; scheu; außer alten ♂♂ in Rudeln. Juni 1—2 Junge. Nahrung: Kräuter, Knospen, Flechten, Moose; Belecken salzhaltigen Gesteins. △

Hirsche (Cérvidae)

♂ mit Geweih; dieses nicht hohl, oft verzweigt, wird alljährlich abgeworfen. 32—34 Zähne.

Reh, *Capréolus capréolus.* — KK 110 cm, S 2 cm, SH 70 cm. Sommer: Os rotgelb; us heller, Aftergegend gelbweiß (Spiegel). Winter: Graubraun, Spiegel weiß. Juv. rotgelbbraun, hell gefleckt. „Gehörn" des ♂ mit bis zu 6 (8) Enden. S unsichtbar. Läuft, springt (bis 4 m) gewandt. ♪ böh-böh; ♀ (Ricke) bäu-bäu, Fiepen. — In gebüschreichen Laub- und Mischwäldern, nicht so hoch ansteigend wie Rothirsch. Tag- und Nachttier. Familienweise auftretend (bis 10, winters 30 Stück und mehr); alte Böcke ungesellig. Mai—Juni 1—2 Junge. Nahrung: Blätter, Knospen, Beeren, Kräuter, Pilze u. ä. Losung: beerenartig.

Rothirsch, Edelhirsch, *Cérvus élaphus.* — KK 2 m, S 14 cm, SH 120 cm (Hirschkuh kleiner). Sommer: rotbraun. Winter: graubraun, Spiegel hellgelb. Juv. (Kalb) mit runden, weißgelben Flecken. ♂ Halsmähne; rundes Geweih jährlich zunehmend, vielsprossig (bis 16 Enden und mehr; Geweihstärke bei überalterten Hirschen abnehmend). S sichtbar. ♪ Röhren während der Brunft (September—Oktober), ♂ ööhhraa. — In großen Wäldern bis 2000 m und knapp darüber (Almen, Triften). Vorwiegend Dämmerungs- und Nachttier. In Rudeln unter Führung eines Alttieres nach Geschlechtern getrennt, außer in der Brunftzeit; alte Hirsche einzeln. Mai—Juni 1(—2) Junge. Nahrung: Knospen, Kräuter, Buchecken, Eicheln, Feldfrüchte u. a. Losung: länglich, rund.

Alpensteinbock
Fährte
♂
♀
4000
3800
3600
3400
3200
3000
2800
2600
2400
2200
2000
1800
1600
1400
1200
1000
Gemse
Alpensteinbock
Reh
Rothirsch
Fährte (ziehend)
Gemse
Winter
Rothirsch
♂
Reh
Fährte (ziehend)
♂
♀
vorn
hinten
Fährte (ziehend)
♂
Winter

LITERATUR

Die folgende Zusammenstellung soll und kann nur eine kleine Auswahl von Nachschlagwerken sein, welche die in diesem Buch gemachten Angaben ergänzen werden. Insbesondere sei hier auch auf die entsprechenden weiteren KOSMOS-Naturführer und die KOSMOS-Langspielplatten „Stimmen einheimischer Vögel" hingewiesen.

VAN DEN BRINK, F. H. (1972): Die Säugetiere Europas. 2. Aufl. Hamburg und Berlin (Verlag Paul Parey).

BROHMER, P. (1971): Fauna von Deutschland. 11. Aufl. Heidelberg (Verlag Quelle & Meyer).

ELLENBERG, H. (1963): Vegetation Mitteleuropas mit den Alpen. Stuttgart (Verlag Eugen Ulmer).

FORCART, L. (1947): Schnecken und Muscheln. Bern (Verlag Hallwag).

FRANKE, H. (1955): Alpenvögel. Wien (Franz Deuticke).

FROMMHOLD, E. (1959): Wir bestimmen Lurche und Kriechtiere Mitteleuropas. Radebeul (Neuman Verlag).

GARMS, H. (1970): Pflanzen und Tiere Europas. 4. Aufl. Braunschweig (Georg Westermann Verlag).

GEYER, D. (1927): Unsere Land- und Süßwasser-Mollusken. Stuttgart (K. G. Lutz Verlag).

GRAFF, O. (1953): Die Regenwürmer Deutschlands. Schriftenreihe der Forschungsanstalt für Landwirtschaft Braunschweig-Völkenrode, H. 7. Hannover (Verlag Schaper).

GUGGISBERG, C. A. W. (1954/1955): Das Tierleben der Alpen. 2 Bände. Bern (Verlag Hallwag).

HEGI, G. (1924/1964): Illustrierte Flora von Mitteleuropa. München (Verlag Carl Hanser).

HEGI, G. (1963): Alpenflora. 20. Aufl. München (Verlag Carl Hanser).

JAHRBÜCHER DES VEREINS ZUM SCHUTZE DER ALPENPFLANZEN UND -TIERE. München (Selbstverlag des Vereins).

OBERDORFER, E. (1970): Pflanzensoziologische Exkursionsflora für Süddeutschland und die angrenzenden Gebiete. 3. Aufl. Stuttgart (Verlag Eugen Ulmer).

PETERSON, R., G. MOUNTFORT und P. A. D. HOLLOM (1970): Die Vögel Europas. 9. Aufl. Hamburg und Berlin (Verlag Paul Parey).

PITSCHMANN, H., H. REISIGL und H. SCHIECHTL (1965): Flora der Südalpen. 2. Aufl. Stuttgart (Gustav Fischer Verlag).

ROTHMALER, W. (1963): Excursionsflora von Deutschland. Berlin (Volk und Wissen).

SCHMEIL, O., und J. FITSCHEN (1968): Flora von Deutschland und seinen angrenzenden Gebieten. 84. Aufl. Heidelberg (Verlag Quelle & Meyer).

VERZEICHNIS DER ARTEN

Die Zahlen bezeichnen die Seiten, auf denen die Arten näher beschrieben sind. Die dazugehörigen Abbildungen befinden sich ausschließlich auf der gegenüberliegenden Seite.

ES IST SCHON MEHR ALS 40 JAHRE HER —

in einer schmalen Bude in der Hartmannstraße in Görlitz, die außer Tisch, Stuhl, Bett und Bücherbord kaum etwas anderes aufweist, sitzt ein junger Student. Er arbeitet an der Verwirklichung eines Planes, den er seit Jahren mit sich herumtrug, den er beim Botanisieren immer wieder überlegt und geprüft hat, der viel Kenntnisse, viel Geduld und sorgsame Überlegung erfordert. Es soll ein botanisches Bestimmungsbuch entstehen für Laien, für Leute, welche die Natur lieben und die zunächst die Systematik ängstigt.

Vielleicht konnte nur gerade er — Alois Kosch — auf den einfachen und deshalb richtigen Gedanken kommen, den Laien-Führer zum Pflanzenbestimmen nach der Blütenfarbe zu ordnen. Er, der Autodidakt von einst, Volksschüler, Drogisten-Lehrling und jetzt endlich Student der Medizin, hat den Weg erlebt, der, von dem rein äußerlichen Kennzeichen der Blütenfarbe ausgehend, dann Schritt für Schritt die Einzelmerkmale prüfend, zur Bestimmung der Art führt; dann erst hat er die wissenschaftlich exakte Eingliederung nach Art, Gattung und Familie erfahren und erlernt. Der offene Blick und die schlichte Frage „Was blüht denn da?" sind die Wurzeln des Erkenntnisdranges und der Erkenntnis, deren krönende Zusammenfassung das wissenschaftliche „System" bildet. Nur ein Mann, der den Weg von den Anfängen bis zum Ziel an sich selber erlebt hat, konnte ihn für andere weisen, konnte Idee und Gestalt für die „Kosmos-Naturführer" finden.

Heute sind der Name von Alois Kosch und die Grundidee der „Kosmos-Naturführer" ein Begriff für alle, die Geschöpfe, Lebewesen und Formen der Natur kennenlernen und richtig bestimmen möchten: für Eltern, die ihren Kindern die Wunder der Schöpfung zeigen — für Lehrer und Schüler, die „Kosmos-Naturführer" im Unterricht, bei Lerngängen, im Landschulheim zu Rate ziehen — für die Studierenden der Fach- und Hochschulen — für Naturfreunde und alle, die ein Auge haben für Blumen und Tiere, für Steine und Sterne, die ihnen daheim oder unterwegs, bei der Arbeit oder im Urlaub begegnen.

In Millionen Exemplaren sind die reich und fast durchweg auch farbig illustrierten „Kosmos-Naturführer" bis heute allein in Deutschland verbreitet, und viele Bände sind auch im benachbarten Ausland, in holländischer und französischer, in englischer, in italienischer, in tschechischer Sprache, erschienen:

Was blüht denn da?, der Führer zum Bestimmen von wildwachsenden Blütenpflanzen Mitteleuropas in der von Dr. Dietmar Aichele neu verfaßten und von Marianne Golte-Bechtle farbig illustrierten Neuauflage. — *Welcher Baum ist das?*, neu in Farbe, der Band, der die Bäume und Sträucher, Zier- und Nutzgewächse mit den besonderen Merkmalen von Stamm, Blatt, Blüte, Frucht nennt und auch die Winterknospen im Bilde zeigt. — Der Band *Unsere Gräser* charakterisiert die Grasarten präzis in Wort und Bild. — *Was wächst und blüht in meinem Garten?*, ein Ratgeber zum Bestimmen, zum Pflanzen und Pflegen der Blütenpflanzen im Garten. — *Der Große Naturführer*, der ideale Begleiter für jeden Naturfreund. Über 1000 Tiere und Pflanzen lassen sich rasch und sicher bestimmen. — *Welche Heilpflanze ist das?* verhilft dazu, Merkmale, Sammelgut, Anwendung der einheimischen Heil- und Giftpflanzen richtig kennenzulernen. — *Pilze Mitteleuropas*, das Farbtafelwerk mit 80 lebensechten Bildern enthält zuverlässige Angaben zum Bestimmen, Sammeln, Verwerten. — *Unsere Moos- und Farnpflanzen* gibt über Bau, Lebensweise, Bestimmung der Moose, Farne, Bärlappe, Schachtelhalme Auskunft.

Weitere „Kosmos-Naturführer" sind in jeder Buchhandlung vorrätig. Ausführliche Prospekte erhalten Sie vom Verlag. — Die Mitglieder des KOSMOS (das sind die Abonnenten der Kosmos-Monatshefte) erhalten die Kosmos-Naturführer zum ermäßigten Mitgliedspreis. Über weitere Vorteile der Kosmos-Mitglieder unterrichtet Sie die Informationsschrift P 850, die Sie auf Anforderung vom Verlag erhalten.

Der Kosmos-Steinführer

Wooley/Bishop/Hamilton

Zum erstenmal in einem Band wird in diesem Kosmos-Führer ausführlich über Minerale, Gesteine und Versteinerungen berichtet. Durch die Gegenüberstellung von Text und Bild wird eine genaue Bestimmung von 834 brillant fotografierten Objekten möglich. Dieses einzigartige Bestimmungsbuch gehört in die Hand aller Steinfreunde. 2. Auflage.
320 Seiten, 370 Strich-Zeichnungen, 834 Objekte in Farbe, 8 Tabellen, eine geologische Zeittafel, kart.

Geologie

Karl Beurlen

Professor Dr. Karl Beurlen stellt in diesem Band die Geschichte der Erde und des Lebens dar. Dabei geht er von Landschaften aus, die jedermann kennt oder doch leicht erreichen und erwandern kann. Er zeigt, was wir in unserer engeren oder weiteren Heimat vom Ablauf geologischen Geschehens selbst beobachten – und wie wir bei jeder Autofahrt und jedem Spaziergang Einblicke in die Vergangenheit der Erde gewinnen können. 2. Auflage.
318 Seiten, 158 ein- und zweifarbige Zeichnungen, 65 SW-Fotos, 22 Farbfotos, 5 ganzseitige Lebensbilder aus verschiedenen Zeitaltern.

Lebensraum Alpen

Aichele/Schwegler

Dieser Kosmos-Biotopführer zeigt, wie sich Pflanzen und Tiere den speziellen, oft extremen Bedingungen des Hochgebirges angepaßt haben.
71 Seiten, 120 Farbfotos, 79 Zeichnungen.
Reihe: Bunte Kosmos Taschenführer

In Ihrer Buchhandlung

Bitte fordern Sie die ausführliche Informationsschrift P 302, Bücher für Mineralienfreunde und P 018, Kosmos Natur- und Taschenführer, an.

Kosmos-Verlag · 7 Stuttgart 1 · Postfach 640